白 組 読 本

白組青山本社

株式会社白組　青山本社
〒 150-0001　東京都渋谷区神宮前５丁目２－18
電　話：03-3407-7607 ／ファクス：03-3409-4346
http://shirogumi.com

調布スタジオ　撮影ステージ

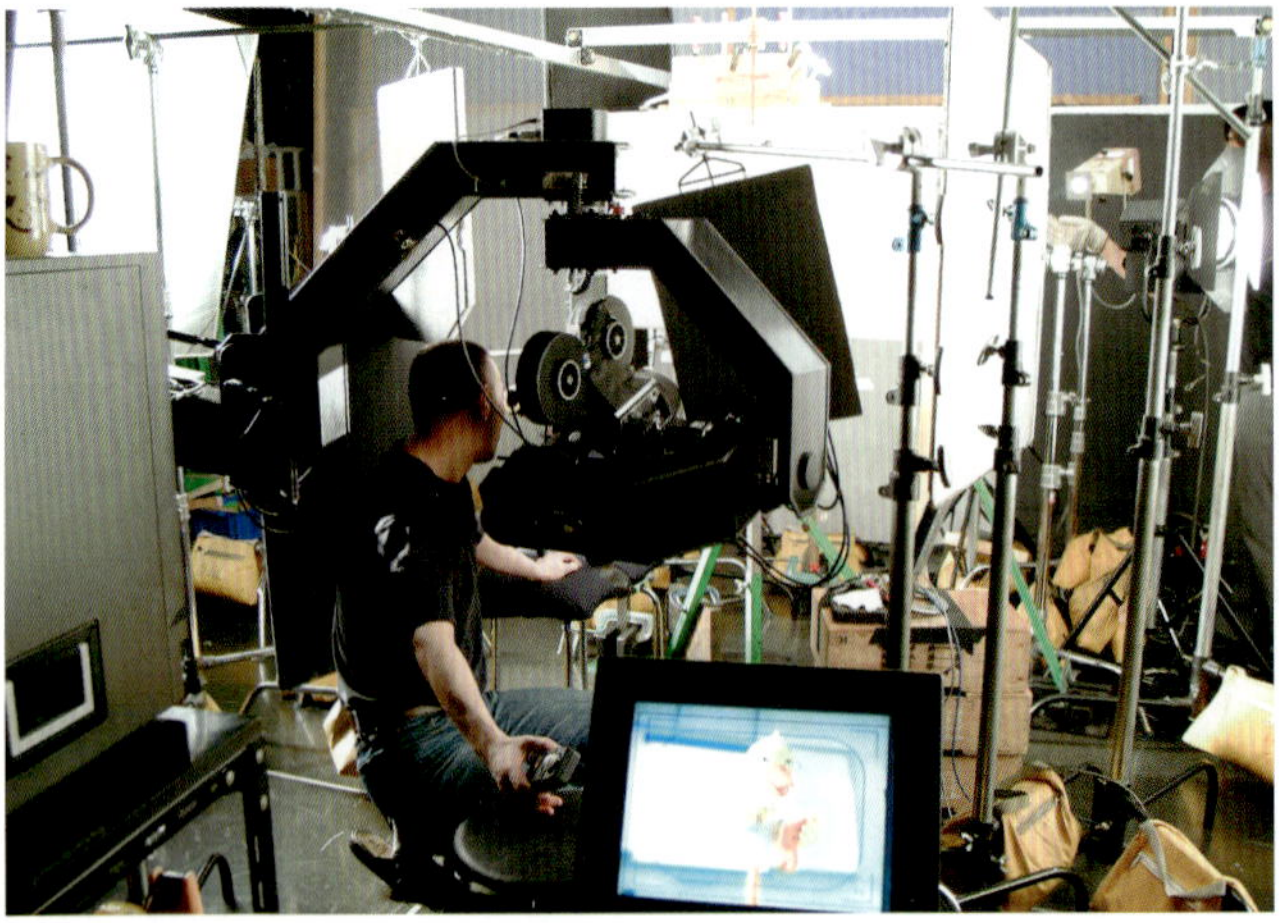

モーションコントロールシステムに35mmフィルムカメラ（ミッチェルマークⅡ）を搭載しての人形コマ撮り撮影風景

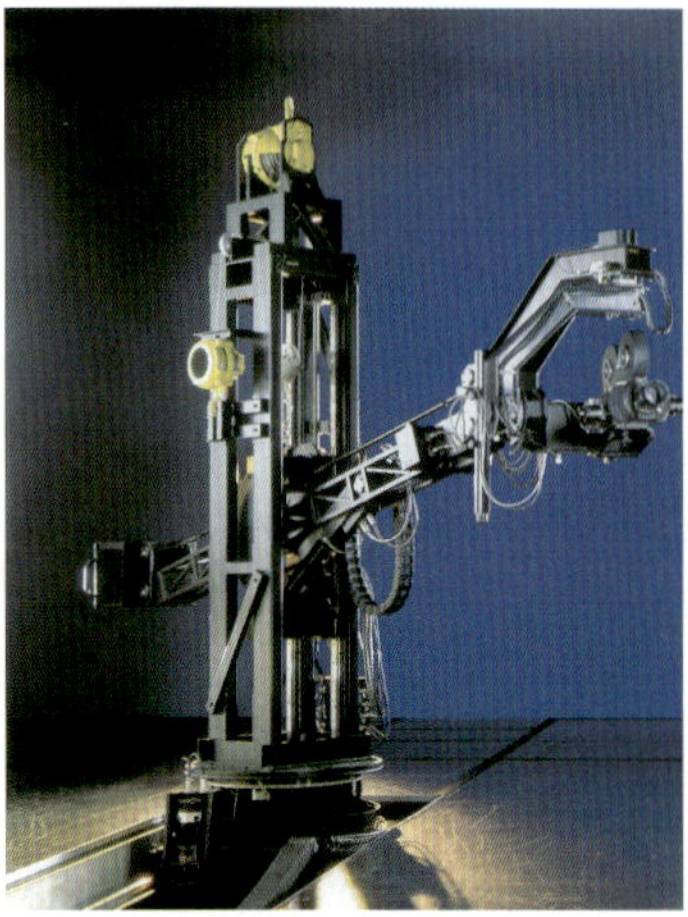

クレーンタイプモーションコントロールカメラシステム（レール固定型）

モーションコントロールシステムにFinePix Proを搭載しての人形コマ撮り撮影風景

モーションコントロールシステムにデジカメ（キャノンEOS5）を搭載しての人形コマ撮り撮影風景

調布スタジオ　金工室

金工室全景

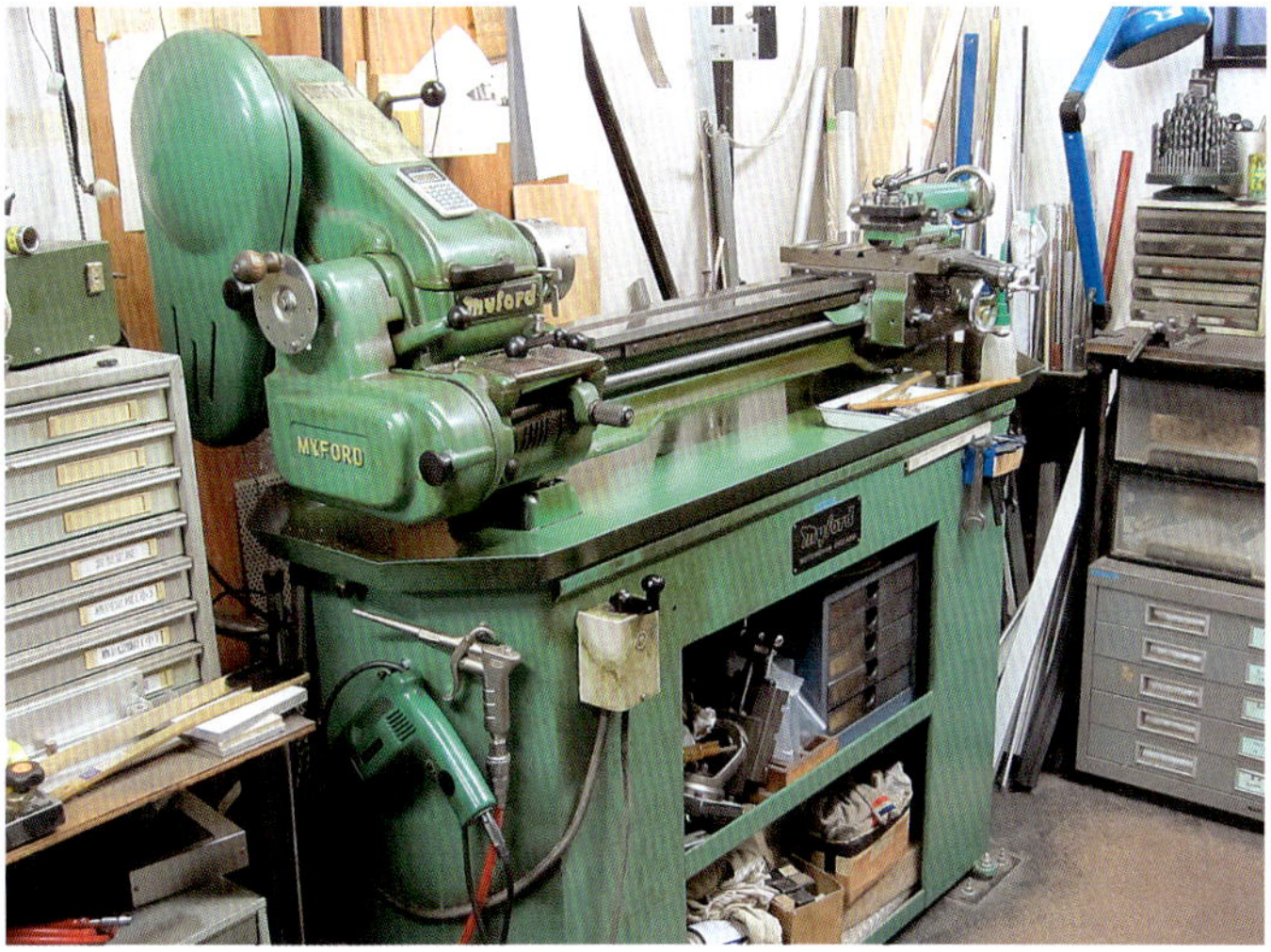

旋盤（金属加工機）

ボール盤（金属に穴を開ける）

ミーリングマシン（金属に溝などを掘る加工機）

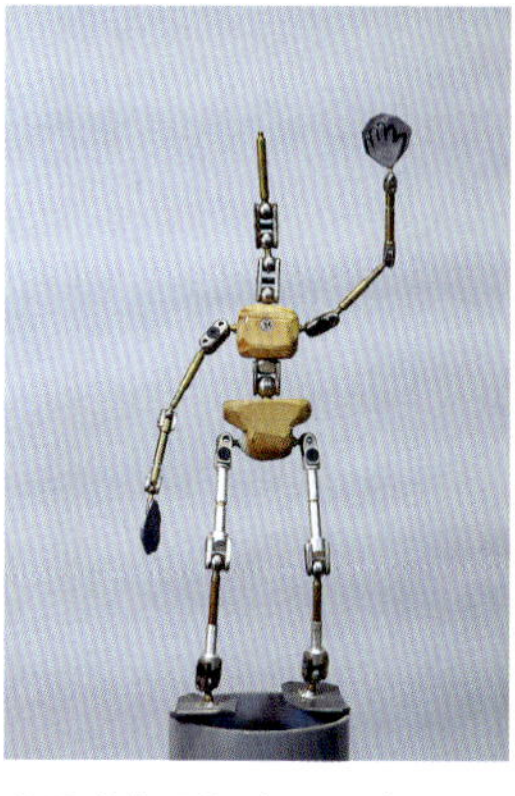

金属球体関節（人形用）

調布スタジオ　木工室

バンドソー（曲線を切る）

木工室全景

昇降板（直線的に板材を切る：大きな物）

昇降板（直線的に板材を切る：主に精密加工）

調布スタジオ　工作室

ミニチュアの家を組み立て中

工作室全景（美術デザイナーが色々な作業をする仕事机：デザイン・図面・パーツ作成・モデル組み立てなどを行う）

調布スタジオ　山崎ルーム

山崎監督の創作の秘密

調布スタジオ　ペイントルーム

塗装用絵具

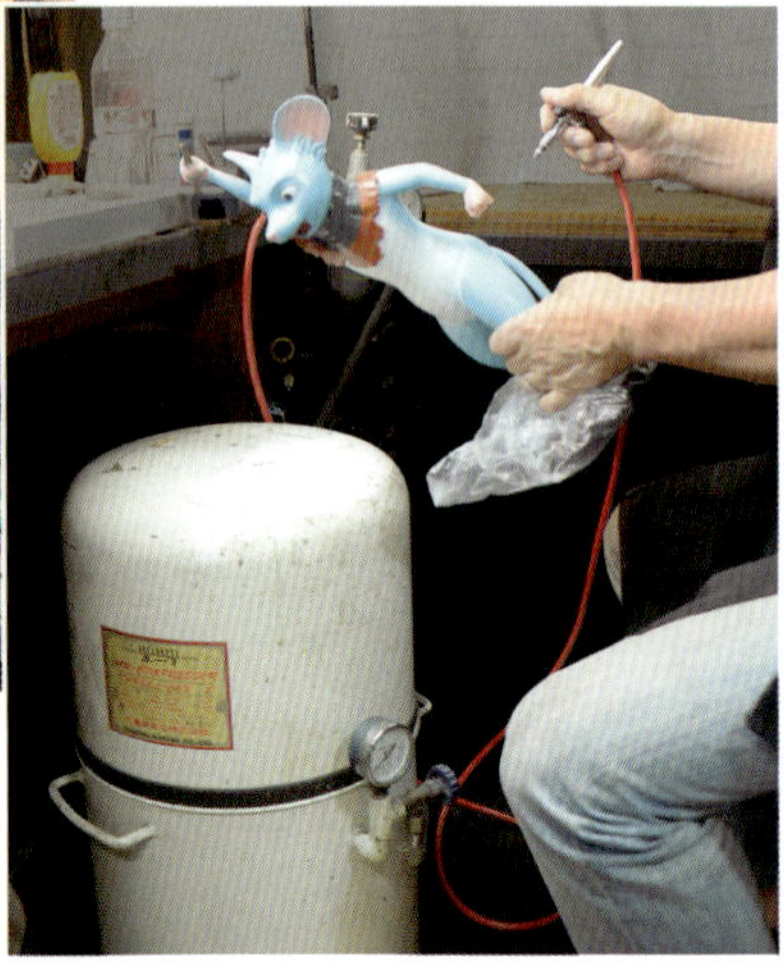

エアーブラシ

カラースプレー

バッフルブース（塗装のミストを吸い取る）

調布スタジオ　その他機器

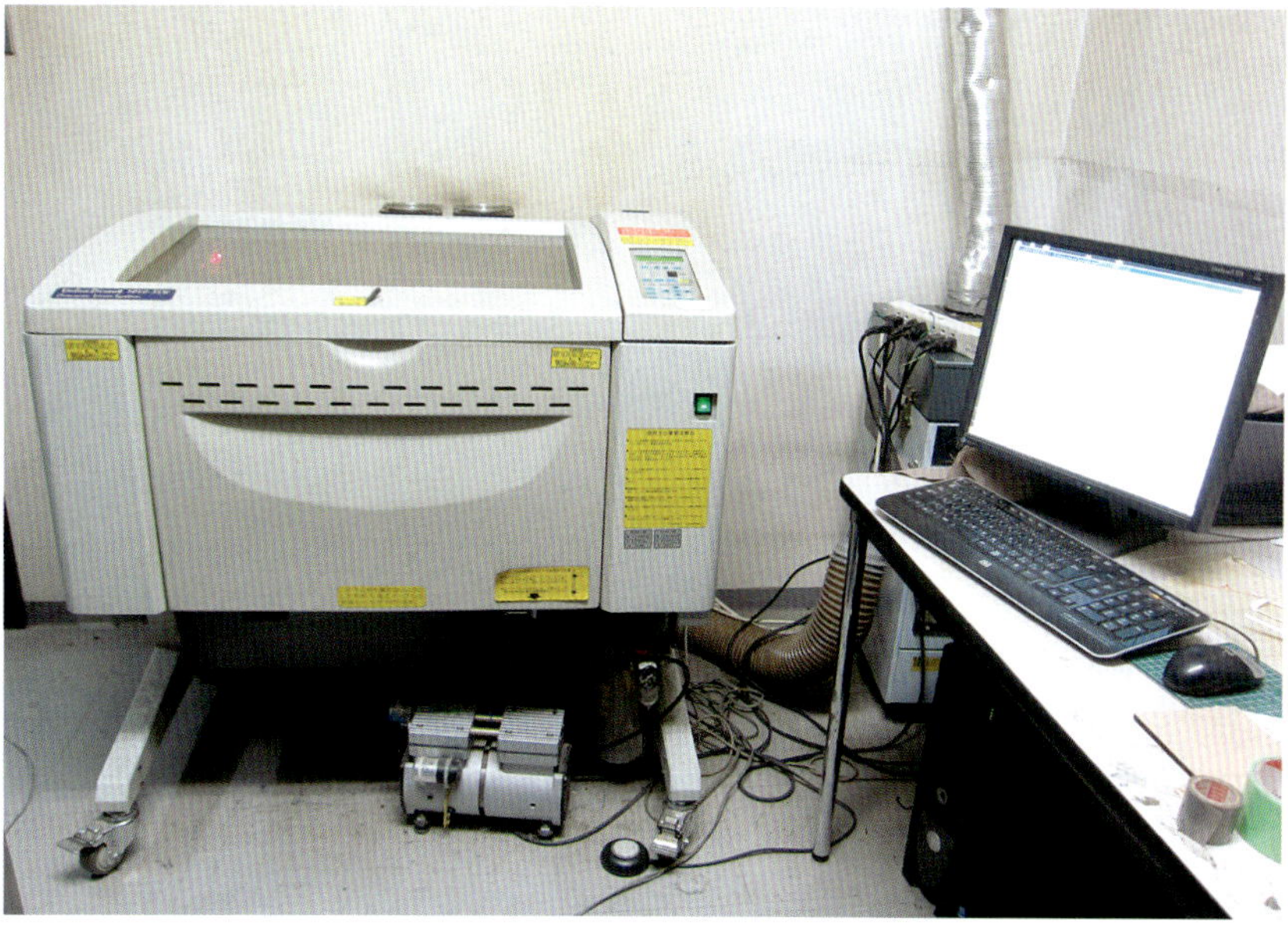

レーザーカッター室全景

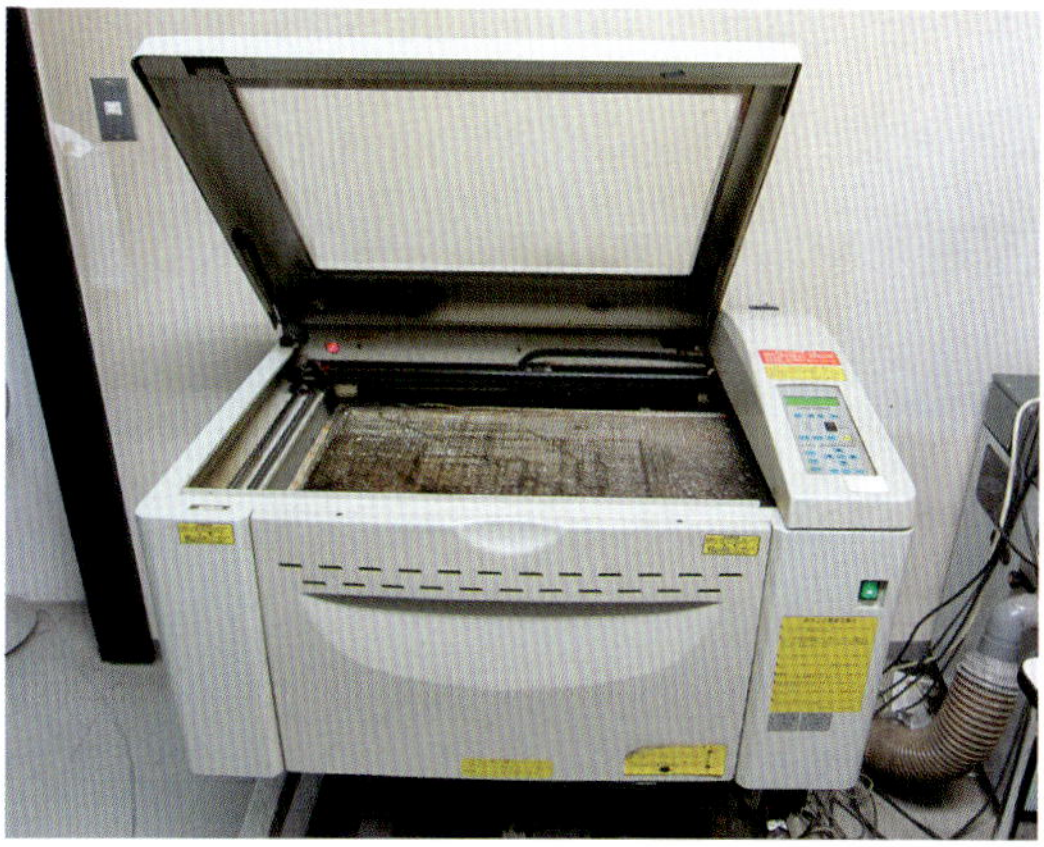

レーザーカッター

３Ｄプリンター

杉並スタジオ　伝統的なセルアニメーションの撮影機材

セルアニメーション・撮影スタンド

撮影中

35mm コマ撮り用カメラ
(セイキ制作所製)

三軒茶屋スタジオ

CG デザイナーの作業風景

白組読本

公野勉著

風塵社

はじめに

約一〇〇年前に映画が誕生し、華々しい作品群と絢爛な劇場の輝きのかげで幾多の制作会社が倒れていった。死屍累々である。しかし長くその命脈を持ち続けている会社もある。立ち続けるいずれの会社も他社にはないソリューションをもって、映像の世界を闘い抜いてきた。

例えば、筆者がかつて在籍していた円谷プロダクションという会社。

日本人では知らぬ者はいないであろうその老舗は、かの〝特撮の神様〟円谷英二（一九〇一～一九七〇年）の築いたクリエイターたちの梁山泊だった。名作を次々と生み出し、一世を風靡する〝特撮〟という看板を掲げるその殿堂に、私自身も「そこにさえ行けば、他者には得ることのできないなにか貴重なスキルが得られるかもしれない」と考え、参加した。

しかし同社の誇る唯一性の強いソリューションは、やがて単なる伝統芸となってしまい、版権のみともいえる企業価値で大手企業の傘下に入る。同社はそのことによりはからずも同族と縁故のしがらみから解放され、現在では世界中の子どもたちに同社キャラクターを送り出し続ける、コンテンツブランドとしての輝きを取りもどしている。

そのため、同社の特撮から発した制作技術はすでに断絶し、ＣＧを中心とした新しい制作体制に取って代わられており、そこに企業としての唯一性はない。ディズニーが、かつて隆盛を極めた手描きアニメーションを放棄し、傘下に収めたPIXARから吸収した3ＤＣＧ技術をもって自らの制作ラインとして再組成し、『アナと雪の女王』（二〇一三）を大ヒットさせたのは記憶に新しいが、それに似たような画期がいずれの制作会社にも訪れているのだ。

映像制作会社の経営の厳しさとは、商品である「クリエイティヴ」をビジネスとして取り扱うバランスの難しさが根底にあるためだ。自らの創造物が至上のものであると信じて疑わないクリエイターたちにビジネスや費用の話をしても、悪しざまに扱われるのがオチである。市場のマーケティングを睨みながらクオリティ・マネジメントをすることの難しさがそこにある。

ユニヴァーサル映画の基幹機能を整備したアーヴィング・タルバーグ（一八九九〜一九三六年）のような、天才的なビジネスセンスとクリエイティヴのバランスが兼ね備えられなければ、コンテンツビジネスを継続することは困難だ。また右のディズニーのように社外に存在するクリエイティヴィティを、クレバーに数十年かけて取り込むような資本力でもなければ不可能である。

白組はそこにクリエイティヴィティのみをもって果敢に挑戦し、そして実績を残してきた。

白組ではオリジナルのクリエイティヴィティの源泉となり、オリジナルの制作技法が唯一性を生み、オリジナルのコンテンツがブランドを生んでいる。

本書は〝映画〟という言葉をキーワードとして、社長である島村達雄をはじめとした基幹スタッフと、白組をとりまくパートナーたちのインタビューをエビデンスとし、白組の映像業界における存在感と現在、そして未来を展望していくものである。

二〇一六年九月

公野　勉

白組読本　目次

【取材スタッフ】

冨田祐太郎／喜多村太綱／本多康平／玉川隆昭／萩原遼／青木美奈／稲葉絢南／川村雅貴／飯泉寛太／川部龍真

【白組取材協力】

月岡英生／粟飯原君江／糸井佐和子

【デザイン協力】

小西孝典

第一章　白組とその時代

小川洋一（白組副社長）

小川洋一（おがわ・よういち）

白組入社以来、セルアニメ、アートアニメなどの2Dアニメや、コマ撮りによる立体アニメ、そして最新のフル3DCGアニメまで、アナログ、デジタルを問わずさまざまな手法を駆使して、現在までに二〇〇〇本以上にのぼるTVCMのアニメーション及びVFXを制作。その他、スーパーバイザーやプロデューサーとして、『鬼武者』シリーズをはじめ数々のゲームのオープニングムービーや劇映画のVFXなど多岐にわたる映像制作に携わる。

ストレスのないアニメーション

――白組全体の話ということで、島村社長とは別に、小川さんの言葉でお話をお聞かせ願います。まず小川さんはいつから白組に参画されているのか、そのあたりから教えてください。

私はもともと他のＣＭ制作会社にいた時、島村社長と出会い、のちに白組に参加しました。ＣＭの世界では、いろんなタイプのアニメが必要だったので、見慣れたセルアニメとはひと味もふた味もちがうセンスのいいタイポグラフィだったり、特殊な画材を使ったアートアニメだったり、人形を使ったコマ撮りアニメだったり、とにかくあらゆるタイプの実験的なアニメが作れたんですよ。

尺が短くて制作費にも余裕があるから、いろんなアイディアを試せるし、実写よりもきっと面白い映像が作れるんじゃないかと考えてアニメのＣＭを専門にやりたいと思ったんです。特にアニメと実写の合成にものすごい興味があって、そういうタイプのＣＭをたくさん作りました。当時は現像所に頼んでオプチカルプリンタという光学的にフィルム同士を合成する機械で特撮映像を作っていました。

――円谷英二が使っていた技法ですね。

そう。そういうのはある種ブラックボックスの世界だから、どうやって特撮映像が出来上がっていくのか不思議じゃないですか。その光学的な合成の仕組みを知りたいと思ったんです。

――学校は芸術系でしたか？

広告写真が好きで写真学校へ行っていて、そのころは漠然と「ＣＭ業界のキャメラマンの仕事が面白そうだな」と思っていたんです。ファッションキャメラマンの横須賀功光《のりあき》〔一九三七〜二〇〇三年、日本大学芸術学部写真学科卒業。広告写真を中心に活躍〕という方がいたんですが、たまたま紹介された会社がその方が創業メンバーだったパラゴン（一九七二年〜）というＣＭプロダクションだったんです。当時からパラゴンは資生堂とか一流クライアントのＣＭを作っていました。

――業界に入られたのは？

七六、七年ごろです。撮影といえば海外ロケばかりでね、空を撮るためだけにハワイに行くような時代ですし、ＣＭ業界だけでなく日本全体の景気がすごくよかった。高度経済成長期は企業の全部が元気いい。当時は、企業の広告宣伝部は花形ですよね。そのなかでＴＶ‐ＣＭというのは特に予算をかけていろんなことをやっていたので、「お金かかってもいいから、いいものを作ろう」という幸せな時代でした。だけど、「お金はいくらかかってもいい」というのが逆に一番のプレッシャーでしたね。とにかく制作費を度外視してだれも見たことのない新しいアイディアを考えたり、メチャクチャ凝った映像を作れっていうオーダーが多かった。今では夢みたいな話ですけど。

ＣＭは当然35（三五ミリフィルム）です。ビジコン〔撮影した映像を同時に現場でモニターに映す機器〕のない時代だから、キャメラマンが映像の全責任を持っていました。オールラッシュ〔最初に素材がどのように映っているかを確認する試写〕まで果たしてどう映っているかだれにもわからないわけですよ。自分にはなんの責任もないんだけど、制作進行〔現場全般のアシスタント〕として現場の末端として作品に関わっているわけじゃないですか。まず未現フィルム〔撮影前の生フィルム、もしくは撮影済み現像前の状態のフィルム〕を現場に持っていくのが最初の仕事ですよね。

そのフィルムをカメラ助手に渡す、キャメラマンがそのフィルムを使って撮影する、撮影済みのフィルムを受け取ってちゃんとイマジカ（当時、東洋現像所）に現像に出す――というのが制作の一番大事な仕事。次の日の夕方にラッシュ〔撮影がうまくいったかどうかを確認する試写のために焼かれたポジフィルムのこと〕を受け取って会社でスタッフ試写するんですよ。キャメラマンからディレクターから広告代理店からクライアントの担当者までみんなそろって、いよいよ昨日の撮影の成果を見る。これでいままで準備したことのすべてが決まるわけです。今考えても、すごい緊張感だった。

果たしてみんなが思ったとおりに映っているかどうか？　だけなんだけどね。それを見るのが一番怖いんです。私は映写係なのでガラスの向こうの試写室の声は聞こえないんだけど、映写が終わって明かりをつけたら、みんなが不機嫌になって押し黙っちゃう時もあって！　そんな日はもう絶対に家に帰れない感じになる（笑）。

――ビジコンができたのはいつぐらいなんですか？

八〇年代には、ＣＭ現場にはいつもあった。映画の現場にも九〇年代頭にはもうありましたね。一番最初にビジコンを映画で使ったのはたぶん伊丹十三《じゅうぞう》監督〔一九三三〜一九九七年、俳優、映画監督。『お葬式』『マルサの女』〕だよね。だから『お葬式』（一九八四）の時にはもうあって、伊丹さんはその前にＣＭでも使っていたはずです。

――アニメーションとの出会いは？

実写の仕事よりアニメがいいなと私が感じたのは、リテイクっていうか、やり直しが楽だし何度もトライできるから。極端にいうと実写って撮影しちゃうとその日にすぐセット壊しちゃうし、スケジュールが抑えられないタレントは二度と撮影できないし、ほとんどの場合もう撮り直しできないんです。ただ、資生堂のＣＭは商品にこだわりがあるから、そこに関しては必ずリテイクしてたんですよ。

リテイクの基準は「商品が美しく撮れているかどうか？」だけなんですが、このころの商品カットって、必ず〝動き〟のあるカットなんです。口紅の中身がキュッとせり上がってきたり、ミラーのように周囲が全部映り込むようなコンパクトが回転したりで、そういうのだと照明もすごい大変。まずライトやキャメラ自体が商品に映り込んじゃダメだしね。そんな商品カットのリテイクを何回もやっていましたね。

商品のリテイクの場合、制作進行はけっこう大変なんです。預かった商品を一個ずつきれいに磨いたり、いろんな準備をして撮るんだけど。せっかく撮り終わったと思ったら、「もう一回撮影だよ」ってなってまた磨いたりする。当たり前だけどリテイク前の方が絶対に綺麗なんですよ。口紅なんかも先端を一回出してんだもの（笑）。今みたいに後処理ができない時代だから、基本は一発撮り。指紋や汚れがあったらアウトです。

ＣＭの撮影とはそういうものだと思ってはいたんですが、実写の制作進行は精神的にも肉体的にもかなりなストレスでね。そんなころにたまたま島村社長とアニメーションＣＭの仕事をやって賞をもらったりして、「アニメって面白い」と感じて「アニメＣＭのスペシャリストになりたいなあ」と思ったんですよ。でもデジタルの〝デ〟もコンピュータの〝コ〟の字もないアナログの時代だから、なにをやるかというとオプチカル合成を使った光学的な映像制作ですね。白組に入って特撮のスペシャリストになってその技術でもって、ずっとＣＭを作ってきたという感じです。

――白組に入られたのはいつですか？

七九、八〇年ごろです。二、三年しかいなかったけど、横須賀さんのパラゴンにいた時に、日立冷蔵庫の仕事で初めて白組を知ったんです。そのころのパラゴンは赤坂のマンションの一室で六、七人しかいなかった小さな会社で、撮影中はもとより普段もなにかと忙しくてなかなか自宅へ帰れないし、毎日バタバタと走り回っていました。だから白組でアニメの打ち合わせをしていると、実写の現場より落ち着くっていうか。特に撮影現場は体育会系の世界だったから、上下関係も厳しいし理不尽なことも多い。そもそもそういうのが合わなかったんだろうな。

それともう一つアニメを選んだ理由があって、この業界でやっていくには、なにか特別な技術を身に付けたほうが長く働けるかなと思ったんです。ＣＭ業界の売れっ子の人たちって、ものすごい忙しさで働いているけど、どんどん新しい人が出てくるし。

――クリエイターとしての寿命が短いですからね。

感性で売っていく場合はピークがありそうだし、そこで勝負するよりはなにか技術を身に付けて生き残ろうと。

――「この分野だったら小川に頼め」と言われるように？

そう（笑）。とにかく「長く働く」ことができればいいなと思ったことと、あとはＣＭの世界っていつも新しいものを追い求めているから、できれば作るスタッフも若い方がいいんですよ、「若手でいい人いない？」ってよく言われるし。ベテランも尊ばれるけど若いことが喜ばれる業界なんで、オールスタッフミーティングでも「みんな若い人ばっかりだな」っていつも思ってたんですよ。

それで、「若さ」が評価される業界って逆に怖いなと思ったんですね。いろんなスキルを身に付けて、知識や経験を積み重ねたことが必要とされるような、そんなふうになれたらいいなと考えたので、とにかく新しい技術を学ぼうと必死でしたね。当時はアナログの時代だからいろいろ不自由だったけど、合成とかの映像加工はむしろ昔のほうがものすごく面白かったんですよね。大林宣彦監督〔一九三八年〜、CMディレクター、のち映画監督。『転校生』『異人たちとの夏』〕や島村社長も実験的なことをガンガンやってたし、オプチカル合成して凝った映像を作ることが格好よかったんですよ。

——私も円谷出身ですけれども、あとからオプチカルの素材を見せてもらって「これ手書きなの？」っていうのがいっぱいありますよね。

そうそう。オプチカルやフィルムの加工ってすべてが手作業で、本当に手品の種明かしみたいなところがあるじゃないですか。より複雑で細かい素材作りの面白さも含めて合成のやり方を考えるのはパズルを解くみたいに楽しかったですね。

オプチカル作業はイマジカへ出すことが多かったんですが、イマジカの人と打ち合わせをして、合成箇所にマーキングして、合成用のいろんなオスメスマスクを作ってもらって、タイミング〔フィルムの焼き具合による色彩の度合い〕を合わせておく。三、四日経ってそのオプチカル映像が上がってきた時に、魔法のように自分の想像を超えたものが上がってくる時もあれば、なんでこんなんになっちゃったんだろう？　って目も当てられない時もある。今考えてもドキドキ感がちがいましたね。今はもうモニターで確認しながらその場で合成できちゃうじゃないですか。便利だけどありがたみがないなあ。

昔は夜空に星一つ入れるのにも三日くらい待たないといけないから、「あの強さの光でどんな感じの星空が出来上がってくるんだろう？」とか、その間にわくわくしながらずっと考えていましたよ。

——簡単なオーバーラップ一つでも〝待ち〟でしたよね。

そう。もっと言うと、タイトル〔実写ではない、商品名やキャッチコピーなどテキストを画面に配置する映像の通称。アニメーション領域の映像で、映画の題名やエンドロールなどもタイトルの範疇〕の色一つを決めるのにもすごく神経質に作っていたじゃないですか、さんざん悩んで決めた文字の色が三日後にやっと上がってきたら、背景に溶け込んで見えにくかったり。だから早くオプチカルの合成を一通り覚えて経験値を上げたいと思って、来る仕事をみんな受けていたら、CMを年間一〇〇本近くやっていました。

マリオ

私の運がよかったのは、アニメーションディレクターとしてそれなりのスキルが身に付いてきた時期に、ファミコンの大ヒットで破竹の勢いだった任天堂のCMをやらせてもらえたことですね。一番最初は『スーパーマリオブラザーズ3』（一九八八）のCM。フルアニメのCMを作ったんですが、任天堂のゲーム制作のスタッフが「こういう感じでマリオをアニメにしたかったんだよ！」って言ってたというのを聞いて、ほんとにうれしかった。〝こういう感じ〟っていうのは、作業的にはかなりリスキーだったんだけど、太線のキャラクターの輪郭線に沿って一枚ずつていねいにエアブラシをかけたんですよ。マリオの鼻のところのグラデーションだとか。フルアニメに一枚ずつエアブラシをかけるっていうのは、CMでしかやれない手法だったんです。

商品パッケージのイラストのように「こってりした絵がそのまま動いている」っていうことで喜ばれたんだと思う。制作者同士だけに相手の欲しいものがよくわかった。『スーパーマリオ3』を作ってから三〇年近く経つけど任天堂のCMを今でもやらせてもらえているのは、この最初のCMの評価がよかったからじゃないかなと思います。本当に喜ばれているんだなと実感したのはその後「マリオのトランプを作るから原画を描いてほしい」と任天堂からオーダーが来た時です。マリオがお城の階段を上っていく――みたいなトランプ用のイラストを描かせてもらいました。

――タイトルから発して、商品そのもののデザインまでの発注になってしまったんですね。

ええ。その後はスーパーファミコンやゲームボーイなんかのゲームソフトが続々と発売されて、任天堂の大ヒット連発の時期と、調布スタジオが完成して白組があらゆるタイプのアニメーションをやり始めた時期がうまくシンクロしちゃったんですよ。そのころは、毎月のように任天堂のCMを作っていました。その時のCMのキャラクター監修が『アルプスの少女ハイジ』（一九七四）で有名な小田部《こたべ》羊一《よういち》さん〔一九三六年〜、東映動画出身のアニメーター、キャラクターデザイナー。一九八五年、任天堂から依頼を受け同社開発アドバイザーとして入社。『スーパーマリオブラザーズ』公式イラストのデザイン・監修担当。二〇〇七年同社退社〕で、島村社長とも東映動画からの知り合いなんです。白組でCMを作ると、本人がアニメーターなものだから、自分で赤を入れて全カット修正してくれる。クライアントなのにキャラクターの作画監督をしてくれるんですよ。打ち合わせ室を半日押さえて小田部さんにその場でキャラ修正してもらってましたね。だから仕事がすごくスムーズだったし、当たり前ですがキャラクターがすごくよくなるんですよ。そんな経緯で長らく小田部さんに監修していただいてました。他にもクレイメーション〔被写体を粘土で造形したアニメ〕でマリオのCMを作ったりしたけど、そのクレイ人形の造形まで小田部さんに監修していただきましたね。

キャメラの開発と「おとりさま」

――白組には、作画するアニメーションのラインもあれば、実写のコマ撮りのラインも整備されていたんですか？

私が入社した時は青山に作画オフィスしかなくて、しかもすごく狭くて人数もパラゴンと同じく六、七人しかいなかったけど、しばらくして杉並に撮影スタジオが出来たんですよ。

――線画台〔アニメーションなどで背景美術やセル画など平面の素材を一コマずつ撮影するための、素材台とキャメラが一体になったシステム〕としての撮影スタジオですか？

線画台です。線画台が来て社内でアニメの撮影を始めたんです。そのころにＣＭで流行っていたのが透過光のエフェクトで、バックライトで光をフワッとさせるのにも、経験と技術が必要だった時代です。透過光がかっこいいアニメーション映画の代表が『ＡＫＩＲＡ』（一九八八）ですね。その後、線画台をモーションコントロールキャメラ〔合成素材を撮影するため、コンピュータ制御で同じ動きを繰り返させることを可能にしたキャメラ〕に改造して、いわゆる『スーパーマン』みたいな光の立体文字を作るストリーク撮影や『２００１年宇宙の旅』（一九六八）のスターゲートシーンのようなスリットスキャン〔露出を開放して遮蔽した黒紙スリットを動かすことで被写体を湾曲させて撮影する動画技法〕の撮影ができるようにしました。当時、ＣＭではやたらこの技法のタイトルワークが流行っていて、長時間露光の撮影を毎日のようにやっていましたね。アニメ撮影したり、透過光の撮影をしたり、キャメラワークを指示したり、杉並スタジオで一日過ごしちゃうこともありました。

――八〇年代の半ばごろ？

そうですね。そのうち平面じゃなくて丸もの〔面ではなくオブジェクト〕も撮影したいって考えて、杉並スタジオに線画台のような縦移動のキャメラじゃなくて、水平移動式のモーションコントロールキャメラを自社開発したんです。でも線画台をただ横にした感じでパン、ティルトのみ動くけど水平垂直の動きができないので、被写体側に上下、左右と回転ができる巨大な四角い枠を作った。神社の鳥居みたいなので、「おとりさま」

と呼んでましたね。とにかく不自由なキャメラでしたけど、立体物の撮影の基本を覚えることができました。

——なるほど！　そうすると３Ｄ的に照明を当てて、オブジェクトを回せるわけですね。

そう！　おとりさまは上下移動も回転もできる。だけど一度すごく大変な目にあって、ビデオデッキのＣＭで商品がかなり上から移動してくるんだけど移動範囲が大きいと、コマ撮りに六時間以上もかかるわけ。枠が重くて動きが遅いから。そのうえ、枠の真ん中に商品を置いてあるので、枠の影が邪魔になってライティングがいい感じにならない。しかも通常は合成用のマスク素材を作るために商品を黒く塗りつぶしてもう一度撮らないといけないんだけど〔モーションコントロールキャメラが繰り返し同じ素材を撮るのは、①素材、②素材の合成用マスク、③背景と最低でも三つの同角度からの素材が必要なため〕、「ビデオデッキは発売前で一個しかないんで、絶対に黒く塗らないでくれ」とか先に言われちゃって！　しかたなくブルーバックで撮ったりね〔オブジェクトだけを撮る合成用の素材のために背景を単色にするために使用されるスクリーン〕。しかもこの時はもう一つ大変なことがあった。商品のスタート位置が天井近くまでになって、そこまでライトが届かないから商品が真っ暗になっちゃった。

——そうすると照明も一緒に動かさなくちゃいけないわけですね。

そうです。おとりさま自体に照明を固定しなくちゃいけない！　さすがにこれはもうダメかなって途方に暮れたけど、もう一度はじめから考え直して、照明の届く範囲にオブジェクトを下げて商品自体の動きも制限して、その代わりにキャメラ側で補助する動きを加えてトータルでダイナミックに見せたり。あのころのモーションコントロール撮影は毎回試行錯誤の連続でしたね。コマ撮りで時間もかかったから徹夜で撮影して、朝、ラボに入れたりしてた。アメリカのモーションコントロールシステムはキャメラがクレーン式で、キャメラの方が物をなめるように動いて撮っているんです。われわれは機材が重いからキャメラの動きは最小限度にせざるを得ないし、クレーンにしちゃうと動かすモーターにもすごい精度が必要になるし、スタジオの床もコンクリートで固めないといけないし、筐体《きょうたい》はどんどん大きく重くなるしで、そんなの絶対無理だからキャメラ側は水平レールの動きだけであとは被写体側の枠を動かしてやってみようってなったけど。

結果的にはおとりさまはすぐにだれも使わなくなって「もう邪魔」みたいになっちゃった（笑）。それでもずいぶんこれで仕事しましたけどね。結局この方式は制約が多すぎて、やっぱり無理だなってなりました。それでその後、調布スタジオを作ってクレーン式のモーションコントロールを開発したんですよ。でもこの時の試行錯誤はすごく勉強になったし、制約のなかで撮影方法を考えるのはそれもまた楽しかった。今ではＣＧで簡単にできちゃうことを、実際のキャメラとオブジェクトでジタバタしながらやっていたわけだから。

――特撮の人はみんなそうですね。どうすれば〝不思議〟を実際に撮れるか、みんなで真剣に考える。

うん。モーションコントロール撮影だって動きはコンピュータ制御だけど、撮影そのものは超アナログ作業でしたからね。いろんな失敗もあります。

ＣＧという領域へ

――小川さんには、アナログな撮影体系がＣＧに置き換わっていくことに対する想いってあります

か？　特撮に対するＶＦＸ（Visual Effects）とか。「手描きがいい」っていう意見はやはり根強くあるわけで、新しいクリエイターたちはアナログという言葉どころかフィルムの特性さえ知らないわけです。ここまでの映像技術って、小川さんが言われるようにＣＧだけで育ってきたわけではないんですね。

一番不思議なのは、白組は撮影の一環としてモーションコントロールを導入したけれど、同時にアナログ技術の追求をやっていたわけです。世の中的にも『スター・ウォーズ』（一九七七）が最高峰だったしね（ＩＬＭのジョン・ダイクストラが開発したダイクストラ・フレックスを使用したのがモーションコントロールの嚆矢とされる）。山崎（貴）や渋谷（紀世子）だってミニチュア班として入ってきて、アナログ特撮をずっとやっていたわけですよ。ペットボトルを改造して未来都市にしたり、クリスタルの灰皿回転させて神々しい光を作ったりしてたんだから。

そんなＳＦＸ（Special Effects）な手作業をやっていた人たちが、なんの迷いもなく今度は真っ先にＣＧに飛びついたわけです。ミニチュアでやりたいと思っていたことがＣＧを活用すればさらに高次元でできるし、実際の撮影で身に付けた技術もまったく無駄ではなかった、そんな意味ではアナログが好きっていうよりも、「その画を作るのにそれまでは一番適しているのがミニチュアだっただけで、もっとクオリティの高い画が出来るんだったらＣＧも使うよ」っていうスタンスなんですよ。アナログのよさも知っているし、デジタルのメリットもわかる。白組は元々映像を作るためならなんでもありの社風なんです。

　モーションコントロールの次にコンピュータ・グラフィックスが脚光を浴びるようになって、「映像全体をコンピュータで作っちゃお」となってきたけど、線で描くだけのワイヤーフレームの時代は、データが軽いからなんとか安いコンピュータで対応できたんです。いわゆる普通のラスタ画像〔ドットにより構成されるデジタル画像〕になってからは、最新ソフトと速いコンピュータを持っている会社がいい画を作るようになっちゃった。

　ＪＣＧＬ〔Japan Computer Graphics Laboratory 一九八一年設立、一九八七年解散〕とかトーヨーリンクス〔一九八二年設立、二〇一〇年、親会社ＩＭＡＧＩＣＡと事業統合〕とか、オムニバスジャパン〔一九八七年設立の東北新社の子会社〕とか、そういう資本力のある強い会社が最新の高性能コンピュータを入れて、最新のソフトを使ってＣＧを作り始めたんです。トーヨーリンクスは自社開発のハードも作ってがんばっていたけれどもね。そうすると今までの手法ではできないような、これぞＣＧっていうすごい画がバンバン登場したわけです。けれどもやはりコンピュータではできないこともまだたくさんあったんです。例えば、「柔らかい質感のキャラクターを創る」というような、アナログ的な感性を必要とする部分とかです。

コンピュータにはできない領域

コンピュータ・グラフィックスも当時は開発途上だったから、数値化しやすい工業製品的な硬いものを作るのは得意だったけど、自由度が高くて数値化しづらいキャラクターアニメに関しては、まだまだ苦手の分野だった。なので、ＣＭで立体的なキャラが必要な時は『ナイトメアー・ビフォア・クリスマス』（一九九三）をお手本にして、人形のコマ撮りアニメとモーションコントロールを組み合わせて作っていましたね。今ではむしろＣＧより人形アニメのほうが喜ばれることもあって「花王キュキュット」のＣＭはずっと人形アニメで作っています。

白組はもともとＳＦＸが本領だから、火や水なんかのアトモスフィア的なエフェクトに関してもＣＧではなく、本物の炎や煙や水を目的に応じて撮影部がスタジオで撮ったりしてましたね。そのほうが早くていろんなバリエーションが撮れるからです。

「マリオカート」のＣＭも目一杯アナログで作りました。いろんなカートコースをジオラマで作ってターンテーブルに乗せてコマ撮り撮影したり、走るカートとキャラクターはセル画で描いて『ロジャー・ラビット』（一九八八）と同じ方式でキャラの陰影素材を四段階のマスクに分けたりした。タイヤが発するエフェクトは芋粉《いもこ》をハイスピード撮影、カートがぶつかった時の火花はグラインダーで飛び散るホントの火花を撮影っていうように、効果的に「合う」ならなんでも撮影してポスプロ〔ポストプロダクション。撮影後の作業〕で最新のデジタル合成で仕上げていました。

――出自のちがう素材をコンポジット〔デジタル上の合成〕していたんですか？

そのころはまだPCでは合成チェックできなくて、いわゆるデジタル編集室に素材を持ち込んでいきなり本番合成してました。大手のCG会社だったら炎とかほこりとかもがんばってCGで作ってたかもしれないけど、専用のソフトも高価だったし「実写の方が早くてリアルじゃん」ってなれば、スタジオですぐに実写素材を撮っていました。いろんな手法を混ぜちゃうのは白組としてずっとやってきたことなので、まったく抵抗はなかったんです。だから『鬼武者3』（二〇〇四）なんかの時も、ゲームムービーなのに背景はミニチュアにしちゃったし、スモークは全部実写にした。キャラクターは当然CGだけどね。

いろんな手法を混ぜ合わせるのは面白いし、効果的だったんですね。出てくるオブジェクトやアトモスフィア丸ごとをゼロから作っちゃうんじゃなくて、かっこよく見えるなら、本物っぽく見えるなら、ハイブリッドがいいんじゃないか、と。一番早く目標のクオリティに到達するなら手法はなんでもいい、映画の時に使う爆発素材は今でも実写を使っていますね。CGで実写よりもいいものができれば間違いなくCGにするけど、当時は水とか火とかのエフェクトや毛がふさふさしたキャラクターとかは、CGではなかなかうまく作れなかったんで、そこは実写や人形コマ撮りでどうにか乗りきっちゃおうと、そういうふうにして調布のスタジオでアナログなことをあえてやっていました。

――「アーカイブが足りなくなったから、爆破撮りに行っとこう」みたいなことはありますか？

映画やイベントやゲームとかのカット数の多い作品がある時には、必要に応じてまとめて撮ってましたね。爆破だけでなく、スモーク素材とか、炎素材とか、アーカイブにしましたよ。ずっと長いことD1〔デジタルのテープメディアの種類。SDTVフォーマット。HDメディアが登場するまではもっとも高い画質を誇った〕で撮っといたんだけど、今はもうD1は使わなくなっちゃった。実写を撮ってそれを合成素材として使う時一番苦労していたのは、『進撃の巨人』（二〇一五）なんかもそういうカットばっかりなんだけど、指の隙間からスモークがふわっと出てくるような表現の場合、その画にぴったりのものは絶対にないんです。素材をコラージュしたり、あるいはボケマスクで隠したり、馴染ませるためのいろんな作業をしなければならなくて、それでもドンピシャとはいかないことが多い。だから汎用性のあるもの以外はライブラリにしても意外と使えないんです。

やっぱり、そのためには実写をいちいち計算して撮らないとダメです。調布スタジオでは撮影ステージが一階にあるから、プレゼン（プレゼンテーション）用の映像を撮ったり、合成のテストピース〔試験撮影のための素材〕を撮ったりと、いろんなことが試せました。ＣＧもすごく進化したから、爆発や煙はだいぶ違和感がなくなりましたよね。今ではオブジェクトにピッタリ合わせたエフェクトはＣＧを使います。

映画という領域

――白組はＣＧの会社のように言われることもあるけど、ＣＧでさえ表現の一手法であると。小川さんは実写撮影や合成の技術を持たれてきたわけですが、映画に足を踏み入れていったのはどのあたりからですか？

入社してそんなに経ってないころに大林宣彦監督の『ねらわれた学園』（一九八一）を手伝ったりしてましたね。あの作品では、松任谷由美の主題歌を聞きながら星型のマスクを切ったり〔画像中のオブジェクトを合成用に切りぬく作業〕してました（笑）。黄色い紙で星形のマスク切って「これ黄色い紙だけどハイコンフィルム〔モノクロフィルムの一種で、白黒両極化した映像撮影に現像される〕で撮るとちゃんと白黒マスクになるね」とか、そういうことを見つけて喜んでいた。まだなにも知らないからフィルムや素材の特性、撮影の技法の一つひとつが面白い発見だったし、知識にもなっていた時代です。

『時をかける少女』（一九八三）の冒頭の星空の素材作りなんかもよく覚えています。あれはチャンネル16〔一九七七年、東映特殊技術課から独立した合成技師の山田孝が設立した。一六ミリフィルムの合成を専門としていたが、一九八九年に解散〕で合成したんだったかな。星空、モノクロのシーン、電車の窓から見える菜の花畑の風景……菜の花畑は綿で作ってそれをまだなにもないガランとした杉並スタジオの一階で移動撮影したり。

――大林さんはＣＭつながりですか？

島村社長がずっと大林さんと一緒にやってたんですよ。ＣＭ以外にも『ＨＯＵＳＥ　ハウス』（一九七七）とかね。あれはいま観てもすごいよ。空は全部マット画だし、かなりぶっ飛んでいますね。全編ほぼオプチカル合成だよね。『時かけ』なんかも電車からの風景をわざと作りものにしたりだとか、星空をあとから入れたりだとかやりましたね。時をかけるシーンでワンカットだけ実験室がぐにゃっとなる２Ｄ変形のシーンがあるんだけど、あそこだけAppleⅡとＸＹプロッタ〔デジタルデータをペンで描画出力する機器〕で作っています。実験室の写真をトレースしたライン素材をコンピュータで渦巻き状に変形させて、それを透過光にして一瞬だけ使う――なんていう実験をしてました。

大林さんは普通じゃない映像が大好きだから、他の『時かけ』のシーンでは、ムービーキャメラがロケ先で使えないので、一眼レフのスチルキャメラで撮影した連続写真をラボに持ち込んでムービーフィルムに数コマずつ焼き付けてスチルアニメ的にしてみたり、大林映画の特撮ってものすごく手作りっぽくやっているんだなってびっくりしました。こんなにも実験映画っぽいことやるんだなって。

――それが大林映画のやり方だったんですね。

最後の仕上げは大林さんがイマジカで打ち合わせして「波頭をそのまま空のマスクにしちゃってみて」なんて感じでオプチカルの担当者と話していました。だから緻密に計算された特撮というよりはなにが上がるかお楽しみ的な即興っぽい感じで映像が構築されていた。こういう作品は予算もあまりないから島村社長も大林さんと一緒に楽しんでやっていたし、CMとちがって映画は尺も長ければ作り手の視点もちがい、自由度もちがうから同じような作業をやっていたとしても、どこか「映画やってるんだな」っていう独特のクリエイティヴな感じがあって楽しかったですね。白組はこのころはCMと映画と、あとは博展映像（博覧会用展示映像）も作っていました。あれこそが壮大な映像の実験場だったと思います。

――大量にやらなきゃいけないから、ちょっとでも速くできる方法はないか、すごくいい方法を見つけたとか、そういうことが楽しくもあった時代ですね。今は現像工程を吹っ飛ばしてすぐに映像が観られるのは喜ばしいことですが。

そうですね。私たちはラインテスト（本番前にラフな状態で撮影するモーションテスト）をやらないと次にいけないから、とにかく本番前にラインテスト撮影をするんです。でもラインテストやって翌日夕方にラッシュを観るんだと時間がもったいないんで、ハイコンフィルムで撮って、その場で撮影部がフィルム現像をしていました。それだとすぐに現像して乾かして映写できるんです。ハイコンだからディティールが飛んじゃっているけど、当たりがわかるからそれでも便利でした。どうにかカラーで観れないかと思っていたら、そのうちにコダックからスライド用なんだけど直現（直接現像）できるキットが出たんです。でも三六枚撮りフィルムなんでキャメラに入れると七二コマしか撮れない。それを撮影してその場で現像すると一応カラーで観れたんですが、短かすぎて映写機にはかけらんない（笑）。まあそれだけ作業の成果を早く観たくて観たくて仕方なかったんだね。そういう時代でしたから、さっきの伊丹組のビジコンなんかは生まれるべくして生まれて、あっという間にどの現場にも行き渡っていったんです。

――じゃあ今みたいにコンテンツ丸ごと作るようになったのは、――例えば山崎監督のように白組内部の制作チームが中心となって映画を作っていくだとか――そういった体制が固まってきたのはいつごろですか？

初めの大きな仕事としてはつくば博（国際科学技術博覧会、一九八五）の展示映像の仕事を日本ＩＢＭから直で受けて作ったんですね。社長は大阪万博の時からパビリオンの映像制作をしているから、もともと大好きなメディアなんですね。博展映像って巨大な実験映画みたいなもんで、変わった形のスクリーンに映写してみたり、複数面マルチをやったりとかって、とにかく観客を驚かすための映像制作を毎年のようにやっていたんです。つくば博のころはピークだったので、ＩＢＭ館の映像制作もかなりの大プロジェクトだった。そのために一年間働いていた感じです。

ＩＢＭ館なんだからＣＧがないとダメだろってなって、今考えるとなんでもないんですけど、「ビルの間をキャメラが通って、上空に丸、三角、四角の物体が動いていていガラスの質感しているようないかにも未来的な映像」をＣＧにくわしいスタッフに参加してもらって初めて作ったんです。六本木にあった日本ＩＢＭ本社のスーパーコンピュータを使ってレンダリングをしてもらってね。しかも最後は七〇ミリフィルム用にフィルムレコーディング〔デジタルデータをフィルムに焼き付けるシステム。これによりフィルムでの焼き増しと映画館などでの上映を可能にする〕してもらって。もうフィルム一コマ切るのももったいないような、高価な大きいフィルムで。そういうことをやらせてもらっていたんですよ。

たしかに湯水のようにお金はかかるよね。しかも、フィルムなので、ＩＢＭ館で一日中、開催期間中ずっとループ上映すると傷だらけになっちゃうから、定期的にニュープリント〔新しく焼き起こしたポジフィルム〕を納品しなくちゃならない。プリント費もマルチ画面分必要だからものすごく高額だったし、アナログの時代は映写自体が大変だった。今はＤＣＰ〔Digital Cinema Package、上映用ポジフィルムに替わるデジタルデータにより映画を上映する方式〕だから、劣化もないし一度納品すれば終わりだけど。

博展映像っていうと大きな予算を注《つ》ぎ込んで、変わったスクリーンの形だとか、変わった映像体験をさせようだとか、映像エンターテインメントとしてものすごく贅沢なものだったけど、当時は日本中で流行っていたんですよ。つくば博ではリンクスが赤青眼鏡でＣＧの立体視やっていたなあ。リンクスはそのあとに横浜博（一九八九）で素晴らしい立体視ＣＧを作っていて、その作品にはすごく衝撃を受けました。「ＣＧはすごい」と最初に思った作品かもしれない。ただ、設備もそうだしお金があまりにもかかるツールだから、私たちはコツコツやっていくしかないんだろうなあと同時に思ったものです。それからバブル崩壊とともに博展映像も一気に減ってしまいましたね。

だからそのあとに「ＣＭメインでずっとやってきたけど、映画もちょっとずつ力を入れてやっていこうか」ってやり始めたのが、伊丹映画だったんです。伊丹十三監督は宣伝も含め今までの独立プロとはちがって近代的に映画を制作しようとしていた人だから、ちゃんと応分の制作費も計上してくれるし、古いタイプの映画人のようなお金はないけど「根性でやってくれ」みたいなことは当然、言わなかったので、山崎が特撮を担当することになって、自然に調布スタジオに映画用のＳＦＸ＋ＶＦＸチームができていった感じですね。

――最初の作品は？

伊丹組の『マルサの女2』（一九八八）かな。劇中の悪夢のシーンで崖が崩れる画があるんですよ。その崩れる崖を比較的大きめの縮尺でミニチュア班が作ってました。仕掛けで崩れるようにした崖をまだなにもない調布スタジオにセッティングして地味に撮影してました。

その次に伊丹さんがプロデュースした『スイートホーム』（一九八九）というホラー映画のＳＦＸをやっています。昇天シーンや崩壊シーンなど、調布スタジオに大規模なミニチュアを組んで撮影してました。失敗したら二度と撮れないようなカットだったですね。

その次が『大病人』（一九九三）。このころからＰＣのデジタル合成をけっこうやるようになりました。調布スタジオの中二階にデジタルコンポジットの部屋を造って、山崎や渋谷が最終コンポジット作業をしていました。時々のぞくと最新設備のデジタル編集室と遜色ないクオリティの画が上がっていたので、映画もパソコンで十分できるようになったんだなと感慨深いものがありましたね。

三國連太郎さん〔一九二三～二〇一三年。戦後の日本映画を代表する俳優〕がパジャマを着て空を飛ぶシーンがあるんですけど、ラジコンで手足を動かせる三國さんのミニチュア人形にパジャマを着せて、それをモーションコントロールで撮影して、ＣＧの背景とデジタルで合成してました。当時はすべてをＣＧで作ることはなかなかなかったですね。アナログの手法を取り入れた方が、よりリアルで速くできたから。とにかく伊丹さんの求めるレベルは高いから、山崎もいろんなやり方を試していた。伊丹映画に参加していい経験を積んだんじゃないかと思うな。

和田誠監督の『怖がる人々』（一九九四）では飛行機がバタバタしながら飛ぶシーンがあったけど、背景は２Ｄのマットペイントだった。飛行機はさすがにＣＧで作っていたけどね。もう一つ佐藤嗣麻子監督の『エコエコアザラクⅡ　BIRTH OF THE WIZARD』（一九九六）っていう映画があって、低予算なんだけどクリーチャーをがんばってフルＣＧで作ってた。クライマックスにＶＦＸを効果的に使ったフルデジタルのカットもあって当時としては珍しかったな。それ以外にもいろんな映画のＶＦＸを担当したあと、ようやく山崎は『ジュブナイル』（二〇〇〇）を作ることができた。

新しいステージ――受託ではない、ＶＦＸだけではないポジションへ

――『ジュブナイル』が今の白組のステージにつながる一本目ということですか？

そうですね。白組のスタッフがＶＦＸ以外に監督も脚本もやってということになると『ジュブナイル』でしょう。ＲＯＢＯＴ〔一九八六年創業、二〇〇六年、ＩＭＡＧＩＣＡと経営統合、イマジカ・ＲＯＢＯＴホールディングスに。創業者である阿部秀司が島村と懇意だったため制作参加し、白組を支援した〕とやった最初の山崎映画だけど。それより前にＲＯＢＯＴの映画『パラサイト・イブ』（一九九七）で私がＶＦＸスーパーバイザーをやった時には、山崎はＶＦＸシーンの絵コンテを描いて、ＣＧのタイトルも担当していました。

その後ＲＯＢＯＴとはいろんな映画でＶＦＸに関わることが多くなりましたが、やっぱり『ジュブナイル』を観て白組のＶＦＸチームの評価が相当上がったんだと思う。調布スタジオは本社と場所も離れていたし独立したパートだったから、山崎を中心にいろいろと実験していたところはある。実験というか挑戦

を島村社長は許すから、面白いものさえ作れるなら、それは必ずなにかに活きるってことだという考えですね。

調布スタジオの機材が充実していってマシンが増えてきた時、「いくらＣＧで仕事をしていっても、結局、設備投資の方が大きいんじゃないか？」ということにハタと気付いて、恐ろしくなったことがありました。ＣＧって一秒の映像を作るのにもすごい手間がかかるんだけど、それ以上にハード、ソフトの毎年のバージョンアップにお金がかかってしまうんですよ。だからその時、映画以外にもＣＧスタッフを効率よく活かせる仕事を受けないとマズイなと考えましたね。ＣＭのＣＧも今まで以上に社内でできるかぎりやろうって思いました。

だけど当時は、ＣＧで作品を完成させるのに、予期しないことであまりにも多くのトラブルが発生したんです。ＣＭのようにスパンが短いと、当初の見込みが外れて作業に手間取ってしまった場合、あとから受けた仕事が大渋滞してしまうこともありました。ＣＧ自体がまだまだ開発途上の産物だったんだと思います。

２Ｄアニメの場合は重なったら「作業をいろんなルートでバラまけ」とか人海戦術もあるし、コマ撮り撮影だったら「徹夜でがんばれ！」とか撮影日数増やすってあるけど、ＣＧの場合はもともとバーチャルなものだから作業者自体が不調の原因がわからないこともあって、バグが出るとそこで停滞しちゃうんです。ＣＭは特にそうなんだけど、今回初めてやってみる表現ってケースが多いんですよ。結果的に「できるかどうかがわからない」っていう仕事もある。だから当時は仕事を受ける時って賭けみたいなもんで、ちゃんと納品できるかすごく心配だった。最終的にはいつもなんとかなったけどね。

――完成形をイマジネーションしながら、どうやって作ったらいいのか、新しいプラグインを作らなきゃとか、いろんなことを組み上げながら進めるしかないわけですよね。

そう。それにアナログの場合だと、うまくいかない理由があったとしたら、なんらかの方法で肉眼でわかるし、対応の仕方もある。コンピュータの場合、なんで停滞しているのかわからないまま、画が出てこないことがあるんです。ハードディスクをのぞいてみてもわかるわけがない（笑）。やっとできたとしてもクライアントが納得しないこともあるし、当時は一五秒のCMでもやり直すと、「レンダリング回しっぱなしで一カ月はかかりますよ」っていう話にすぐなっちゃってました。一枚出すのにも何時間もかかってしまうし、それを積算して「もっとマシンを増やさなきゃ」とかいう解決方法になっちゃうから、時間内にやることにものすごいプレッシャーがあった。最初のころはCGの仕事は本当に生きた心地がしなかったですね。

CGの表現媒体としてのゲーム、そして青山、三軒茶屋へ

CGではいろんな大変な目にあったんだけど、二〇〇〇年代に入って、ゲームの仕事をやるようになりました。当たり前だけどCGはCMよりもゲームに向いているんです（笑）。ようやくCGの映像作りの先が見えるようになってきていたし、映画的な要素も多分にあって、ゲームの仕事はいいなと思いました。カプコンの『鬼武者2』（二〇〇二）『鬼武者3』をやってクオリティがどんどん上がっていきました。

――ゲーム映像は『ジュブナイル』と同時期だったんですか？　二〇〇〇年代なら、かなりCGの

発注量も増えていたはずです。フル3Dの映画やアニメーションが市井に大量に作られ始めていたし、テレビCMでももうタイトル部分はすべてCGだったし、特撮ドラマにも大量に使われるようになっていた。ラインは足りていたんでしょうか？

それまでCGはすべて調布スタジオで作っていたんですけど、おっしゃるとおり発注が増えてきたため、それまで手描き作画が中心だった青山の方でもやってみようという機運が高まった。CGを使っていなかったスタッフも「コンピュータを使って安いソフトでいいからCGを作ってみたい」って徐々になっていた時期でした。

そうしたら、それまでCGに触っていなかった人たちのなかにもすごい天才がいたわけですよ。安いソフトでもそれなりにできることもわかったし、コンピュータって値段がちがってもやれることってほとんど同じなんです。もともと青山のスタッフは美術系の学校出身で絵心はあるけどそれまでCGに触れていなかった人が中心で、それでもいい画を出すんですよ。調布の方は逆にコンピュータの専門学校からきているから理系が多い。

短絡的に「美大を出た人にコンピュータを渡してCG作ってもらうとすごくいいんじゃないか」と思って、やってなかった人にもやらせたんですけど、3Dはみんながみんなできるわけじゃなかった（笑）。できる子もいれば苦手な子もいていろいろでしたね。でもそれがきっかけになって、たとえ2Dでも「コンピュータを使わないと、これからの映像制作はできないよ」と言って、やる気のある人にはやらせようとなりました。

それで青山でもCMにCGを使い始めたんです。『GAMBA　ガンバと仲間たち』（二〇一五）を一緒にやった河村友宏〔一九九一年入社『GAMBA』共同監督〕なんかも、最初は青山でCMのCGをやってました。河村は可愛いものは得意だけど、ゲームムービーみたいなリアルなものをやるとストレスが溜まっちゃう（笑）。クリエイターにもそれぞれ特性があるんですよね。

そうこうしているうちに、CMやなんかのCGは青山でかなりできるようになっちゃった。青山の方が都心なので、短期の場合レスポンスいいし、そのうち自信つけて「安いマシンとソフトでもCMくらいできるよ」ってなっちゃった。少し前は調布でいろんなCMを作ってたんだから、そのころの調布のCGスタッフは悔しかったと思いますね。でもあいつらのことだから、むしろ奮起して「絶対にすごいCG作ってやるぜ！」と思ってたんだろうけどね（笑）。

今考えるとCGって単純にソフトで差別化されている側面もあって、初めは安いソフトだとやっぱり不安視された。「Maya〔オートデスク社による三次元CGソフト。北米を中心に世界中に普及したプロ仕様ソフト〕じゃないんですか？」とか言われたこともあるしね（調布スタジオはMayaを使用していた）。でも『鬼武者2』みたいな劇画チックな作品には3DsMAX〔同じくオートデスク社が提供する3D作成用統合タイプソフト〕の繊細というよりはダイナミックな画質が合っていたし、なによりレンダリングが早かった。今は調布以外にもMayaを増やしたいですね。仕事によって使い分けたほうが効率がいいので。

その次にやった『バテン・カイトス』（二〇〇三）という作品のゲームムービーは各シーンによって社内のチームがそれぞれ担当したので、使用ソフトも混ざっちゃったんですが、結果的にだれが見ても見分けはつかなかったですね。Mayaも3DsMAXもLightWaveも（笑）。こんなふうに「ソフトがいい画を作る」とされていた時代があったんですよ。

——いまだにCGプロダクションではその二つの主流が争われたりしています。カットごとに作って最後に編集するならいいけど、カットの制作工程を別のソフトでやるのはしんどいですよね。『鬼武者2』はどんな体制だったんでしょう。

『鬼武者2』はROBOTから発注がきたんですよ。前作の『鬼武者』（二〇〇一）よりさらに「劇画チックな内容で馬に乗っている人間をリアルに作りたい」って言われて、「それなら馬もモーキャプにしよう」となって、人と馬のモーキャプが同時に撮れるように馬が走れるところを探したんですよ。

——馬をモーキャプしたんですか⁉

そう。ガラス張りの厩舎だったんで夜になってからモーキャプを撮ることになって、毎晩毎晩収録してました。その時に馬にもターゲット〔オブジェクトの間接や筋肉の位置をスキャニングするためのポインティング〕を付けるんだけど、毛で滑るからすぐ取れちゃうんです。オペレーターは蹴られそうになるし（笑）。なかなか大変だったんだけど、馬と人の挙動を別々にキャプチャーしたあとに、合わせて再現するのはやはり不自然だからって、思い切って人と馬とを一緒にキャプチャーしたんだけどね、そうしたら人馬一体モーキャプで自然な動きが撮れた！

——キャプチャーできちゃったんですか⁉（笑）

普通は、あとから人を合成したり、馬も手付け〔3Dプログラムではなく、人の手作業によってアニメーション的に動きをつけること〕にしたり、馬上だけをキャプチャーしたりといろいろあるんだけど、「馬と人をいっしょにキャプチャー」はやらないよね（笑）。予算もあったし、ROBOTのプロデューサーはそういう新機軸が好きだったんだよね、「人馬一体モーキャプ」はキャッチフレーズになると思いました。『鬼武者2』ってモデルが松田優作〔一九四九〜一九八九年。七〇年代にテレビ・映画界で人気だったカリスマ的な俳優〕なんです。それでエンターテインメント性に富んだものにしたくて、馬と人が一緒にキャプチャーできたら面白いよねって収録前から言っていたんです。この作品は白組にとって初めてフルCGで作ったゲームムービーだったから、その時は〝やりきった感〟があったけど、あとで観ると「まだやれたことがあったんじゃないか?」と思うんですよね。だから、『鬼武者3』の時は今度はドニー・イェン〔香港の俳優、武術家〕を呼んでアクロバティックなアクションにも凝って、背景もミニチュアにしてHDRでライティングの精度を上げて「よりリアルなCGを作ろう!」って挑みました。

――これまでの仕事に対する姿勢とはずいぶんちがうんですね。CMは「不可能を可能にする挑戦」「もっとも効率のよい方法の策定」で、映画は「自分たちのためのもの」、博展は「実験場」、そしてゲームは「CG技術の深化」ですか? 今のように白組のスタッフの人数が増えたのもCG作業のためのコンピュータの台数が増えたためですか。ラインも意図的に増やしたんですか?

そうですね、それまでCGはずっと調布中心でやっていたんだけど、『鬼武者2』の時に大規模なCGムービーを青山中心でやることになってスタッフを増員して結果的にぐんと増えましたね。だけど作品制作があまりにも大変すぎて、終了するまでは他のことを考えてなくて、気付いたらスタッフ全員分の次の仕事のアテがなくて大変だった。

この教訓があって制作ラインも一作品に全員を注ぎ込んじゃうと危ないから、何個かの案件に一五~二〇人程度のスタッフを割り振って、納品のスケジュールがズレるようにしていました。だけど一案件に一五~二〇人程度と抑えた規模に編成しているわけだから、最盛期には絶対に人が足りなくなるわけで。そうすると最後はやっぱり切羽詰まってくるから、どのチームでもスタッフが欲しくて、結局はどんどん人が増えていくわけですよ。

――そう言えば、オー・エル・エムの奥野敏聡社長も、「CGを始めたらもう引き返せないよ」っておっしゃっていましたね。最大規模のCGスタジオとなる三軒茶屋スタジオの開所はいつですか？

マイクロソフトの『ブルードラゴン』（二〇〇六。鳥山明キャラクターデザイン）はもう三茶スタジオでやっていましたから二〇〇六年ですね。『ブルードラゴン』は全編にわたって大量にムービーが必要で、これで実動しているとスキルにしろ体験にしろかなり蓄積できてラインもだいぶ安定してきた。だからこのころあたりからアニメの自主コンテンツを作りたいなと思い始めていました。

リアルなCGは『鬼武者3』でやれるところまでやったけど、CGキャラを生きている人間のように見せるのはほんとに大変。変に不気味になったりするし、結局は人間にはかなわない。「これ以上、やるんだったらCGより本物の人間でやった方がいい」って思った。リファレンス（比較先・目的）が人間だというのは今でも難易度が高いけど、当時は相当辛かったんですね。リアル方向のCGを突き詰めてみんな疲弊しちゃった気がしたので、今度は「アニメっぽいのやりたいよね」って言ってたら、タイミングよく『ブルードラゴン』の話がきました。八木竜一なんか『鬼武者3』のあと『うっかりペネロペ』（二〇〇六）ですからね（笑）。

――みんなストレスが溜まりまくっていたという（笑）。「辛いもの食べすぎたから甘いものを食べたい」って感じですね。

〝本当に人っぽいもの〟を追求した時期もあったけど、「このままいくとどうなっちゃうのかな？」と考えてしまいました。『ブルードラゴン』と「リアルなCGムービー企画」の二つの仕事が同時に来たので、「リアルな企画」は遠慮しました。スタッフの手付けアニメのスキルが上がるきっかけになればいいなと思って『ブルードラゴン』にしたんです。『ブルードラゴン』はモーキャプではなくすべて手付けでやりました。鳥山明さん（一九五五年〜、マンガ家、デザイナー。『ドラゴンボール』『ドクタースランプ アラレちゃん』）のキャラだったし。うちは結局アニメーションの会社ですから、どうせCGをやるなら「白組はキャラクターアニメが上手いよね」って言われたいんですよ。当たり前だけど『ペネロペ』も『もやしもん』（二〇〇七）も可愛さを追求するキャラクターアニメだし、そういう作品でも「白組は二等身みたいなデフォルメキャラでもいいアニメを作るね」と言われたいんです。

『GAMBA』の挑戦

――『GAMBA』という事業への展望は、その時に小川さんがされたんですか？

『ブルードラゴン』が終わった時点で全部集めてみたら、映画一本分くらいのムービーがあったわけです。

だったら、ゲームのムービーじゃなくて、夢だったアニメ映画を作ってみようかと思い立ちました。それが『ＧＡＭＢＡ』へのきっかけです。

でも、やっぱりアニメとしてのレベルというものを考えると、冷静に見たら所詮ゲームのなかのムービーにすぎない。手付けではあってもいろんな意味でまだまだセルアニメのレベルに達してないんですよ。ＣＧのキャラクターはセルアニメのキャラクターには到底及んでいなかった。「まあまあ手付けで破たんなくできたな」とは思いましたけど。日本のＣＧってフェイシャルとかちゃんとやっていないし、モーキャプでフェイシャルデータとかも撮っていたけどまったく無表情にしか見えなくてね。ゲームのなかに出てくる場合はそこそこに見えるけど、アニメ映画としては全然ダメ、やりきれていない。一本の映画の分量のムービーは確かに作ったけど、映画には遠かったんです。でもハードルは高かったけど、手付けのアニメに特化しなきゃいけないと、その時に思ったんですよ。モーキャプ作品をいくらやってもアニメがうまくなるわけじゃない、モーキャプ修正がうまくなるだけだから。それだと他のＣＧ会社ともなかなか差別化できないしね。

『ＧＡＭＢＡ』をやったことで、本当にいいアニメーションって、ものすごく手間がかかることを再認識しました。２Ｄのアニメの人と話していると「日本のＣＧアニメって顔が全然動いてないよね」って言われたりするんです。ＣＧアニメのスタッフはみんな２Ｄアニメが好きだけど、２Ｄアニメの人たちはＣＧがあまり好きじゃないんですよね。片思い（笑）。２Ｄのベテランアニメーターのような習熟したアニメを付けられる人が、ＣＧアニメーターにはまだいないと思われているんです。

普通の会話シーンで感情を表現するのはすごい難しいことなんですよ。『ＧＡＭＢＡ』でも絵コンテを作っていくと、意外とネズミたちが話し合うディスカッションシーンが多いんです。そういうところって誤魔化しがきかない。観ている人の気持ちが途切れないまま感情移入して観ていられるほどの映像を作るのは本当に難しい。しかもＣＧは動きを止めちゃうと、突然人形になっちゃう。立体アニメをやっている時も思うんだけど、セルアニメなら止め絵（シーンの途中で静止画にした状態）でもまったく気にならないけど、コマ撮りアニメで止めちゃうと、もう生きていないわけですよ。

ＣＧも同じで、むしろ情報量が多いせいか、止まっているとフリーズ感がすごいんです。『ＧＡＭＢＡ』はモブシーン（群衆シーン）が多くって、パーティーのシーンとかでたくさん擬人化したエキストラ鼠がいるわけです。そのうちの一匹たりともヘタに動きを止められないわけですよ。エキストラはモーキャプにしようかとも思ったけど、モーキャプだと立っているだけで体重のかけ方が妙に人っぽいんです。着ぐるみっぽい（笑）。それで、「私たちが目指しているのこれじゃないよな」と思ったわけです。

真面目にやっていくと、ＣＧが大変だということをどんどん思い知ります。表情なんかも微妙に動かしていないと悲しんでいるのも伝わらないんです。それと３ＤＣＧで一番困るのは、まだキャラクターにキチンと動きを付けていないアニマティックスの段階ですね。「ちゃんとアニメ（動き）がつけばよくなる」といわれても「本当かな?」って、不安になりますね。外部には絶対に観せられない状態です。２Ｄアニメだったらラインテストで大体の仕上がりはイメージできるんだけど、ＣＧは最終レンダリングをしないとほんとのところはわからない。影の落ち方一つで表情が変わっちゃうから。２Ｄアニメとちがって、最後の工程になるまでキャラクターになかなか感情移入できないで進むところが、ＣＧの難しいところなんじゃないかなと思うんですよ。

――『ＧＡＭＢＡ』のチームは、あとからスタートしたプロジェクトが先に完成したりしていて、社内でも相当つらかったんじゃないんですか。遅れたのは制作工程的に課題があったというよりも資本や配給の事情ですよね。

一回作ったけど、海外の人に「子ども向けだったらこれじゃダメ」って言われたり、現場以外のところでいろんなことがあったから、ほぼ二回作ったのと同じですよね。でも初期の映像を観ると、「やっぱりこのまま作らなくてよかったな」って思います。初期の段階で何度か試写したけど「よくあれで観せてたなぁ」と（笑）。やっぱり完成度がまだまだ低かったですね。

ＣＧって、作っていくうちに画のクオリティが蓄積されて、どんどんよくなっていくんですよ。昔の作品は劣化する感じがあるんだけど。『ＧＡＭＢＡ』の場合はアニメーション（動き）に力を入れたから、初期に作った映像でもよいものはよかった。アニメーションはていねいにやったものは何年経っても大丈夫ですね。２Ｄアニメでもていねいに作った昔の作品は今の作品よりもよく動いているから、それに近い感覚があるのかも知れません。

「ＣＧのキャラってどうしても感情移入できないんだよね」ってよく言われていたから、それをクリアすることが『ＧＡＭＢＡ』では目標だった。とにかく、会話だけのシーンや派手なアクションがないシーンでも観客を引き込んでおきたいと考えたんで、キャメラの切り替えはもちろんのこと、お芝居のシーンは何度も何度もやりましたよね。やはりお手本はPIXARの作品です。ほんとスタンダードな作りで見やすいですね。ＣＧだからってトリッキーな画なんかないんです。ＣＧっぽいキャメラワークもなくて、意外とフィックスカットが多い。普通のキャメラで撮れそうなカットばっかり。キャメラの存在自体を感じさせない。私たちもそういうふうにしたいよねってやっていますよ。

――ＣＧは「リアルの追求に体力を使うのなら実写でやればいい」と言われがちですが、確かにPIXARはすでにそんな議論からは離れ、「映画としての面白さ」に砕身しているふうですね。

やりたいことをやらせたい

――『ＧＡＭＢＡ』が今のところ、フルＣＧアニメとしては白組の到達点ではあるわけですけど、一方で白組が採っている手法や人員の体制が他の会社とではちがうと言われていたりします。例えば、分業制にせずにプロジェクト担当制にしているだとか。事業所も点在している。このあたりの事情を教えていただけますか？

分業制を採らないのは、調布スタジオの伝統がそうなんですよ。調布スタジオは最初っから少人数でやっていたから、全員でやるしかないです。でも今はコンポジットチームだけは完全に別ですし、作業内容によっては分業にしたりもしているとは思いますが。

ＶＦＸのような実写ベースでカット単位で仕上げていく必要がある場合には、相性もあるからそういうやり方もいいし、速い人がたくさんシーンを抱えたり、得意な人が難しいシーンを担当したりということで、クリエイター個人の特性を出しているんです。

フルＣＧアニメの作品の場合は緩い分業制ですね。モデリング〔オブジェクトのデータ制作・可視化〕が得意な人はモデリングやるし、リグ〔アニメーターがＣＧキャラクターをコントロールするための機構〕の人は専任でリグやるし、アニメーターは基本的に専任でアニメーションをつけて、エフェクトはエフェクトが得意な人、というように分業です。ただみんな基本的にモデリングはやります。

――その理由は？

作業の一番最初ってモデリングしかやることないからです（笑）。モデルを作らないと他の作業ができないんで、キャラクターモデルをやったり地形のモデルをやったりです。アメリカの場合、分業がキッチリしすぎていてモデリングの人はモデリングだけで、アニメーションに回ることは絶対ないんですけどね。白組がチームでやる理由は、ある程度の人数がチームになって、複数の作業を担当してスタートからエンドまで関われればいいなと思って、その方式を採用しているんです。そのなかで特化していってもいいしね。

――全員でゴールできて、全員で達成感を味わい、連帯できるように？

そう。モデリングのあとは例えばキャメラワークが得意な人はレイアウトしていって、決まったものからアニメーターがアニメーション付けていってとなります。アニメーションの場合うまい人から新人まで段階的にやることがあるから、アニメーションのスタッフが一番多いし長く関わります。エフェクトの人は特殊で、本当に得意な人しかできないんです。うまい人がやると一日で終わるけど、下手な人がやると一週間やっても終わらないこともあります。リグも同じ。

だけれど、チームであることでやり甲斐や連帯感が生まれ成果を出せるはずだと思って、今はまだチーム制を敷いています。チーム全員が作品の完成までなんらかの形で関わっていけるようにしたいんですけど、たぶん効率的には分業化がいいんでしょうね。

――分業の方が独立したクリエーターが育ちやすいということはないですか？

なるべくやりたいことをやらせたいんですよね。八木竜一や花房真、岩本晶のようにやりたいことをやらせてみて、才能が開花した実績とイメージがあります。「やりたい」っていう気持ちがないと話にならないし、やりたい子のなかからうまい子が出てくる可能性が高いんだけど、やっぱりうまくいかない子だって出てくる。向いてない場合は他の道を勧めるかもしれないけど、「やる気があるならできるだけチャンスをあげたいよね」っていうのが白組の育成の方針です。チーム制もスタッフのいろいろな可能性を知ることができるシステムだからなんです。

——会社のありようを変えてきたなかでタレントクリエーターが育ってきたわけですが、次はなにを目指そうとされていますか？　これ以降の戦略としてはなにを考えていますか？

やっぱり映画を筆頭に白組発のハイクオリティなコンテンツを作り続けるのが目標ですね。でも白組発じゃないから面白くないってわけじゃなくて、ＶＲ（Virtual Reality）などＣＧ映像を活かした未知の分野とか面白そうなことは実験したいし、今もこれからもその精神でやっていきます。私がずっとやってきたゲームやＣＭなどの受託の仕事も、こちらにやってほしいことが明確に決まっているから、スタッフにとっては甘えが許されなくていい刺激にもなるんですよ。決まった期間で要望どおりのものにしなければ納品できないし、自分たちの作品を作っているのとはまた別の緊張感があっていいんです。

とにかく、これからも多方面にわたってジャンルの制約なしに、映像を作り続けていきたいです。

——白組の目指すものとしてPIXARやディズニーがあるわけじゃないんですね？

アニメ映画を一つの柱にはしたいんです。お金はなくてもクリエイティヴという資源を活かして、工夫して作ってきたから今も白組がある。でないと今まで生き残っているのはおかしいんですよ。

――受託で鍛えてきたがゆえに筋肉質な体力になっていますしね。

さっき話したように受託は本当に鍛えられるんですよ。昔は「お金がいくらかかってもいいから、いいもの作ってよ」っていうこともあったけど、利益はほとんどコンピュータ関係の機材に投資しちゃって、しかも巨大なＣＧラボとはちがったゲリラ的なやり方でコツコツと映像制作を続けてきているわけだから、白組は逆境には強いのかもしれないね。それにしてもＣＭやイベントが仕事の柱だった高度経済成長のころ、熱に浮かされたみたいに、わけもわからずにコンピュータでいろんな仕事をやってたけど、必ずなにかのトラブルに見舞われていましたね。よく乗り越えてきたと思います。

白組の抱える課題

――白組を取り巻く市況はどうでしょうか？

現在の白組はイベントが減ってゲームが入ってきて、ゲームとＣＭと映画みたいな形でこれまでやってきたんだけど、映画のＶＦＸは作業量の割にポスプロ予算が少なくて、山崎映画以外は利益はあまり出ませんね。ゲームは勢いがあったし、ＣＧスタッフも鍛えられるいいメディアでした。ＣＭはリッチだったけれど、近年は予算がだいぶ削減されてきています。

白組は『鬼武者』以降ＣＧスタッフが爆発的に増えちゃって、ＣＭでは成り立たなくなってきて、その時にゲームと映画を柱にしたいなと思ったんです。それでも、実際に映画で利益を出すのはなかなか難しいとは知っていました。映画は投資しても全部が当たるわけじゃない。ゲームも大型作品はどんどん減ってきています。今は遊技機用の映像制作で成り立っていると言ってもいいCG会社がほとんどですね。コンシューマーゲーム機が一時より衰退して、ゲームのリッチコンテンツが激減した時、それを補うかのように遊技機が出てきて、みんな助けられましたよね。白組も遊技機関係の売り上げは伸びています。

そんな産業の縮小傾向ばかりが目につくなか、今の白組があるのは一つのものだけに軸を置かなかったことですね。結局、いろんなことをやっていたことがよかったんだと思います。CMも仕事が続く限りはやめないし、もっと増やしたいとも思っています。CMは本当にフットワークがよくないとできないから、一回やめてしまうとスピード感についていけなくなっちゃうんです。今日来たら明日から即開始というスピードなんでね。なによりも経験とフットワークが必要です。

――今後のCGプロダクションのありようというのは、どういうふうになると思いますか？

わかりませんね。ただCMに関しては個人レベルの会社が受託しているケースが増えています。CMのなかの五秒や一〇秒だったら個人でも全然できちゃうし、センスがよかったり、監督と馬が合ったり、そういう人は個人でやってますよね。大手CMプロダクションはCG会社をグループ内に持っているので、そこで作ることが増えてます。CMにはCGが必要なんです。

コンシューマーゲームに関しては、今でも白組の受託は多いんですけど、若いCGスタッフのなかには「ゲームの映像をいちばん作りたい」っていう人もいるので、彼らのスキルのためにも続けていきます。昔からゲームムービーを作りながら鍛えられてきたことがたくさんあったんですよ。

リアル表現のキャラクターって、ある種ゲームだけに残っているんです。その意味では最前線です。それに一度リアルなものをやめちゃうと、二度ともどれないんです。リアルなものを作りたい人にとってはゲームの仕事は素晴らしくいいんです。「超リアルな筋肉を作りたい」っていうクリエイターもなかにはいるんです。ゲームは今でも柱ですね。

近年は遊技機もすごい売り上げになっています。白組の場合プロデューサーが企画から立ち上げるし、内容もよく考えているし、すごく面白いんです。企画を立ち上げる時、遊戯機業界ってレスポンスがいいっていうか、決定が早いんです。「面白そうだったらやらせてくれる」という感じです。商品の入れ替わりも激しいし、常になにかを求めていますね。往年のコンテンツの『ルパン』や『北斗の拳』がピカピカでずっと生き残っている不思議な業界なんです。そこにはなにがキラーコンテンツなのかわからない面白さがありますね。徐々に遊技機人口が減ってきて、ずっとそうなるのかはわからないけど、制作予算も他のメディアより潤沢だし、なによりＣＧ映像を必要としている業界です。企画して面白いものだったらそのあとに育つ可能性もあります。メディアミックスしている『牙狼』は典型的な例ですよね。

――『牙狼』はむしろ遊技機がコンテンツを育てた印象ですね。白組内にそのような従来型以外のコンテンツ企画ってあるんですか？

面白いと思えるような戦略は白組にもいくつかあります。キャラクターものは絶対やりたい。そのブランドをもっと広く認知させるためには、ゲームとかＴＶシリーズも有効だと思います。２Ｄのアニメではたくさんいい会社があって、そういうところには対抗できないから、強みである３Ｄでやれるものを開発していくつもりです。

年に何本もできるわけではないのですが、映画はキーコンテンツですから続けますよ。例えば有名マンガの認知度ってそれだけすごくて映像化企画の最有力ではあるんですけど、ディズニーのように、みんなが知っている日本の昔話や児童文学のなかでも新しい発想で映画化したら面白いコンテンツもまだまだいっぱいあると思います。それにまったくのオリジナルもやりたいですね。そのあたりは開発中です。

――まさに『friends もののけ島のナキ』（二〇一一）がそうでしたね。それと、VFXについてはいかがお考えですか？

VFXって山崎映画以外は一時期、絶対赤字になっちゃっていたんですよ（笑）。VFXって最後に予算が回されてくるパートじゃないですか。本編部分にお金がみんな先に遣われちゃうんです。超過したことは聞いたことあるけど、実写で予算が余ったなんて聞いたことないです。はっきり言うと、実写企画の場合、本編撮影が終わるまでVFXのことなんて考えてないんですよ。VFXのことを考えているんだったら、当初から予算を取っておかないといけないんです。ほとんどがちゃんとその映画の内容に必要なポスプロ費取ってないんですよ。それでいてVFXが最後の砦だから、予算がもうないのに監督たちは逆に過度に期待しちゃうんですね。「実写で撮りきれなかったことをここで取り返したい」ってなる。そういう目に何度もあったんです（笑）。

その点、山崎は無駄なものは絶対に撮らないし、予算内でVFXができるようにきちんと考えているし、VFX作業も自分でやっているからいいけど、監督によっては、VFXの作業に入ったら「もう自分の仕事じゃない」って次の現場に行っちゃうから、チェックもままならない。そういう意味でVFXを仕事としてやるのはなかなか大変だなと思います。

――特撮もVFXってリファレンスが実写なんですよね。

そう！　だから受託でやると終わりがないんですよ。最終的に目指しているのが実写と同じリアルだから。時間が許す限りいつまでもやらされちゃう。ゴールがあるようで、実は人によってはそこがゴールではなかったりするんです。新幹線一つを作っても、「リアルじゃない」と言われて、「これがリアルだ」と状況のちがう写真を見せられても、この人の言うリアルのポイントってどこにあるんだろうって心象を推察しなくちゃならないんです。山崎は自分でそれを決められて、スタッフに明確に伝えられるから、スタッフも迷わず作業ができる。

――CGアニメーションにしても期間を設けて、ゴールを明確化するか、監督がゴールを決めたうえで全員で向かっていかないといつまでも終わらないですからね。かつてのデジタルエンジンプロジェクトの作品群がそうでした。制作の見通しが立てられる人が出てきたら、白組自体がVFXのコンテンツを制作する可能性もあるんですか？

もちろんですよ。VFXでも山崎の映画は成功しています。チャンスがあればVFX満載の映画を他のスタッフにも作らせてあげたいですよね。社員が監督ならVFXもきっと効率よくうまくいくと思います。世界でもVFX出身の監督は増えていますしね。

――テレビ畑の人を見ているとなかなか危ないですよね。予算管理しないでやっていたり、それは自分の仕事ではないと思っていたり。

調布スタジオのVFXチームがコンスタントに高いレベルで仕事ができるのも、ROBOTのプロデューサーが山崎や渋谷を信頼して、ポスプロ段階からキチンと時間や予算についてのリクエストに応えてくれるからだと思うんですよ。こういう当然のことがなかなか成り立たなくてできるかできないか五分五分ぐらいだったら、VFXが大好きなスタッフはドロ沼になることを覚悟しながら受けちゃう。結局、それでしんどくなっちゃうんだと思います。テスト撮影もなく方法論も固まらないまま、時間切れで撮影に入っちゃっていたりするから、ものすごいリスクなんですよ。
私は心配性だから、石橋を叩いてもなかなか安心できないんだけど、それが普通だよね。でも山崎なんてなにがあっても本当にめげないからね。まあ、映画の業界ではそうでないとやっていけないですけどね。あいつは本で得た知識だけで、一度もやったことないのに塩水を入れた大きな水槽で暗雲を作ったりしていましたよ。発想力や創造力とかもあるんだろうけど、なによりポジティブな性格だから大成したんだと思いますね。

——そんな人たちの箱舟、白組はどこに行きますか？

これまでも、スタッフ一人ひとりの情熱が白組を発展・進化させてくれました。これからも着実に、最高のエンターテインメント映像を求めて走り続けたいと思っています。

白組の意欲作である劇場用映画『GAMBA　ガンバと仲間たち』に出てくる、愛すべきキャラクターの一匹・ボーボの笑顔は小川にそっくりだ。ボーボの笑顔に負けず、人を惹きつける魅力にあふれる小川。彼もまたガンバのようなリーダーの島村に引き寄せられ、いつしか同社の中心となっていった人物である。
「セットが破却されてしまうと撮り直しができない」「だからいつでも撮り直せるアニメーション表現が好きだ」という小川のこの言葉は、その創出する映像に対する大きな責任感によるものだ。
巨大な人口を持つ北米であれば、ハリウッドのように潤沢な製作費を映像に投下することができる。しかもハリウッドの市場は地球規模であるわけだから、顧客人口はゆうに数倍となる。しかし日本ではそうはいかない。

人口は三分の一、市場は一〇分の一である。

　その制作環境において小川は、「もっとも間違いのない、もっとも確実な制作技法」として後天的にアニメーションを選択していった。映像表現としてのアニメーションを選択した島村とは、その点が対照的である。しかし当然、企業としての安定性では、小川のようなものの考え方が至極まっとうである。ＣＧがこれだけ隆盛を極めたのも、その表現の可能性以上にコストの随意性が挙げられるだろう。あとでどんどん請求書を出せるような受発注の関係性ならいざ知らず、「発注VS受注」の厳然とした関係性のうえでは、ほとんどの場合で制作費超過のリスクは受託者が負うことになる。

　そのマネジメントとクリエイティヴの摩擦を体感し、そして経営的見地で支えてきた小川は、その受託を超えるクリエイティヴィティを担保するために、オリジナルのＩＰ事業を稼働させた。同様にこれに注力する島村も「我々のコンテンツを」と言い続けてやまない。クリエイターもそろい、インフラも完備し、ようやく白組は第一コーナーを曲がったばかりである。

　次のステージはまさにこれからである。

第二章　白組のクリエイティヴ・タレント

映画（一）　山崎　貴　人間的であるからこそヒトの憧れを描ける

山崎　貴（やまざき・たかし）

一九六四年長野県松本市出身。白組所属の映画監督、脚本家、VFXディレクター。伊丹十三監督作品『大病人』などにVFX担当として参加。二〇〇〇年、『ジュブナイル』で初映画監督。二〇〇五年、『ALWAYS　三丁目の夕日』で日本アカデミー賞監督賞受賞。二〇一一年、『friends　もののけ島のナキ』で劇場用3DCGアニメーションを初監督（共同監督）した。他の監督作品に『永遠の0』『海賊とよばれた男』など。

入社と調布スタジオ

——現在の職制と肩書き、社内ではどのようなお仕事をなされていますか？

現在の僕の肩書としては監督・脚本・デザイナーで、会社の立ち位置は平社員だと思いますよ。特殊社員という位置づけだそうです。仕組みがわからないのですけど、監督をやる人だったりドラマの演出だったりの何人かは、白組のなかで特殊社員というカテゴリーだそうです。

——入社の動機や経緯、入社されてからの動向に関してお聞かせください。

『スター・ウォーズ』（一九七七）の影響を受けて、子どものころから「ＶＦＸという仕事をやりたいな」と思っていました。そのころ、日本ではＳＦＸという言葉が注目され始めた時期で、ＶＦＸはつまり〝視覚効果〟である「ビジュアル・エフェクト（Visual Effects）」のことだと気付いたんです。「自分がやりたいのはＳＦＸじゃない、本当はＶＦＸと言われているものだ」と中学生のころから目指していったんですね。

とは言え、長野県の松本出身なので当然、前例なんて周りにはなにもなく、いったいどこを目指せばＶＦＸをやれるのかわからないわけですよ。なので、本で得た知識や八ミリキャメラで撮影できることをやってみつつ、「東京に行けばなにか道は開けるのではないか」と思い、阿佐ヶ谷美術専門学校（阿佐美）に入りました。そこにはたまたま視覚デザイン科という、映像を作るゼミがあって、けっこういい機材がそろっていたんです。人気もあまりなく人数も少なかったので、機材は使い放題でした。そこに入っていろいろ学んでいた時に、たまたま白組のバイトの募集に応募したのが縁です。

当時、白組は博覧会展示用（博展）の映像をたくさんやっていたんですが、いくつものパビリオンの映像を同時進行でやっていたので、社員だけじゃ足りず猫の手も借りたかったらしく〝猫の手〟として僕は行った感じでしたね（笑）。趣味でミニチュアも作っていたんですが、その作品群を島村社長が見てくれて「ミニチュアやれるなら、そっち手伝ってよ」と言われて、そのままミニチュア担当になったんです。

――専門学校に入るまでになにか専門的な勉強はしていたんでしょうか？

そうですね。独学で、本当に本で読んだような知識しかなかったですね。

――卒業されてからではなく、在校中からも白組の仕事をされていたんですね。

完全に出入りのフリースタッフという感じですかね（笑）。貯金が尽きかけると島村社長に「仕事ないですか？」って電話して、「あるよ」ってことで打ち合わせに行くと仕事をもらえるんです（笑）。最初のころはCGの予備のミニチュアを作っていました。例えば、彗星のなかにキャメラが入っていくと核が見えるという内容をフルCGでやる予定のものがあって……。でも当時はまだCGが不安定な時期だったので、その核をミニチュアでも作ってバックアップ（予備）で撮っておいて、すごい大問題が起きて納期に間に合わなかった場合にはそれを使おうということになっていたみたいなんです。その核のミニチュアを作らせてもらったり、他にもアニメ台を使って撮影するためのミニチュアをいろいろ作ったりしていましたね。

今思うと、島村社長がわざわざ仕事を作ってくれていたんだと思います。「こいつは面白そうだから会社でキープしておこう」という感じで、おそらくあえて仕事を用意をしていたんでしょうね。

――島村社長は人材をかなり育てる方ですよね。

放任主義ですが（笑）。経験のない人間に無茶な仕事を振るんですよ。オン・ジョブ・トレーニング〔On the Job Training、実務により研修する教育方法〕というか。そこで「伸びてこい！」ってやり方をしますね。これがやる気のある人間にはたまらなく魅力的でした。

——当時の状況と今のご自身ではずいぶんちがうと思いますけど、具体的にどこが自分で一番ちがうなと思いますか？

実はあまり変わっていません。僕が入社するかしないかのころですが、白組は調布スタジオを建てている最中でした。日本ではＶＦＸを専門にやる会社があまりないので、調布スタジオはＣＧやミニチュアを使った専門のスタジオを、という思想で建てられたものです。大御所の専門家を無理に連れてきても、従来と同じものになってしまうかもしれない。それではつまらない——きっとそういう考えで「君、やってみないか？」と社長に言われたんです。そんな感じで調布スタジオを任されたような形になりました。学生が突然、超高級なおもちゃを与えられたようなものです（笑）。

しばらくして調布スタジオが完成したんですが、そこに最初は白組の人間は僕しかいなくて、他は何人かの雇われたミニチュアの専門家の方だけでした。

社長と相談しながら組織を作っていきましたが、最初はお金の使い方がわからないんです。相談していくうちにミニチュアを作る工作室を設置するために機材を入れようとなって、とりあえず二〇〇万円ぐらいで機材を買おうかという話になったんです。入社二、三年の人間には二〇〇万円っていうのはなかなかびっくりするような金額でした。でも、その時社長に「ＣＧの機材の方がもっとすごい金を使っているんだよ」って言われましたね。

しばらくしてモーションコントロールカメラも完成したので撮影部の人が何人か移ってきて撮影を始めたのですが……、ＶＦＸについては、本に書いてある知識しかないので、だいたいのことがうまくいかないんです。完全に泥縄の状態（笑）。そんななか、当時いろいろな場所で開催されてブームになっていた博覧会用の映像を作る仕事がたくさん回ってきたんです。そのころのそういった仕事は決まったディレクターがおらず、大まかな構成だけ教えてもらって、あとは自分でデザインからなにから考えてよいという感じでした。もちろんクレジットはされていませんが、限りなくディレクター的に関わった仕事がいくつもあります。そこでミニチュアを発注したり、自分でも作ったりしながら、撮影の設計を立てたり、オプチカル合成を発注したりと、仕事の全工程をやっていました。最初は失敗続きでしたが、ＣＭとちがってスケジュールに多少余裕があったので、そのなかでリカバリーしていくという感じで、それで徐々にスキルがついていきたという感じですね。

――先程『スター・ウォーズ』の影響がスタートだとおっしゃっていましたが、『ウルトラマン』や『仮面ライダー』の現場に入ってみようなどとは思いませんでしたか？

幼い時、「怪獣の着ぐるみに人が入っている」ことや、「撮影セットのビルを作っている人がいる」ということを知った時には、すごく気持ちが燃え上がりました。「そういうことが仕事としてあるんだな」と初めて認識したんです。雑誌などでこういうふうに撮影されている！　作られている！　という記事を見ていると、なんだか楽しそうだな、こんな仕事できたらいいなと感じましたね。けれども、一番ショックを受けたのが『未知との遭遇』（一九七七）を観た時。

なので、どちらかというと、ハリウッド型のＶＦＸをやりたいと当時から思っていました。例えば高速で動く背景素材の前に別に撮った模型を合成すると、日本映画では見たことがない高速飛行する宇宙船の映像が作れる。一気にすべての素材を撮るのではなく、別々に撮影されたたくさんの素材を重ね合わせると壮大な世界が出来上がる。そういういわゆるVFXという映像手法に惹かれていったのです。

映画の企画

――『ジュブナイル』（一九九九）の時には「ついに映画を撮る時期が来たんだ」という意識はありましたか？

『ジュブナイル』はですね、実はかなり戦略的撤退をした作品なんですよ。

そのころ、「オーダーされるだけではなくて、自分たちでメーカーにもならないといけない」と社長が言い始めて、会社を挙げて作品を作ろうとなっていました。その戦略の一環で「ビジネスにつながるような映像作品を作る」という社内企画の募集があったんです。僕も企画はぜひやってみたかったので、すぐに『鵺／NUE』という企画の提案をしたんです。ところが、あまりにも壮大すぎて社長も困ってしまい、企画を捨てるのも忍びないとROBOTの阿部秀司プロデューサーに話を振ってくれたんです。

阿部プロデューサーも気に入ってくれて映画化してみようと話が進みました。日本版『スター・ウォーズ』のような作品です。その制作のために僕は二年間ぐらい作業をしていたんですけど、やはり作品世界が壮大すぎて、なかなか思うようにお金が集まらないという状況が続いていたんです。なんせ阿部プロデューサーの概算では二〇億はかかるというんですね。それでも、なんとか一〇億円は集まったというところまでは来ていたんですが、このままじゃたぶんこの企画は消滅しそうだという雰囲気がひしひしと漂い始めていたんです。

なんとなくヤバさを感じて、とりあえず新人監督がデビューする時は最大でどのくらいの製作費なんだろうかと調べてみたんです。そうしたらまあ、あって一億ぐらいかなと。だったらそれに白組のＶＦＸ作業を五〇〇〇万円くらい出資という形で提供してもらって全部で一億五〇〇〇万、そのくらいの規模の映画を企画しないと通らないなと考えたんです。それで用意したのが『ジュブナイル』の企画でした。つまり戦略的撤退です（笑）。

最初にシナリオとプロモーション映像を作って持っていったら、阿部さんたちも膠着状態になっている『鵺』の企画に少々困っていたのでしょう。『ジュブナイル』をとても面白がってくれて、これをまずはやろうということになったんです。そしたら運のいいことに、ちょうどそのころ『踊る大捜査線』（一九九七）が空前のヒットを記録していたので、「（同映画の制作をしている）ＲＯＢＯＴが作るんなら面白そうじゃん」と出資者の方々が前のめりになってくれたんです。「無名の新人監督がやるって言っているけど、面白そうだし、夏休み映画としてはいい感じだから」ということでみなさん出資してくれたんですよ。しかも、一億五〇〇〇万円の制作資金を集める予定が、なんと四億五〇〇〇万円も集まったんです。ギリギリ一億五〇〇〇万円でできる規模の映画を、三倍の額で作れるってなったら、すごくリッチな映画が作れるじゃないですか。当時、それが非常にうれしかったですね。

――小川洋一副社長が「クリエイターにとって〝自分の作品がずっと外に出ないというストレス〟が溜まっていくのは忍びがたいものがある」と語っていましたが、処女作をやるまでにそのような

ストレスを感じていたんでしょうか？　それとも、年齢が後押しして「監督にならないといけない」と決心してこの作品を撮ったんでしょうか？

実は三〇歳になった時にちょっと焦りました。正直、仕事自体は面白かったし、レギュラーの仕事もありましたし、伊丹作品にも携わっていたので精神的には問題はなかったんですが、「自分の立てた企画はやっていないな」とは思っていたんです。博展映像の制作時は名前は出ていなくても自分のやりたいことをやっていたんですよね。三〇歳になったころは他人の企画ばかりをやっている感じがあったので、「ヤバいな」という焦りは生まれていました。

――同門である佐藤嗣麻子《しまこ》監督（一九六四年〜、映画監督、脚本家。山崎夫人）の『エコエコアザラク　WIZARD OF DARKNESS』（一九九五）ではＶＦＸスーパーバイザーとして参加されていますが、その時「先を越された」感はありましたか？

経緯が面白くて、嗣麻子に「お金がなくてＶＦＸは使えないんだよね」と言われて、「『エコエコアザラク』（一九七五年〜、秋田書店『週刊少年チャンピオン』連載）をやるのにＶＦＸが使えないの⁉」って思ったんです。あまりにも可哀想だったので「一〇〇万円でいいから予算を取ってきてくれたら大義名分がつくから、ＶＦＸを僕がやるよ」って話したんです。彼女は本当に遠慮のない人で、「やってくれるって言ったよね」と一〇〇万円ではとうてい収まらないようなＶＦＸをたくさん振ってきました（笑）。予算的に他のスタッフを使うわけにはいかないので、なにもかもほとんど僕一人でやるしかなくて、本当に大変だったんですよ。でも同時に、今までは滅多にできなかったクリーチャー系のＶＦＸもあって、楽しくて辛い仕事でした。で、その時思ったんです。ここまで大変なことを人のためにやるなら、いっそ監督になって自分の作品のために苦しみたいって。いつか監督になるという決意を固めるきっかけになったことの一つです。

――きっと決断させるための愛情だったんですね（笑）。

それはないと思います（笑）。

――山崎さんの周りでCGというものが映像に持ち込まれていったのはいつごろでしょう。

実は白組ではミニチュア製作とは別にＩＢＭのスーパーコンピュータで行う結晶のレンダリングを一晩監視するというアルバイトもしていました。当時、コンピュータのレンダリングは非常に遅くて、一秒二四コマ必要な映像のたった一コマをレンダリングするのに下手すると三晩かかっていました。でもこれが出来上がるとキランキランと光っていて透明感もあってすごくきれいな、他の方法じゃ絶対に真似できない夢のような映像ができる。

当時のＣＧはものすごい高価な代物でしたし時間がかかるので、問題が起きたらすぐに対処できるように制作チームはずっと待機で帰れなくて、はたから見ていても、これは大変な作業だなとは思っていました。「いつか自分がコンピュータ・グラフィックスをディレクションする日が来るのかな」と思っていたら、なんと数年後かにはガンガン作らされる時代が来まして……。コンピュータ・グラフィックスの技術的進歩は本当に目を見張る速さで、ある時、打ち合わせで「このシーンはミニチュアにしたいけれどお金が掛かるからＣＧでやろう」と言われて、価値観が逆転してしまったことにびっくりしてしまいましたね。ついにそんな時代になったのか、と。

――挑戦してみたい新しいVFX技法などはあるんでしょうか？

「物語に必要なこと」をやるようになったので、「技法ありき」でやることにはあまり興味がなくなってしまいましたね。でも「人間」をモチーフにしたＣＧはやってみたいことの一つです。老人の特殊メイクの代わりをＣＧでやってみるとかね。僕は普通の監督では無理そうな題材を「ＶＦＸがあるから任せてください」って言える監督ではありたいです。でも映画はあくまでもストーリーありきです。ＶＦＸがすごいからほめられる時代はもうとっくに終わっているんです。

――ＶＦＸのスタッフの地位と監督の地位は共存しますか？

昔は自分でなんでも作らないと気がすまなかったんですけど、今では「自分よりＶＦＸが上手い人に任せればいいんだ」ということに気付きました。そのために上手い人たちのモチベーションを上げられるいい企画を作って、その人たちと作っていく。自分がどうこうの話ではない。それに気付いたのでだいぶ大人になったとは思いますね。

――モチベーションの維持とコストバランスはどう行っているのでしょうか？

出資している人には返したいし、ヒットすれば次の作品につながるので、儲かる監督でいたいですね。映画がヒットしないとお客さんにフラれた気分になります。自分の作品に興味がないんだと。よくヒットの秘訣を聞かれますけど、さっぱりわからないんですよ。なにをしたら当たるのかはわからない。自分のやりたいことと、ヒットしそうなこと、その両方満たすものを探し続けています。探り、探りです。

――初陣の『ジュブナイル』は当たる確信はあったんでしょうか？

圧倒的にありましたね（笑）。内容には自信がありました。出来上がった時は「すげー面白いものができちゃったじゃん！」と思いました（笑）。次がある保証はどこにもなかったので、とりあえず自分の好きなことをぜんぶ詰め込みました。〝ロボット〟〝初恋〟〝宇宙船〟〝タイムマシーン〟……やりたいことをギュッと詰め込んだんです。もっと大爆発なヒットをすると思っていましたから、「なんで、みんなこれで観ないんだろ」なんて（笑）。興行収入一二億は自分のなかでは低いんです。夏休みだし、主演はＳＭＡＰのメンバー（香取慎吾）だし、もっとすごいことになると思っていました。一二億は「デビュー作としてはすごい」とみんなに言われますが、自分ではちょっと納得できる数字ではありませんでしたね。

――『ジュブナイル』の成功を受けての『リターナー』（二〇〇二）だったんですよね。

実は最初は『ジュブナイル2』の企画でもあったんです。『1』でヒロインだった木下岬の子孫がタイム・トラベルしてくる物語という。これは「面白いけど大人向けじゃないと、当たらない」と言われて、最初のストーリーでは途中で助けてくれる脇役だったミヤモトを主人公にして、それと岬の子孫設定だったミリとでタッグを組ませて（のちにその設定は消滅）、殺される運命を持った宇宙人を助けるっていう最初の稿からのストーリーを生かして作ったのが『リターナー』（二〇〇二）だったんです。この作品もすごく自信があって予算も上がっていたし、「そろそろ僕の時代が来るかな」と思ったけど、ふたを開けてみたら興収一四億円で、これが限界なのかなと感じてしまった。「僕の作りたいジャンルは日本では市場がないのでは」とさえ思いました。

――『ALWAYS 三丁目の夕日』（二〇〇五）制作の経緯はどのようなものですか？

「昭和を舞台にして、東京タワーが出来上がりつつあるそのすぐ下で、繰り広げられる人情劇をやりたいんだ」と阿部さんがずっと話していたんですね。でも僕はまったく興味がなかったんです（笑）。だって『ジュブナイル』『リターナー』ですよ。次を目指すなら『三丁目の夕日』じゃないですよ。当時、戦国時代にミリとミヤモトがタイムトラベルして滅ぼされる一族を救うストーリーの『リターナー2』を企

画していました。脚本が出来上がって偉い人たちに見せたんですけど、評判はあまりよくなくて……。さんざん苦労して作った企画が通らなくてちょっと疲れていた時に、阿部さんが「前に昭和の話をしたじゃん。あれを『三丁目の夕日』でやるのはどうだ」と言い出したんですよ。

原作（『三丁目の夕日』西岸良平作、小学館『ビッグコミッククオリジナル』連載中）は好きだったので「これはいいですね」と言ったら、阿部さんがすぐに映画部に「山崎が『三丁目』やるってよ」と電話をしちゃってたんです。「企画としていいですねと言っただけで、僕がやるなんて言ってないですよ」と抗議したんですけど、阿部さんは「いやいや、やるって言ったよ」って。すぐに他のプロデューサーたちも集まって、〝やる〟感じになっちゃって……。「まあ、原作ものもいいかな」と思ってたころではあったし、阿部さんには二作も撮らせてもらっているから、そんなにやりたいのなら「奉公の気持ちでやります」となったわけです。

原作の『三丁目の夕日』は素晴らしい作品だったけど、

一話完結のオムニバスものだったので、映画にできるような長い話がもともとはないんですよ。そのなかからつなげられる一本の流れを見つけなければならないのがものすごく大変で、脚本作り中はこれなら『リターナー2』を作っていた方が楽かもと感じていました。

しかも、調布のスタッフに「昭和の作品をやるよ」って伝えた時はものすごく怒られました。そういうタイプの仕事は普通にCMや伊丹十三監督の作品などでさんざんやっていましたから、「せっかく山崎が監督でやるのに、なんでそんな普段仕事みないなことをやらなければいけないんだ」というわけです。宇宙船やロボットをやるために映画を作っているんじゃないのか、ということなんですよ。気持ちは痛いほどわかりましたが、スタッフに熱が入らないのも困りますし、どうしようかと思っていた時、阿佐美時代の友人の一人が昭和マニアだってことがわかりまして、彼に入ってもらったら風向きも変わるんじゃないかなと思って参加してもらったんです。

そうしたら、いやいやっているスタッフに対して、「これは昭和じゃない」的なこと彼が言うんですよ。それが悔しくてみんな昭和の勉強をしていったら、いつしかみんなあの時代のマニアになっちゃって、最後にはいい流れが出来てました（笑）。昭和の映画なんて当たるわけがないと僕は思っていて、このまま興収一〇億円程度だったりしたら僕は映画監督として終わるんじゃないかと怖れていましたから、それまで以上の必死感がありましたね。しかし、地味な昭和の人情話に果たしてお客さんは来てくれるのか、興業は難しいだろうなと、かなり悲観的に考えていました。けれど自分の予想とはちがい、ふたを開けたら大ヒット。ようやく満足できる興行収入を叩き出せた作品になった。自分が自信を持って出したものが目標に達しなくて、いやいややり始めた作品が圧倒的に興行収入がよかったことが、悲しいやら面白いやら複雑な気分になる話ですね。阿部さんには本当に感謝しましたけど。

――すぐに『ALWAYS　続・三丁目の夕日』（二〇〇七）の製作に進んでいったんですか？　また、初の続編映画として苦労することはありましたか？

現場的にはスムーズでしたよ。あんなにいやがっていたＣＧスタッフも、前作が褒められてからは割とノリノリでしたね。しかし「『１』はストーリーの流れをなんとか見つけることができたけど、『２』はオリジナル要素も強くなっていくからやれませんよ」って阿部さんに約束していたんです。ところが、『１』が予想外のヒットになって多少浮かれていたこともあって、最終的にはやることになりましたけど、プロットを作る段階はさらに大変でしたね。

――『BALLAD　名もなき恋の歌』（二〇〇九）も最初からやりたかった作品ですか？

『クレヨンしんちゃん　嵐を呼ぶアッパレ！　戦国大決戦』（二〇〇二）が好きだったので、やりたかった作品の一つです。その演出を務めた水島努〔一九六五年～、アニメーション監督。『クレヨンしんちゃん』『ガールズ＆パンツァー』〕は高校時代からの友人だったんですよ。まさか水島に感動させられるとは思わなかったので、そういう意味でも驚いた作品でした。時代劇はものすごいお金がかかるんですけど、ＣＧを使えば壮大に見える風景を作れるんじゃないかとも思いましたしね。

――『SPACE BATTLESHIP　ヤマト』（二〇一〇）もやりたかったタイトル？

最初は他の監督が撮るって聞いていたので、もう嫉妬の嵐ですよ。でも、「監督がやろうと思っているものと、キャストサイド、プロデューサーサイドがやりたいことが噛み合わなくて、一回白紙にもどる」と言われていた時に声がかかったんです。脚本が嗣麻子だったので、「監督がまだ決まっていないみたいだけど、やる？」と電話をもらいました。もうびっくりですよ。あの『宇宙戦艦ヤマト』だしうるさい人も多いだろうなとも思いましたけど、『ヤマト』を〝やる人生〟と〝やらない人生〟、どっちがいいか考えた時、やっぱり僕はやりたかった。『ALWAYS――』の三作目も決まりつつある時期だったので、すぐ阿部さんにそれを伝えたら「約束がちがうじゃないか」と怒られましたけど、「次は阿部さんの好きな作品、なんでもやるから！」って懇願してやらせてもらいました。最初は他人で走っていたプロジェクトだったので後ろめたくもありましたけどね。でもあの『ヤマト』ですから。

――『SPACE BATTLESHIP ヤマト』はどこが大変だったでしょう。

限られたなかで、できるだけ陳腐にならないように大人っぽく作ることは意識しました。あと、とにかくSFに女子のファンは来ないので、それをどうやって誘導するかに腐心しましたね。

予算は日本映画としては潤沢にあったと思うんですが、あの作品を作る規模としてはとても足りず、二時間のなかにやりたいことも詰めこまないといけなかったのでハードルは高かったですね。アニメの完コピ的なアプローチはしたくなかったので「精神だけは引き継いだ感じ」にしようと思いました。

よく誤解されるんですけど、タイトルに英語をつけたがる監督だと思われていて（笑）。でも製作側が提案してきた元タイトルは『SPACE BATTLESHIP YAMATO』と全部アルファベットだったんです。僕はせめて「ヤマト」は日本語で残したいと思ったので交渉に交渉を重ねて、「ヤマト」だけはそのままカタカナでいくことに決めてもらったんです。世間的には「山崎は日本語の上にまた英語をつけたよ」って言われるので、「いや、僕はどっちかっていうと守ったんだよ」と声を大にして言いたいですね（笑）。

――『friends もののけ島のナキ』（二〇一一）はどういう経緯で製作に至ったのでしょう。白組の同僚でもある八木竜一監督とはどのようなご関係だったのでしょうか？

白組も含めた何社かで走っていた企画があって、そこに東宝の川村元気プロデューサーが呼ばれ、彼がたまたまそのころに『ALWAYS――』を観てくれて、監督は山崎がいいんじゃないかということになり、声掛けいただきました。ただ、その走っていた企画があまり面白く感じられなくて、僕は人に意見する時は代案を出さないといけないという考え方なので、「『泣いた赤鬼』（一九三三年発表、浜田廣介の児童文学）をベースに人情ものをやったらどうですか」と簡単なスケッチと粗筋でプレゼンしたんです。それを川村さんが気に入ってくれて、そっちをやろうということになっていったんですね。

ただ、やることになったのはいいけれども、実写映画で忙しかったので、八木との共同監督という形にしてもらいました。基本的にあの作品は６：４ぐらいで八木の映画です。脚本やメインどころのキャラクターデザインは僕がやって、現場はほとんど八木です。『friends――』製作の時に和製ＣＧはほとんど成功していなかったので、いろいろ対策を考えましたね。「製作費はできるだけ低く抑えておくけど、画には影響させてはいけない」「シチュエーションの数は絞らないといけない」「キャラクターは効率的に作ろう」とさんざん言わせてもらった。僕はビジネスとしてちゃんと成立する映画が好きなんです。それとあまり無理なく限られた予算で映画が出来上がるインフラを成立させることがあの作品のテーマの一つでした。だから制作が始まった当初は、いつでも撤退できるよう四、五人のチームで部活動のように作業していました。

――『ALWAYS　三丁目の夕日'64』（二〇一二）はやり甲斐がありましたか？　それともやりにくかったですか？

『三丁目――』のチームに会うことは、あの街を久々に訪ねることです。それはすごく楽しかったです。よく「続編はあるのか?」と聞かれますが、「昭和三〇年代の物語」がコンセプトなので、続きをやるのは難しいでしょうね(笑)。

――『永遠の0』の製作のキッカケとは?

守屋(圭一郎)プロデューサー(ROBOT)が原作本(百田尚樹著、講談社文庫)をくれたんですが、それがとても面白かったんです。すぐに読んでしまったんだけど、同時に当たらない気もしていた。「戦争映画は一五億円以上興収が上がらない」というジンクスが興行界にはあったし、どう考えても制作現場は大変になりそうだったし、なにより〝お金の匂い〟がしなくて儲かりそうにないと思ったんです。でも、昔から〝特攻物〟をやりたい気持ちもあったんです。僕の撮りたいものを「それはいい」「当たるから」と勧めてくれる人たちの意見に従って撮ろうと思いました。結果、ヒットしたんです。

――空母の赤城が大変な人気でしたね。

『男たちの大和/YAMATO』(二〇〇五)はジンクスを破って興収五〇億円の大ヒットだったんです。僕の分析ですが、大スクリーンに現代の技術で再現されたまるで本物のような大戦艦大和ならば、観たいと思う人がたくさんいるんではないかと思うんです。零戦も第二次世界大戦を象徴するアイテムの一つです。赤城も隠れファンの多い艦船です。だから零戦プラス赤城でいけば、大和に匹敵する量の「見たい人」がいるのではないかと思いました。だから、その二つの映像化は徹底的にやりました。

――『STAND BY ME ドラえもん』(二〇一三)はどのような経緯でしたか?

当時、日本のCGアニメーション映画の興収は最高四億円程度だったので、『ナキ』が一五億円に達したのはすごいことでした。オリジナルで一五億稼いだのに、わざわざ既存のＩＰ〔Intellectual property、知的財産権。オリジナルのコンテンツのこと〕を原作にして映画を作るなんて、当初は意味がわからなかったんです。この企画も阿部さんがやりたいと言って始まった企画でした。「『ドラえもん』をＣＧでやったからといってお客さんが増えると思わない」「ＩＰものだとキャラクター管理が大変だからやりたくない」とは言ったんですけど、阿部さんのなかでは「かつて『ドラえもん』を観ていた、『ドラえもん』の卒業生が来るような『ドラえもん』を作ってほしい」というコンセプトがあって、それは悪くないような気もしました。

とりあえずストーリーを作ってみることになって、名作と呼ばれる作品だけを集めた作品集がありまして、それを読んでみたら話をつなげられることに気が付きました。「元からあるストーリーをつないだら別のストーリーができる、この手法はだれも気付いていないにちがいない」と確信したから、出来たストーリーに対して「このやり方に藤子プロ（藤子・Ｆ・不二雄プロ）が乗ってくれたらやります。このプロットをよしとしてくれる人たちとなら仕事ができます」と伝えました。みんなが知っている別のストーリーと別のストーリーを組み合わせたら新しいストーリーが生まれる。それがいかに新しいことかがわかる人と仕事をしたかったんです。阿部さんに企画を伝えてもらったら「ものすごく評判がよかった」と返ってきて、この人たちは話がわかる人だと思って「ぜひやりましょう」という気持ちになりましたね。

この仕事も八木とやることになったんですけど、『ナキ』よりもさらに彼に仕事を任せたと思います。『STAND BY ME――』の仕事はプロットと脚本を作るところで僕の仕事はほぼ終了しています。あとはちょこちょこうるさいことを言っていただけの人です（笑）。

――『寄生獣』（二〇一四）／『寄生獣 完結編』（二〇一五）の事情はどのようなものですか？

これは川村さんがやりたがっていて、「講談社がライセンスした北米の権利が切れると同時にやれるから」と言われていました。白組に入ってしばらくしたころにリリースされたばかりのAfter Effects〔映像の演出や加工合成をするソフトウェア〕というソフトを知って、最初にやったテストが自分の顔が開いて寄生獣的なものに変身するっていう映像で、「『寄生獣』できるじゃん」って当時から言われていたんですよ。ところが、当時は映像化の権利が北米に渡っていたから、だれも手を出せなかったんです。自分でテスト映像作ってみるくらい好きだったから、『寄生獣』はとてもやりたかったんですよ。『ジュブナイル』で香取慎吾君が変形するシーンは寄生獣の影響を受けていたくらいです。だから念願の企画ですね。

――前後篇でまとめられたストーリーラインでしたが、まとめるのに苦労されましたか？

プロデューサーたちやメイン脚本の古沢君と共に大変苦労した想いがあります。出来事の多い作品だったので、ギリギリまとまった感じですかね。後編はちょっと詰め込みすぎたかなと反省しています。前後編のつなぎをどこにするか悩んで、田宮良子が死ぬところにしようと思ったんですが、彼女が死ぬと一旦話が終わってしまうので、もう少し前でキャラクターが出そろったところで後編につなげました。

キャラクター面では、ミギー〔作品に登場する、主人公の右腕に寄生したクリーチャー〕は本当はもっとドライで人間とは相容れない存在だから面白いんだけど、その面白さを映画二本分の時間で表現するのは難しいんです。長い時間をかけて感情移入しないと成立しない面白さなんです。だからキャラクターを少し濃くする形をとりました。作品に関しては原作のうるさ型のファンたちもけっこう納得してくれていましたね。残酷な描写にも力を入れたし、ほんわかとさせないようにしたかったんてす。

――やりたいことが存分にできましたか？

変形するクリーチャーをやりたかったので、それに対して表現の技術も追いついていたので、ちょうどいい時期に巡り会えたとは思います。

——染谷将太さんは『永遠の0』でよかったからの起用ですか？

実はずいぶん前から目をつけていて、最初の『三丁目——』の時からオーディションには呼んでいたんだけど、年齢が合わなかったので断念して。『ALWAYS 三丁目の夕日'64』の時にもオーディションに来てくれたんですよ、ロクちゃんの後輩役として。で、すごくよかったので次はBUMP OF CHIKENのプロモーションビデオにも出てもらって、エキセントリックな役だけじゃなくて普通の役もできることに確証を持てたんで『永遠の0』に出てもらいました。次に『寄生獣』がやれることになった時、主人公の新一役をだれにするかいろいろ考えていた時に、あの歳で演技がうまい俳優でそれなりに人気もあったのは染谷しかいなかったんです。

監督としてのありよう

——自作のレビューを一通りしていただきましたが、作品を撮り始める前から意識していた、目標にしていた映画監督はいらっしゃいましたか？

勝手に親近感を抱いているのは、ジェームズ・キャメロン〔一九五四年〜、北米の映画監督、脚本家、映画プロデューサー。『殺人魚フライングキラー』で監督デビュー。『ターミネーター』『エイリアン2』『ターミネーター2』『タイタニック』『アバター』〕です。あの人は『宇宙の7人』（一九八〇）のころから注目していて……、低予算でもあきらめるんじゃなく、自分のビジョンをなんとか形にする人だなと感心して見ていました。だから、出世していくプロセスもうれしかったし、普通なら絶対ペイしそうにない企画を成功させるところも尊敬しています。

――監督をされるにあたって、周りを説得するために使っている技法はありますか？

企画内容をどれだけ面白く話すかですかね。ストーリーを話すというよりはその映画になぜお客さんが来るのかを面白くプレゼンすること。トークには情熱を傾けて、面白そうに一生懸命話すようにはしています。

――クリエイターとしてやりたいことを成立させるため、ある程度妥協することに対して工夫はありますか？

考えているのは、〝やりたいことのサークル〟と〝ビジネスとして成功しそうなことのサークル〟の重なっている部分にあるものを自分は作りたいということです。でも、毎回偏りはある。ビジネスで成立するってことはあくまで予想ですからね。

しかし、自分の予想する〝これは客が入るサークル〟にできるだけ作品を入れていくことが成果になると思ってやっています。でも時々いやいややって全然当たらないと思っている作品もあるんですけど、このパターンのほうがけっこう当たるんですよ。「当たるぜ！」と思ったものは当たらないことが多いかな（笑）。儲けるためだけの作品をやったことはないですけどね。

――ＰＶ（プロモーションビデオ）やＣＭのクリエイターというよりも、映画監督としての意識の方が強いですか？

圧倒的に監督の意識の方が強いですね。ＰＶって自分ではあまり向いていないかなと思っているところがあって。ストーリーをわかりやすくストレートに表現する方が僕は好きなんです。ＰＶだと、哲学的かつ禅問答的になにかを表現しなくてはならない気がしてしまうんですね。だから基本的に、ＰＶの仕事はいただいてもお断りすることが多いんです。BUMP OF CHIKEN だけは、友だちだしファンなのでがんばってやっているという感じです。

――今後も八木監督と組むＣＧ企画はありますか？

ありますね。

――ＣＧ作品の時と実写の作品の時では心構えがちがったりするものですか？

基本的には心構えは一緒ですね。観客が来るものをやりたいし、やりたいものをやりたいし、やりたいと思えなかったものはやらない、基本的な考え方はいつも一緒です。フルＣＧはできるだけ八木に押し付けたいですけどね（笑）。

――現場でだれかから学んだことってありますか？

伊丹さんみたいにやってみたかったけどできなかった、というのが感想です。基本姿勢のなかには伊丹さんの影響は絶対にあります。でも伊丹さんみたいにこだわることはなかなかできないですし、こだわりすぎるとお金がなくなっちゃうっていうことを考えると、自分のお金でやっていた伊丹さんはすごいなあと尊敬しますよね。こだわれば自分の会社のお金が減っていくことをわかってやっていたんだから。

――これ以上こだわれないという線は自分のなかでありますか？

あります。本当に観客が観たいと思える箇所なのか、それとも自分の好みだけの箇所なのか、この二つのバランスを見極めて、予算を減らせるところだけは減らす。使っている予算よりすごくいいものを見せるためには、そのバランスを意識するってことが大切だと思います。

――アヴィ・アラッド〔北米の実業家・映画プロデューサー、マーベルスタジオの設立者、元CEO〕の〝Good Enogh〟の思想と同じですね。やりたい作品や温めている企画があるけど、でも技術的に今はできないと思うものはありますか？

いくつかありますね。長期的に温めている作品は、ちょうどいいタイミングが見つかったらひょいと飛び移るように始めたいんです。それまではつかず離れず近くを泳いでもらっている感じです。

――制作上の取り返しのつかない大失敗はありますか？

大失敗した想い出がないんですよね。本当は失敗だったんだけど失敗だと思わなかったことが多いんですかね（笑）。

――『風の谷のナウシカ』（一九八四）を実写化してみたいと思われているそうですが。

『ナウシカ』はね、どうせ実写化できないと思っているから言っているだけです（笑）。『ナウシカ』はたぶんだれも手を出せないですよ。聖域です。『ナウシカ』みたいなことをできればいいなとは思っています。世界観から作りあげるファンタジーはいつかやりたいと思っていますが、日本の現状だとなかなか難しいでしょうね。

――ワールドマーケットを想定した大型作品をやる可能性はありますか？

欧米人は東洋人が主演の映画を観たがらないですからね。日本人がインド映画を積極的に観にいかないのと一緒ですね。一部のアジア映画マニアをマスな市場と勘違いすると大変なことになると思います。一方で、アジアを目指す作品なら、ありだと思います。中国の市場は近年とてつもなく伸びていますし、ちょっと意識し始めているところです。

——作品へのきらいな取り組み方というのはありますか？

当たらなくてもいいんだという前提で、自己表現として作品を作る人が許せないですね。

——許せない、とは？

そういうことをするから市場がどんどん狭くなっていくんです。成功体験をどれだけ積めるかが、その仕事を発展させることにつながる重要な要素で大切なことなのに、「失敗するのはわかっているけれど好きなことをやる」という考え方は、仕事に対して不誠実な態度だと思います。優先順位が逆というか。そんな人間にはできれば映画を撮らないでもらいたいと思います。必死に当てることを考えて、そのなかで自分のやりたいことをどれだけ入れ込んでいくのかということが、この仕事の本質だと思います。

——ご自身の作品のように近年、旧作やマンガをリメイクして映画化する傾向が強いことに対していかがお考えですか？

子どものころに心躍らされたＩＰの映像化はやってみたいですね。でもそれは大勢いるファンと戦うことになる。喜ぶ人もいるだろうし、怒る人もいるだろうし、ただ批判したいだけのめんどくさい人も絶対数はいます。タフにならないとやっていけないジャンルなんです。その作品をやるとなったらその作品と心中する覚悟を持って撮る。罵声を浴びてもやりたいと思うかどうかですね。

——原作からのオーダーで苦しんだことはありますか？

苦しむようなレベルのオーダーはないです。『ドラえもん』の原作側からのチェックは厳しかったですけれど、それは彼らの重要な仕事ですからね。大変だったのは八木たちだし(笑)。

――原作代理人である出版社から「原作に忠実な作品を作れ」というオーダーが来る傾向についてはどう思いますか? 最近はトラブルも係争も増えました。

僕の場合は、原作者側と非常に楽しくいつも作らせてもらうからわからないんです。原作者さんに敬意は持ちますけど、映像化は別メディアへの翻訳作業なので、翻訳のやり方にはいろいろ出てしまうものです。それを納得をしてもらえるようにすることが僕らの仕事でもあります。おそらく、トラブルになる作品は途中の合意のプロセスを飛ばしてしまって、出来上がったものに対して引き返せないタイミングで高圧的な態度をとっているのではないかと思いますね。人間同士、クリエイター同士の話なので、ちゃんと直接説明すればわかり合えるはずです。そうすれば、間に立つ人間に問題がない限りは、あまりこじれることはないでしょう。

原作者は原作の神なんですよ。脚本を原作者にジャッジしてもらう段階で、説明しても原作者が譲れないものだったら、それは原作が絶対に正しいとしなければおかしいですよね。原作者のジャッジを受ける前にいろんなものを走らせる人が悪いんです。それは威を借りた間に立つ人かもしれないし、脚本家や監督、プロデューサーかもしれない。唯一の対策は〝そうなったら企画から逃げる〟ってことかなと思います。

映像業界の将来

——映像の技術が進歩していくなかで、映画制作の制限がなくなってきていると思います。監督は新たな産業のゆらぎについてどう思いますか？

僕だけはうまくやっていきたいです（笑）。というか、成功例にはなりたいと思っています。成功体験はその業界の裾野を広げる唯一の方法だと思っています。やりたいことをやって、お金もある程度手にして、できれば尊敬もされて……。自分もそういう先人たちを見て映画監督になりたいと思ったんですよ。みんな楽しいことをやっていながらそのお金で暮らしていけるんだ、最高だなと思って、仕事としてこの分野を目指しました。でも、日本では苦労ばっかりしてどうにもならないケースも多い。そのなかでせめて自分だけでも成功していきたいと思います。

昔は〝イマジネーション〟があっても、その映画を作ることができなかった。黒澤明（一九一〇～一九九八年、映画監督。「世界のクロサワ」「天皇」と呼ばれた日本映画を代表する巨匠）の時代は、撮らない場所もセットを作らせたと美談になっています。自分も昔は意味のないことだと思っていました。しかし、それのあるなしで場の雰囲気や気合いが変わってくることにも気付いたんです。今の日本では肝心なことができなくなるので、これが許されていた黒澤の時代はすごかったと思います。贅沢に映画の本質にコミットできた時代を羨ましいとは思う反面、「その時代にＣＧはないでしょ」とも思います。その時代で一番いい環境で映画を作りたいとは思うんです。これを透徹するためには、誠実さしか必要ないんですよ。ずる賢いことをやってもすぐにバレてしまう。一番いい道は誠実にやっていくという、愚直な方法しかないです。

——ＣＧが隆盛を極めていますが、逆にそれがハリウッド映画をつまらなくしているとも言えます。二〇〇六年に邦画と洋画の興収シェアが逆転しましたが、興行界はＩＭＡＸや４Ｄなどを駆使して国内総興収二〇〇〇億円を維持している状態ともいえます。今後の邦画界、あるいはＣＧやＶＦＸはどこに向かっていくべきだとお考えですか？

オキュラスリフト〔Oculus社開発のバーチャルリアリティ用ヘッドマウントディスプレイの名称〕の最新の技術を体験したことがあります。立体的な映像のなかに入り込み、歩き回って３Ｄ映像を楽しむというものなのですが、戦闘中の兵士やロボット兵器に直接近づいて戦う姿をリアルに体験することができました。すごいんですよ。３Ｄ環境のなかに自分が入っちゃっていることが。「きっとみんなこれになっちゃうな」とは思ったんです。けど、ならないかもしれないとも思いました。それは３Ｄ環境のなかに入ってもキャラクターとコミュニケーションできなかったからです。目の前に立体の人たちが動いているのに、こちらは見向きもされなくてすごく寂しくなるんですよ（笑）。あくまで体験させるものであり、物語を語るものにはならないかもしれません。

おそらくこの技術にゲームのインタラクティブ性を装備するのは比較的簡単なことだと思うので、まずはそちらに行くのではないかと思います。あるいはアバターになって集まる次世代のチャット的な場所。新しいコミュニケーションが始まるかも知れません。ＨＭＤ（ヘッドマウントディスプレイ）を付けてバーチャル空間で集まるわけです。会議なんかもけっこうそうなっていくでしょうね。エンターテインメントはそういうバーチャル的なものと、大局的なアナログ体験とに別れていくでしょうね。

――現在、コンテンツ業界の従事者が激減しています。参入を目指す人材になにかメッセージはありますか？

若者が目指さないのは、「苦労したくない」とか「そんなに儲からなそう」とか、そんな理由だとは思うんです。この業界は部活動みたいな仕事です。なにかを目指して毎日一生懸命やる。時々、文化祭があったりして発表できるし、なおかつ暮らすには困らない程度のお金ももらえる。その部活を〝苦労〟と思うかどうかですよね。なにかを達成するというゴールに関しては〝作品〟という成果があって、それは他のどんな業種をもはるかに上回って目に見える、素晴らしいゴールなんです。その苦労で得られるものがちっぽけな名誉だと思うんだったら、向いていないと思います。辛いけどなんだかんだで楽しいと思う人が、この仕事に向いていると思います。でも大変なのも事実なのでだれでもなった方がいいとは思わないですけどね。

白組の最強兵器が山崎貴だということは、衆目の一致するところだ。

ところが、自身には白組の映画を牽引する義務感はあっても、そこに奢りや尊大さは一切ない。これが山崎という映画監督の人間的な大きな魅力である。

監督というものはかつて、メジャー配給におけるプログラム・ピクチャーでは年功序列だった。才能のある人材は、厚い順番の層と徒弟制度の圧力にひしゃげてしまいやすく、「監督が世に出るのに一番大切なことは、我慢強さだ」とまで言われるような時代だった。だからなのか、現場で会う監督たちはみんな、居丈高で自尊心も強く、性格にも難があり、プロデューサーよりも強い権能を有すようなケースもあった。いわゆる「監督システム」というやつである。

ところが、山崎にはそのような感じの悪い暗さが一切ない。彼の現場チームにもかつての大スタジオのような問答無用の関係性はない。話し合い、発案されたアイディアの効果がそのシーン、そのカットに最適かどうかを吟味し、全員で撮り上げていく。「総論合意」型である。

また一方で彼は「自信がない」「布団のなかで悶々と悩み続ける」とも語る。自身の技力が自身のイマジネーションする域に達していないと苦悩し続けるのだ。しかしそれは、飽くなきクリエイティヴに対する探究心でもある。あるステージにたどり着いた人間はそれ以降の苦労を避け始め、いつしか成長をやめてしまう。しかし山崎にそれはない。「永遠の」とでも言える、〝常に新しく〟〝常に真摯で〟〝常に油断しない〟その姿勢は、プロデューサーとしての阿部や川村が好む、監督の人間性なのだ。

筆者が最初に監督に会ったのは、もう二〇年以上前のことである。一九九五年の映画『エコエコアザラク』の製作方だった私を、夫人の佐藤嗣麻子監督がVFXスーパーバイザーとして紹介してくれた。第一印象は「真面目な人」である。その当時から決して出しゃばらず、当然ではあるが「そのVFXの仕掛けがうまくいくかどうか」だけに静かに専心していた。

その後、山崎は邦画界に衝撃を与える。『ジュブナイル』の公開である。公開情報を知った時、「ついにこんな邦画が撮られるようになったか!」と先を越された悔しさと〝自分たちの時代がついに来た〟という感慨を得、監督名を見て「やっぱり」と得心した。

当時、制作スタッフが「監督が宣伝にまでとても貢献してくれる。時間がないなかでわがままを言わずに任せてくれ、告知の最大化に努力してくれる」と話してくれたことを想い出す。山崎の魅力はここでもある。多くの監督は宣伝チームがパブリシティやタイアップで動くのに「あれはよい、これはきらい」と効果を考えずに発言する。さらに「それは聞いていない。知らない」「勝手にやるな」というような発言も出てくる。

北米のメジャー配給では当たり前であるが、作品は完成したら配給に信託せねばならない。そして公開すれば観客のものである。〝自分の作品〟であり、作品指揮官であることに固執するあまり、宣伝が広がらずに不入りとなる作品は多く見てきた。しかし山崎作品にはそれがない。東宝のチームと一丸となり、意見は言っても基本的には信託し、そして求められるままに宣伝活動に参加するのだ。「配給時、売るためには監督は宣伝部隊のドライブが最大化するように支援に回る」という、メジャー配給の不文律をだれよりも熟知している男、それが山崎貴だ。

だから山崎の作品はヒットする。

作品の中身だけでなく、彼の人間性と才能、そして作品や関わる人間たち全員で勝つために、前衛者がやりやすいように支援する。おそらくハリウッドには多くいるであろうこのタイプの監督は、日本には山崎だけだ。まさに不二の監督である。

映画（二）　渋谷紀世子　ＶＦＸという領域の確立

渋谷紀世子（しぶや・きよこ）

一九七〇年、東京都出身。白組のVFXディレクター。ミニチュアメーカーとして白組に入社後、伊丹十三監督の『大病人』（一九九三）にデジタル合成として参加。以後多数のCM、映画などのVFXに従事。山崎貴監督作品のすべてに参加。

ＶＦＸと特撮

――現在の職掌について教えてください。

「ＶＦＸディレクター」ですね。「スーパーバイザー」を名乗らないのは、特撮監督や特技監督など、邦画の伝統にのっとった肩書の方がしっくりくるなって思って。『ジュブナイル』（二〇〇〇）で初めて名乗ったんですが、「スーパーバイザー」とあえて名乗るよりは、「ＶＦＸをディレクションしている」という気持ちを重視して名乗っています。結局は「スーパーバイザー」とやっている仕事は同じですけどね（笑）。

――でも「監督である」という意識は大事ですよね。

そうですね、大義を忘れぬよう（笑）。

――ＶＦＸとはなんでしょうか。

ＶＦＸは映像制作の職業の一つで、主に特殊効果（視覚効果）を担当しています。実際には撮影不可能な絵を可能にする技術です。

――ＳＦＸ・特撮の領域とはかなりちがう？

ＶＦＸの技術進歩のベースにＳＦＸ（特撮）の技術があるイメージですね。

わたしがＳＦＸに興味を持つきっかけとなったのは、子どものころに観た『スター・ウォーズ』シリーズ（一九七七）や『インディ・ジョーンズ　魔宮の伝説』（一九八四）『バック・トゥ・ザ・フューチャー』（一九八五）など、ＳＦＸを用いたハリウッドの大作映画でした。そんなＳＦＸ黄金時代だったので、テレビでは映画のメイキング特集番組が頻繁にやってまして、そこで明かされるSFXの仕組みや撮影方法にものすごく驚いたのを覚えています。

調布スタジオの立ちあげのころから、上司の山崎と一緒に工作室でキャラクターやミニチュアの制作をしていました。「任天堂スーパーマリオ」や「ハウスバーモンドカレー」など、多くのキャラクターを山崎がデザインし、わたしがフォームラテックスという柔らかいゴム製のコマ撮り人形を制作、一階にあるモーションコントロールカメラでコマ撮りアニメーションを撮影していました。

このころはまだオプチカル（光学的な）合成などもあって、そういうアナログ的な手法を用いて映像を創る、ということが普通に行われている時代でした。コンピュータが発達する前ですね。そんなアナログの時代から、コンピュータが導入されて世の中は一気に「ビジュアルエフェクツ（VFX）」というデジタルな手法に移行していきますが、調布スタジオでは今までの経験を活かして、昔ながらのミニチュア撮影もあり、コンピュータのなかで作るCGもコンポもありという、アナログとデジタルのハイブリッド化が定着しました。現在までの山崎映画でも全部そうですね。

――内包しているとは、まさにそういうことですね。

そうですね、選択するツールが増えたとわたしは考えています。

――「不自然ではない映像になればいい」というのが目的なので、アナログとデジタルがツールとしては補完しあっている、車の両輪的な領域ということですね。

そうです。最終的にコンポジット（合成）して一つの絵にまとめた時に、境界線がなくすべてが同じクオリティで、それをさらに効果的に見せるにはどうすればいいかを考え、そのための素材をどう集めるかを考え、カットを構成するツールを選択していきます。

——それがVFXなんですね。

SFX好きな少女

——さて、渋谷さんはどんな幼少期を過ごされていたのでしょう。また、入社の経緯をお聞かせいただけませんか？

小さいころから絵を描くのが好きで、よく父と出かけては絵を描いていました。小学校にあがると本を読むのが楽しくなってきて、毎週自転車で図書館に通っては十二冊ずつ（家族の名義も全部拝借）借りてきて読む毎日でしたね。今でも本や物語は好きですが、初めて映画館で観た『スター・ウォーズ　ジェダイの復讐（ジェダイの帰還）』（一九八三）が架空の世界とは思えないほど当時はリアルに感じてびっくり！それからは次々とやって来るハリウッドのSFX映画に夢中になって映画館に通いました。一番感化されたのは『バック・トゥ・ザ・フューチャー』ですね。マーティたちが行ったあの未来設定の時代はもう過ぎてしまいましたが、そのころはきっとこんな未来が来る気がしてワクワクしました。デロリアンが炎を吐きながら稲妻と一緒に消えていく、あの表現が爽快で気持ちよかったですね。

——SFX好きな女の子はどんな将来を描かれていましたか？

中学の進路指導で「将来希望する職業を三つ書け」というプリントが初めて出たんです。その時に書いたのが、パイロット、考古学者、数学者で、欄外が映画制作でした。

――映画関係がすでに入っていたんですね。

欄外でしたけどね（笑）。このプリントを提出したあと、すぐに担任から呼び出しがありまして、選んだ職業に問題があると。まずパイロット。当時女性パイロットは民間に存在してなくて自衛隊に入らなければなれないらしく、あまり体力に自信がなかったわたしには厳しいだろうと言われて断念。次の数学者は、解明されていない数学の定理がもうわずかしかなく、大発見につながる可能性はきわめて少ない、先生もあまり勧めないと言われてしまい、ちょっとなぁ……ということに。次の考古学者はまあ確実に『インディ・ジョーンズ』（一九八一）の影響ですね。今でも遺跡や世界遺産、化石や鉱物が大好きなんですけど、調査や発掘は体力が必要なだけでなく、こつこつした地味な作業の積み重ねで成り立つ、やはり体力的に厳しいだろうということで勧めづらいと。

先生にしてみれば普通は書いてこないであろう三つが書かれていて困ったと思います。大学出たての情熱あふれる若い先生だったので、わたしの希望した職業を真っ向から受け止めて助言してくれたんでしょうね（笑）。それで他になりたいものはないのかと聞かれ、ふと思いついたのが映画制作でした。自然と出てきた感じです。それで欄外に。大きな意味ではそこがスタートだったんでしょうか。なにがどう転がって、つながっていくのかわからないもんですね。

――ご家族的には一番心配な業種だったのではないですか？

うちは父が大正の生まれで、戦前の学生の時代から油絵をたくさん描いていたそうです。アトリエもあったんです。その油絵の具のにおいが好きでした。父は散歩がてらにスケッチを描きにいくということが日常的にあって、よくわたしもついて行って並んで描いたのを覚えています。なので、わたしが映像業界、芸術方面に進むことを父はすごく喜んで、『ALWAYS　三丁目の夕日』のパンフレットを家に送ったら有名な画家たちの画集と一緒に並んでいました。時代もあって父はまったく別の職業に就いていましたが、それでも絵画や書道といった芸術がすごく好きで、そういうものに触れ続けていたんですね。わたし自身もおそらくその影響でこの道を意識したんだと思います。他の家族はまったくちがう方面なので、わたしだけが少し特殊だったのかもしれませんけど（笑）。

——ご家庭は芸術的な分野やクラフトワーク的な分野に理解があったんですね。渋谷さんご自身、絵は続けられているんですか？

白組に入ってからは逆にあまり絵を描かなくなりましたね。だってあまりにも上手い人が会社にたくさんいて、「わたしなんかすごく小さい小山の上にぽつんと立ってただけだったんだな」と、「いや、山でもなく、ただの丘だった」という実感が（笑）。そばにいる山崎とかの絵を見てしまうとそうとしか思えないです。

——白組に入ったきっかけは？

何気なくアルバイト情報誌を眺めていたら、白組ともう一社造形会社の募集ページが掲載されていまして。当時から『STARLOG』（北米のSFコンテンツ情報誌、日本版は竹書房から刊行された）や『Cinefex』（ハリウッド映画のSFX専門誌、ボーンデジタル）、『CM　NOW』（CM映像情報誌、玄光社）や『Commercial photo』（広告写真誌、玄光社）などのSFXや映像に関する専門誌をよく買って読んでいたので、白組ともう一社の名前も見かけたことがあり、これはいいなあと。この時実は、もう一社の方から先に電話をかけていました。だって白組よりバイト代が少しだけ高かったんで（笑）。そしたら残念ながら話し中。ならば、待っているあいだにと白組に電話をしたら、「今日これから面接できますか?」とのこと。言われるままに履歴書を持参して面談、そのままの勢いで次の日から働いて（笑）。それが今の白組、調布スタジオでした。

——最初から調布スタジオだったんですね。

そうです。働き始めてわかったんですが、調布スタジオはかなり切羽詰まった状況で。当時『スウィートホーム』（一九八九）という黒沢清監督（一九五五年〜、映画監督。『CURE』『トウキョウソナタ』）の作品でSFXを担当していた白組は、すべての映像制作を終わらせていましたが、製作総指揮の伊丹さんの突然な思いつきから、エンドロールで主人公たちの住む〝間宮邸〟を崩壊させるカットを急きょ制作することになり、ミニチュアの制作が急務でした。なので造形スタッフだけでなく、撮影部、総務部、経理部など緊急招集された社員たちがいっぱい、それでも人手が足りずアルバイトも募集されていて、そこにわたしが引っかかったんですね。

嵐のようなミニチュア撮影が終わったあとは、スタッフ数人しかスタジオに残っていませんでした。山崎からも「うちは長期のバイトは雇わないらしいよ」と聞かされていて、内心ちょっと焦っていました。これは予定が狂ったぞと。

——ところがどっこいですね（笑）。

長くいることになりましたね。伊丹さんが「間宮邸の崩壊シーン」を思いつかなかったら、もう一社の電話が話し中じゃなかったら、今ここにわたしはいませんから（笑）。

——それが終わって山崎さんの下で働くことになるんですか?

その後はたまたま社内で声をかけていただき、いろんな仕事を手伝いに各事業所を回っていました。当時は博展（博覧会展示映像）が多くあって、スタッフが不足していたのかもしれません。

――博展は規模も大きかったんではないんですか。

規模も大きいですが、いくつものパビリオン映像を白組が担当していた様子でした。なので杉並のスタジオへ行ってはセロファンをカッターで切ってセルに貼りつけたり、本社へ行っては大きな写真をパネルに貼ったり、スタイロフォームをカッターで切ってモーションコントロール撮影用の素材を作ったりだとか。そういった細かい手作業を、とにかく言われたとおりにこなしていくということが半年くらい続いていましたね。

昔は調布スタジオに清掃の業者さんも入ってなかったので、掃除も当たり前にやってました。たぶん入社後も一年以上ずっと掃除や朝のコーヒーなどの細々したことを仕事とは別に引き受けていたと思います。面談の時に「なんでもやります」と言ってましたし（笑）、「なんでもやってやろう」と思っていた、というのが正直なところです。

あのころは四月一日に白組の入社式が行われていて、

その前日に総務のボスから電話があり「明日一一時から入社式だから本社に来てもらいたい」とのこと。あぁ、式の準備をするために呼ばれたんだなと理解し、「準備するならば、どれぐらい前に行けばいいですか?」と聞いたんです。「いや、その時間に来てくれればいいから、準備の必要はありません。その入社式に出席してほしいんです」と言われてもまだ意味がわからず、内心「この人、なに言ってるんだろう」と不思議に思ったのを覚えています。まさかそれが入社の誘いだとは思わないじゃないですか、前日ですよ(笑)。慌てて言われた時間と場所に行ってみると、リクルートスーツを来た子たちが八人くらいいて、君の同期だと紹介されました。

調布スタジオの仕事

――ではもう半年経っていたので仕事には慣れていたという。山崎さんとの業務はそのころからですか?

そうですね、山崎の下でミニチュアやセットなど、いろんなものを作っていました。その後、CMをやりつつ博展ものをやるという時期が長かったと思います。入社したてのこのころ、かねてからやってみたかったフォームラテックス(天然ゴム)を用いたコマ撮りキャラクターの制作や特殊メイクを社長にプレゼンしました。社内でやっているスタッフはだれもいなかったので、島村もなんのことだとびっくりしたと思います。軌道に乗るかもわからないことを始めるので、コスパを考えて、高額な専用のオーブンなどを避け、必要最低限の材料を調達し、数千円の業務用の蒸し器を使ってガスコンロで肉まんみたいに人形を蒸してましたね。予想以上にキャラクター制作は上手くいき、蒸し器に入りきらないくらいの制作依頼がＣＭなどから来るようになり、結果専用オーブンを導入、特殊メイクも始めるようになりました。

「展示映像で月岡（月岡英生。造形師。白組技術部長）を閻魔大王にしたい」「ライド（カート移動を伴う展示映像）で猿の誘導員を出したい」など山崎のオーダーはさまざまで、造形物の原型を山崎が担当、それを型に取って皮膚を生成して植毛などを施すのがわたしの担当でした。毎回ちがうお題目が山崎から出てくるので、面白いのは面白かったですけれども大変でしたね。

でも、こんなふうにやりたいことを提案して真剣に受け止め検討してくれる会社なんて、他にはなかなかないと思います。ありがたいです。

――他社を経験しない調布スタジオネイティブですね。

調布スタジオは開設当時からいろいろな工房での勤務経験があるフリーな職人の方々がお手伝いにいらっしゃってまして、その方々から工作機械の扱い方や型の取り方などいろんなことを学ばせていただきました。

わたしを含めて四人の新人スタッフと一期上の垣内（垣内由加利。のちに人形アニメーター）、それと山崎の六人が工作室のスタッフでしたが、完全なOn the Jobで工作技術を習得しましたね。今の子たちはOn the Jobになかなか馴染めず、「上の人間は仕事を始める前に、なんでていねいにやり方を教えてくれないんだ」とグチを言われると聞き、ちょっと残念に思います。ずいぶんあとのコンピュータの導入時も同じで、ちょうどPhotoshop（画像加工ソフト）を触り始めた山崎が「時代はデジタルだ、おまえもちょっとやってみろ」みたいな感じで誘ってきまして、素材を切り抜いたり拡大縮小したりしてレイアウトを楽しんだりと、そんなことを仕事のかたわらにやって自然と覚えていきました。完全に〝自分で好きに学ぶ〟でした。

――白組は社長が若い人たちの意見を鷹揚に聞かれますよね。

調布スタジオは目が届かないこともあって、優しいのかもしれませんね（笑）。

――調布スタジオは、外見からはわからない奥深さを感じます。

というよりはガラパゴス化ですかね。他の事業所の影響をほとんど受けず、スタッフも少人数でほぼ固定で、やりたい方向へ好きに進化してしまったというか、そういう部分があると思います。なので、ここのやり方を他の事業所で展開しようとすると受け入れがたい部分があったりするかもしれません。ここで育った子たちにとっては当たり前のことばかりなんですけどね。昔から山崎がそうだったから自然とそうなったんだと思いますけど、「うわ、こんなのやったこと（見たこと）ないよ!?　やってみたい！」みたいなことに挑戦するのが好きで、しかも負けずぎらいなスタッフばかりそろっていますしね（笑）。

また調布は、ＣＭのクライアントがやって来てスタジオ撮影をしたり、外部の美術スタッフやアニメーターも大勢来たり、エフェクトや素材撮りをしたりと、いろんなモノを実際に見たり、聞いたりする機会が多くあります。「外部の人たちがスタジオのなかを歩いていても当たり前」みたいな意識があるので、スタッフはみんな、外部の方々に挨拶するのが当たり前だったりして、フランクさや人懐っこさは特色としてあるかもしれないです。

――『STARLOG』で読んだことを試してみたりしたと山崎さんは話していました。

わたしも同じです。だから中子真治さん〔一九五三年〜、映画評論家、映画ジャーナリスト。ＳＦＸを中心とした記事や関連書籍が多数〕の特殊メイク本の巻末ページだけでフォームラテックスの技術を学びましたが、いろいろ挑戦してみてもそれだけでは上手くいかず、同業者の方にお話をうかがったりして補完しました。その技術を追求している途中で山崎にデジタルへ引っ張られてしまったので、わたしのテクニックは下の下だったということが今ではよくわかります。でもなにごとにも挑戦し、失敗を怖がらないで次の成功に活かすことも、結果として自身の成長に結びつくので、もらったチャンスは逃さず、確実に結果を出していくことが大事ですね。

プロデューサーポジション

――山崎さんにお話をうかがった時には「もう白組では渋谷のほうがおれより偉いんですよ、会社内では彼女の方が立場が上です、いまや僕はただの監督ですから」と言っていましたが（笑）。

そうですね……、ま、山崎は会社が決めた枠には当てはまらないポジションなので（笑）。

――渋谷さんは最近、プロデューサークレジットもされていますが、あれはどのような経緯でそうなったんでしょうか？

クレジットされているのは八木と山崎が監督のフルCG映画『Friends　もののけ島のナキ』（二〇一一）や『STAND BY ME　ドラえもん』（二〇一四）ですね。山崎に声をかけられプロデューサーとして企画から携わっています。いつも山崎映画のVFXディレクターをしていますが、実はVFXプロデューサーとしても暗躍しているのでそちらの力を買ってくれたんでしょうかね。

『ジュブナイル』（二〇〇〇）や『リターナー』（二〇〇二）でVFXディレクターをしていたころは、社内の他の者がプロデューサーをしてましてて、わたしはお金を考える立場じゃなかったんですよ。だから「こういうことをするといくらぐらいかかる」とか全然知らないままで、でも「映画は赤字にしかならないから、やっても意味がない」みたいに社内で言われて。あまりに悔しかったのもありましたが、自分でお金の計算をしながら作戦を考えたり交渉したりできるので、以降のＶＦＸを担当した作品ではすべてＶＦＸプロデューサーも兼任しています。

お金を知っていた方が、お金を上手く他部署にまわすことができ、美術でどこまで作って撮影した方がよいか、どこからミニチュアで、ＣＧでどこまで作る、マット画は必要か、そういったツールの線引きや、ＣＧでエフェクトを制作するのと、実写で素材撮りするのとどちらが効果的かなど、完成予定の画のクオリティを優先して住み分けを考えられるようになりました。あとはこれをいかに自分たちの組のなかに落とし込むかで、そのためのとんちをいっぱい考えている時が一番楽しいですね（笑）。

基本的にＶＦＸのスーパーバイザーとかディレクターって「脚本が読めないと仕事ができない」と思うんです。脚本にはト書きで簡単に一行書かれているだけですが、実際に映像化した時にどんな映像がほしいのか、それはやっぱり監督の好みや想いがちがうので、アプローチは全然ちがったりしますけど、どういった画が必要なのか、それにはどのくらいのコストがかかるのか、監督や観客、脚本家の心を読みながら話を読み進んでいくことが大事で、最終的な完成画を想像するためには、さらに編集も勉強した方がよいと思います。これは初めてＶＦＸで参加した映画のスクリプターさんに教えていただいたことで、以降はそれを常に意識しながら脚本を読むようにしていますね。

もともと山崎映画や他の監督の映画でも、コピー稿やプロットの段階から相談を受けることが多いんですよね。「そうだったら、こういう展開が必要なんじゃないか」とか、「やはりこれだと面白くないから、こうしたら」とか、企画プロデューサーってそういうアイディア出しやプランニングがいちばん楽しいじゃないですか。なので『ナキ』のプロットの段階から参加することになって、「そこはミニチュアを使っていこう」とナキの部屋をミニチュアで制作する提案を出したりとか、そういった関わり方もできています。この間も「この企画どう思う？」と山崎から聞かれたりして、「ワクワクしないから、これはちょっとどうなの？」とか「これだと◯◯の二番煎じみたいな話だ」とかつい言ってしまって、その後はああでもないこうでもないと延々続いてしまいます（笑）。

いろんな材料を撮ったり作ったり、計画したツールや手法で集めてようやく合成、その画が想像どおり、いやそれ以上の仕上がりになった時のうれしさがあるのでＶＦＸディレクターはなかなかやめられないんですが、みんなで「これちょっと面白くない？」とか言ってた小さなアイディア一つひとつが最後に大きな作品となって劇場にかかるというのはプロデューサーでしか味わえない喜びですね。

伊丹組のＤＮＡ

――伊丹組が原点だとか？

そうですね。意識しているわけではないんですが、伊丹組で山崎にくっついて現場に行ってたころも今も、現場に臨む姿勢や意識はまったく変わっていないです。山崎もそうかもなと感じています。

伊丹組ってものすごくジェントル（紳士的）な組で、年齢層もちょっと高めだったんですが、今と同じように山崎と二人でアイディアを出し合って、毎日ちょっとテスト映像を作ってみては、夕方にスタッフルームのある日活撮影所まで二人で自転車に乗って通っていました。わたしたちそのころはすごく若かったんですよ、わたしなんて二〇歳そこそこで。だけど伊丹さんは「これどう思うかな?」とか同じ目線の高さでたずねてくれるんです。「君の意見なんて聞いてない」とか一度も言われたことがないです。プロデューサーの細越省吾さん（伊丹プロダクションのプロデューサー）もわたしたちのために椅子を持ってきてくれ、「ここはこうやった方がよくなると思うんです」とわたしたちが説明すると、「じゃあそれ試してみようか、ちょっとテストして見せてくれる?」となるんです。それでまた二人して自転車に乗って会社にもどり、また新しいテストを作っての毎日でした。他部署もそうだったんですけど、若い人のアイディアをすごく取り入れて進めていく組だったんですよね、伊丹組は。その作品『大病人』（一九九三）が最初の映画で、以降しばらく伊丹組が続くんで、わたしたちの〝デフォルトの現場〟がジェントルな伊丹組なんですよね。

——作品は伝統的な映画の構えでありながら、伊丹さんは新しいものをアバンギャルドにどんどん取り入れていかれてましたね。

そうです。だってもう、ニコニコしながら「面白いねぇ、じゃあ採用」みたいな監督です。『大病人』という映画には臨死体験の表現がたくさん出てくるんですが、そのなかの一つで〝船の形になって揺れる少女〟というト書きがありまして、山崎と一緒に台本を読んでいる時に、これがどういうふうな画なのか全然わからないんです。画を見たら〝体育座りの膝を抱えた女の子がただゆれているだけ〟なんですよね。「これが船の形になって揺れる少女なのかあ……」と驚いたというか「これでアリなんだ」みたいな（笑）。

その画自体、いろんな経緯があってそこへたどり着いたらしいんですけど、それぐらいたくさんのアイディアが採用された集大成が『大病人』の臨死体験シーンだったんだと思います。そんな度量がある現場でいろんなアイディアを出し合ってやっていく、そういうやり方を体感して、気が付けば山崎組もそうなっていました。山崎も監督になって伊丹監督の影響が大きいと思います。いろんな意見を取り入れてみんなが面白いと思うものを創り上げていく「多者賛同型」ですよね。

わたしが、佐藤嗣麻子監督、本広克行監督〔一九六五年〜、映画監督。『踊る大捜査線』〕、鈴木雅之監督〔一九五八年〜、映画監督。『ＨＥＲＯ』〕などほかの監督とお仕事する時も、スタンスは変わらず、同じやり方・接し方です。ＶＦＸがわからない監督に対してはもちろん説明できるサンプルムービーやプレビズ（プレビジュアライゼーション）を用意するし、わかる方であればディスカッションして、監督のやりたい映像のスタイルを一緒に構築してというちがいだけです。やはりそのスタンスの基礎は伊丹組でできていたんだと思います。

デジタルの時代へ

——コンピュータには初めから興味があったんですか？

わたしが調布スタジオへ通い始めたころ、ＣＧルームにはＳＧＩ〔Silicon Graphics International Corp：ＣＧ、３Ｄなどに特化したコンピュータメーカー〕の大きくて冷蔵庫みたいな巨大マシンが置いてあって、びっくりしたのを覚えています。ＣＧスタッフはモニターにかじりついてマウスをカチャカチャ、通りがかりにその様子を見ながら「わたしは絶対こういう仕事をやらないだろうな」と思いながらミニチュアを作っていたんですよね（笑）。ミニチュアを続けるつもりだったのにひょんなことでそっちに入って、初めて触ったパソコンがMacintoshのQuadra 700

で、以来ずっとマックを使ってます。
『ALWAYS　三丁目の夕日』（二〇〇五）が企画され、時代ものの映像を制作することになったんですが、最初にいちばん大変だったのは調べものでしたね。写真や資料も当時はデジタル化やアーカイヴされていない時代だったんです。その時代を知っている方がまだ多くいらっしゃるので、そんな方々に「こんな風景じゃなかった」とがっかりさせてもいけないし、かといって「すべて当時とまったく同じに作ることができるのか？」ということで、何度も打ち合わせを重ね議論しました。
いろいろ調べて知識がついてから見てみると、それまでに制作された時代ものの映像ってけっこう適当だったんですよね。時代考証をやりきれなかった気持ちもよくわかり、映像化するのが本当に難しく、他所《よそ》さまのことなんてとても笑えない状態でした。そういうリサーチ自体、インターネットでいろいろなものが調べられるデジタルの時代に突入したので、まだまだ人海戦術で調べものをするとは言え、一作品ごとに作業が楽になっていったと思います。

『ALWAYS――』のころはなるべく全部自分たちで調べようとがんばっていたんですけれども、『永遠の0』（二〇一三）ではそれを断念しました。

――それはどういう心境の変化で？

零戦や赤城など多岐にわたる専門的な知識を調べるのには限界があって、無茶でしたね（笑）。なので、零戦にくわしい方、大戦中の空母にくわしい方、米海軍に強い方といった具合に、その道のくわしい方やマニアの方を探すことから始めました。最終的にCGのモデルデータ提供や監修までお願いした方々とは今でもおつきあいがあって、現在制作中の映画『海賊とよばれた男』（二〇一六）でもお世話になっています。

この方々と知り合ってもちろんいろんな知識を教えていただきとても助かりましたが、それ以上にうれしかったのは「映像化されることへの熱い想い」を語っていただいたことでした。その想いを忘れず、映像制作の原動力にしてこれからも挑戦していきたいですね。

――山崎さんは「最初、『ALWAYS――』は本当にツラかった」と言ってましたね。

確かに（笑）。わたしのところにやってきて「やることになった」と言われ、わたしはつい「ええーっ⁉」「なんで⁉」って言ってしまったんです。そうしたら山崎は「オレだって、やりたくなるようモチベーション上げる材料を探してるとこなんだから、渋谷もそんなふうに言うな！」って言われてしまい（笑）。あんな山崎を見たのは、あとにも先にもその時だけですね。

――山崎さんのモチベーションは見つかったんですか？

山崎の学生時代からの友人で昭和好きな方がいまして、その友人から「昭和への熱い想い」を聞かされ、それで一気に上がったそうです。その方、のちに『ALWAYS――』に参加することになって、白組への布教活動も素晴らしかったんですよ。だって、すっかりスタッフ全員が昭和好きになりましたから（笑）。

――現在の技術的テーマはなんでしょうか？

今はほとんど実作業しませんが、以前はコンポジターだったので、制作中のモニターの画とスクリーンで上映される画がまったく同じ見え方にならず、それが不満でした。

フィルムレコーディングの時代はアナログ要因が大きく、それこそ毎回ちがう画を試写室で見ることになり、それをどれだけ実際の上映状態に近づけられるか、黒の何階調まで見えたらスクリーンに近いか、などという検証を日々やっていました。ＤＣＰ〔Digital Cinema Package、ＨＤＤにデジタルの上映原版を格納した複数のデータ・ファイルのパッケージ〕が一般化してフィルムが消え、デジタルの時代に映画業界も様変わり、グレーディング（色調の補正）システムが普及してからはかなり近い見え方になっていきました。それでもまだわたしは不満が残ってますけどね。永遠のテーマです（笑）。

――上映用原版がフィルムからＤＣＰに変わったことで、作る意識は変わりましたか？

まず解像度、そして色再現の階調の問題ですね。いろいろなものを突き詰めていく作業なので、現場ではそれに対応できるマシンスペックが必要です。それだけのものが表示できるモニターも存在しないとできないわけです。だからわたしはＤＣＩ〔ディスプレイドライバーのインターフェイス仕様〕みたいなものが出ないかと『ジュブナイル』のころからずっと言い続けていたんですが、調布スタジオのモニターもブラウン管から液晶、液晶からＤＣＩになっていきます。作業スタッフ全員がなるべく同じ画を見ていないともめるんですよ。マシン環境やアプリケーションによってもちがうんですけど、それをすべてフラットにして、わたしの積年の野望はある程度達成できたという感じですね。

一年のうち半年をプリプロと撮影、半年をポスプロに費やすというサイクルをもう何年も続けていますが、またなにか新たなプロジェクトを始める時に、機材や技術がずっと進化していますから、また一から準備し直しになってしまって、きりがないですね。

VFX、二つの訴求点

――『ALWAYS　三丁目の夕日』や『永遠の0』ような時代ものと『寄生獣』のような現代ものでは期待される映像もちがいますが、制作時に気を遣うことも別だったりしますか？

VFXには「撮影不可能なものを気付かれないように映像に取り込む」インビジブルなVFXと、「それ自体が主張をし、目立たせる」エンターテインメントなVFXとの二つに分かれます。『ALWAYS　三丁目の夕日』みたいに、観客の方々に「ああ、昭和三〇年代を撮れる場所がどこかにあったんだな」と思わせたら勝ちですよね。『ジュブナイル』『リターナー』『寄生獣』などではVFXのキャラクターが登場するので、主人公と同レベルの表現が必要になるんです。発想もアプローチもちがうんですけど、どちらも作品世界を理解し、しっかり地に足をつけた組み立てをしないとリアリティが損なわれます。観た目が地味か派手かのちがい程度で、どちらが難易度が高いとかはないかもしれませんね。

――ご自身はどちらの方がお好きですか？

どっちも好きですね（笑）。地味で気付かれなければ心のなかでニヤリとするうれしさですし、「ミギーかわいい！　これどうやって撮ったの⁉　すごいじゃん！」「でしょー？」みたいなうれしさもあったりするんですよ。どちらかだけというのではなく、やはりその両方を楽しめるのがＶＦＸの面白さだと思いますね。

――時代ものではありますが、『永遠の０』の空母赤城にはびっくりしましたね。まさに「あるわけないのにある！」的な映像で、感動でした。

予算の関係で、ＳＫＩＰシティ（埼玉県川口市にあるＨＤスタジオ）に赤城の甲板を作ってオールグリーンバックで撮る案も出てたんです。でも、人物を空に溶け込ませる合成って自然に見せるのがすごく難しいし、グリーンバックじゃムードもなくて演技にも支障が出るじゃないですか。だからなるべく海や空を自然に感じられるようにしたかったので、飛行甲板を再現できる撮影方法を考えました。実際の赤城の飛行甲板は二一メートルの高さにありまして、その高さになるべく近い場所で、一部だけでもいいから本当にお芝居ができるセットを作りたいと提案しました。制作部が条件に合う場所をそれこそ日本中探してくれて、日本列島の沿岸すべてをロケハンした感じで（笑）。何度もロケハンを重ね、最終的に千葉の白浜で撮影されました。風や照りつける太陽まで感じられるいい画になったと思います。

――回想冒頭の宮部と井崎が出会うシーンは本当に素晴らしいと思います。

ありがとうございます。

――『SPACE BATTLESHIP　ヤマト』（二〇一〇）のＶＦＸは大変だったのでは。

毎回、大なり小なり新しい無茶を現場で言われるのでよく闘ってますね。「ちょっと山崎さん、どうしてそんな無茶を急に言い出すの⁉」みたいな。現場でわたしと監督のバトルタイムは名物（？）になってまして、カメラマンの柴崎さんはもう一五年以上のつきあいでそんなの見慣れてるから、「はいはい、白組さんの意見は白組さんのなかでまとめてから来てください」なんて言われちゃうし、メイキングチームが入っていると「これ幸い」と必ず撮られてます（笑）。

――カット数も多くて、素材もきちんとコンポジットされていて精度のすごく高いシーンが多いと思います。

「限られた条件でなにができるのか」と「ツールをどう選択するのか」という判断ですね。ＣＧで全部作ることもできるかもしれませんが時間もお金もかかる、そういう時は遠景の方は全部マット画で対応したり。マット画もＣＧの板に貼ってカメラマップし多少のカメラ移動にも追従できるようにします。要は、それぞれのツールの境界線を目立たないようにするテクニックが必要だとわたしは考えています。実写とミニチュアだったり、ミニチュアとＣＧだったり、マット画だったり、そこを気にかけることができればきっと上手くいく、そう思いながら日々の仕事を見ていますね。

山崎組では本当に一カットずつＶＦＸの設計が異なることが多いので、画コンテを現場のスタッフ全員に配っています。画コンテの画を描くのは山崎で、演出プランが記されていて、そこにカットの撮影方法や検討事項などの情報をわたしが書き込んでいるんですが、本来山崎はキャストの演技が画コンテに左右されるのがいやで、ドラマ部分はあまり描かれていないんですね。でも、さすがに決め撮り〔加工に時間と手間がかかるために計画的に撮影すること〕しなきゃいけないカットもあって、そんな時に画コンテが効力を発揮します。現場の共通認識がよりチームワークを高める結果になっていると思います。

――同じ方向を全員で見た方がよいし、全員でゴールインするべきということですね。

そうです。

――実相寺昭雄監督〔一九三七～二〇〇六年、映画監督、作家。『帝都物語』『屋根裏の散歩者』「ウルトラ」シリーズ〕なんかだと、現場では監督以外、なにを撮っているかわからなかったりすることもあるんですよ。

昔の撮影スタイルだと多かったかもしれませんが、伊丹監督は全然そうじゃなかったんですよね。みんなで話し合ってから進めていました。やっぱり伊丹組と山崎組は似ていますね。

――キャストがラッシュでVFXを見てどう思われるんでしょうか？

最終的なCGの仕上がりを説明しても、正直なかなかわからないですよね、だってそこにいないんだもの（笑）。『寄生獣』で染谷将太君がミギーの寄生する右手をパントマイムで演技していてそれも素晴らしかったんですが、初めて試写でミギーを観た時にミギーの出来がよくてすごくうれしかったらしく、「ミギーが本当に右手にいるみたいだった。ものすごく感動した！」と興奮して話してくれて、わたしもやっぱりうれしかったですね。

――渋谷さんの作るVFXは男性的な視点の映像だと思うのですが。

「普通のOLの気持ちは持ってない」と山崎にはよく言われますね。でも実は可愛いものも好きで、『塔の上のラプンツェル』（二〇一〇）やPIXAR作品なんか大好きです。白組で制作している映像は山崎の影響でしょうか。

――赤城やヤマトなどは男子のシズル感です。それを過不足なく男性が大喜びするように撮る女性。

山崎の演出なんだと思いますけどね。それで言うと、ヤマトへの〝男の熱い想い〟はちょっぴり引きます（笑）。さすがにわたしにはわからない世界ですね。

――確かに山崎監督は『ヤマト』の企画の話が脚本の佐藤嗣麻子さんから来た時は、「こんなに興奮したことはなかった」って話していました。

それを目撃してたんですけど、本当にクワッとこう血が急上昇するような、様相が変わる瞬間を見れました。面白かった（笑）。なので『ヤマト』はかなり突進していった感じだと思います。

社外の監督とのタッグ

――『K―20 怪人二十面相・伝』（二〇〇八）で佐藤嗣麻子監督と組んだ時はいかがでしたか？

佐藤監督とは以前から映画やCM、テレビの連ドラなど、いくつかのお仕事をご一緒してました。『K―20―』のオファーが来た時には脚本がなかなか定まらず、佐藤監督はいくつものストーリーを書いていて、内容の異なるコピー稿があがるたびに映像のアイディアを話し合ったり、撮影方法を考えて提案したりしていました。佐藤監督は欲しい画のイメージが比較的はっきりしているので、山崎と同じ進め方をしています。

――仲よくやったという感じですか？

どちらかというと戦ってましたね（笑）。もちろん接し方には気をつけていますが、ここは、というタイミングではかなり戦っているかもしれません。計画を立てて撮影していても、現場で監督が思いついちゃうことも多くあるんですね。そんな時「渋谷ちゃん、こんなことできる？」と始まります。できなくはないんですが、映像の表現と作業コストを天秤にかけて、「ここをもっとこうすれば、もっとダイナミックになりますよ」とかその状況でできる最大限のアプローチを提案しますね。

――佐藤監督と初めてお仕事をされた時はどうでしたか？

山崎のところに来た佐藤監督の映画『エコエコアザラクⅡ』（一九九六）を一緒に始めたのが最初ですかね。なかなかＯＫの出ない監督で（笑）。本当にＯＫが出ないので、当時のわたしはずいぶん泣きが入ってましたね。そのころのデータは４ＧＢの外付ハードディスクに保存していたんですが、そのハードディスクが壊れて、完成したカットをまた一から作り直したりする事故もあって、泣くに泣けない日々でもありました。

佐藤監督は山崎よりもずっと男っぽいですね。『アンフェア　the end』（二〇一五、佐藤嗣麻子脚本・監督）もすごく面白かった。スパっと潔いあの感じは山崎にはないなあと。これは「漢《おとこ》だな」って思いましたね。監督のカラーって出ますよね。佐藤監督はビジョンがはっきりしていて、サンプル例を出してきて、「これに到達するにはどうしたらよいのか？」みたいな具体的な話し合いをすることが多いタイプ。鈴木雅之監督はざっくりとしたイメージはきちんと持っているけど、それをふわふわさせて面白く撮る。そこにわたしは三つくらいのプランを提案して、選んでだんだんと絞っていくタイプ、本当に面白いです。

プロフェッショナルチームの集合法人

――白組の仕事の仕組みを教えていただきたいと思います。各事業所はあまり連動せずに、それぞれが受注先を持って稼働しているんでしょうか？

まぁ、調布スタジオ自体が青山の本社から離れてますからね。それに各プロデューサーの活動分野や人脈がそれぞれにあるんで、面白いことにジャンルを問わず参加するというか、ゲームに比較的強いけどＣＭもやるというプロデューサーもいれば、ＣＭをやっているけれどもＭＶ〔Music Video、アーティストのプロモーション映像〕とかの演出に呼ばれたりする人もいます。

わたしは監督やプロデューサーから直接、企画の段階でオファーが来るケースが多いので、そのネットワークのなかから「今度ＣＭやるんだけれどもよろしく」とか、山崎が「コンサート映像を頼まれたんで、うちでやろう」みたいな感じで仕事が成立しています。

――三軒茶屋スタジオはどんなチームですか？

白組のなかでも一番大きくて白組の母艦になってますね。一五〇人くらいいるのかな。三茶はコンピュータ・グラフィックスのみのラインです。

――表参道の本社もコンピュータ・グラフィックス？

本社はヘッドオフィスの役割が大きいですね。あとはコンピュータ・グラフィックスが一部と、２Ｄで手描きアニメーションを描けるスタッフが常駐していて、絵画的なものを描くような部署もあります。

――調布はゼネラルスタジオですね。

調布はミニチュアを作成するミニチュアメーカー、ＣＧ、それに唯一固定のコンポジターチーム、撮影となんでもできるオールインワンスタジオです。でもうちなんか三茶と比べて超弱小ですよ。外部スタッフを入れても三〇人くらいの規模が通常サイズです。

――エンドロールもいつもびっくりするほど短くて。

そうですね。どの取材でもVFXスタッフの数があまりに少ないので驚かれますね。「エンドロールがあっという間に終わっていくよ」って（笑）。最近は何社かにお手伝いしてもらいますけど、それでも三、四〇人程度、邦画で大作になれば数十社で何百人というのが普通だったりするので、それと比べたら五分の一以下だと思います。調布のスタッフには「自分で最初から最後まで全部やりたい」みたいな実質的なジェネラリスト（全般的に対応できる人材）が多いし、山崎を筆頭にみんな勝ち気なので勝ち負けみたいな勝負根性があるのかもしれませんね（笑）。

——白組は群れとして統率がとれているというより、まさに梁山泊ですね。

各事業所で培われる文化が異なるので、それに合わせた進化なんだと思います。無駄は多いかもしれませんけどね。会社としても効率を最適化してクリエイティヴィティが鈍ることをあまりよいとは思ってないんだと思います。

他の事業所では「みんなの憩いの場所」っていうのがなくて、ご飯も自分のデスクで食べて、週一で定例会を会議室でやって、というのが一般的らしいですが、調布スタジオはコーヒーカウンターがあってそこに自然とスタッフが集まり、他愛もない話から仕事の進捗や問題点、それだけでなく山崎の脚本のアイディアまでが話題になって実際に採用されることも多いんです。

三茶スタジオにみんなが気軽に集まれるラウンジができたら、もっとみんなと話ができていいのになぁと、密かに企んでいます（笑）。

——調布スタジオの魅力の一つは、現在でもアナログの制作施設とスタッフが整っているという点ですが。

今はずっと固定のスタッフがやっています。ミニチュアを「効率が悪いからやめよう」と思ったことはありません。やっぱり出来上がるもののクオリティに下駄を履かすのはミニチュアだったりする部分が大きくあるんです。相当なところまで直接ＣＧやマット画で描けるようになってはきていますけれども、ミニチュアのなかに集約できるディティールや物量感は、まだまだ活躍の場があると思っています。あと山崎もわたしもミニチュア出身なので、アナログにまったく抵抗がないんです。「お金がここでかかっちゃうよねー」となっても、結果につながるのなら迷わず選択しますね。

――ご自身で映画を撮る意志はありませんか？

よく聞かれますね。どうして聞かれるのかわかりませんが（笑）。実は監督ってだれにでもなれて、逆にだれでもなれない職業だと思っています。まわりのスタッフが懸命に成立させようとお膳立てすれば、だれでも監督になれると思います。でも本当に生き残れる監督はほんの一握りしかいなくて、社内では山崎や八木がそうだなと。常に刺激を探してアンテナを張り巡らせて、みんなが面白いと思うものを考え、それを表現するというのは持って生まれたものだと思うんですよ。

何気ない会話をしながらでも絵をちょいちょい描いたり、「こんなの思いついちゃったんだけど」といって夢中になって話す山崎とか、打ち合わせ中ずっと絵を描いている八木とかを見ると「ああ、これが持って生まれた才能なんだな」って感じますね。わたしにはそこまでのものはありません。だから簡単に「そうですね、わたしも一本撮ってみたいですね」なんて、とても言う気にはならないですね。それに今の仕事がとても気に入っていますしね。自分で想像した映像を実現させるＶＦＸディレクター、企画を生み出すプロデューサーは案外向いている、性に合っている気がします。そう信じたいです（笑）。

渋谷紀世子

白組、調布スタジオのイデオロギー

——他の同業の方々と明らかにちがう点はどこでしょう？

調布スタジオにはミニチュアの工房があり、モーションコントロールキャメラが常備された撮影スタジオがあり、モーションキャプチャーができ、コンピュータはＭａｙａ（ハイエンド3ＤＣＧソフトウェア）、専業のコンポジットチームが控え、アナログからデジタルまでのいろんな手法がそろっていて、ここだけでＶＦＸが完成することでしょうか。

それとインハウス（内製）の強みですね。普通は固定のメンバーだけで作業をしているとなあなあになってしまうんですが、調布では先にお話しした勝負根性といいますか、勝ちたいという気持ちがそれぞれのスタッフにあり、映像をどれだけ高めていけるかということを忘れず、それでもインハウスでやっていくことをよしとしているんです。これから大きくなってチームが分かれて別々の作品をやっていく時が訪れるかもしれませんが、この思想だけはこれからも変わらないと思います。

同業他社さんから作業の進め方や体制など聞かれる機会が多くありますが、わたしは自分のノウハウを公開するのが特にいやじゃないんでどんどん開示しているし、例えば「そのやり方をそっくりそのままやってみました」という他社があっても、「上手くいったならよかった！」と思うんです。その時にもし問題があったら、こっちに報告してくれれば、次はこちらも失敗しなくてすむし——持ちつ持たれつですね。

よいことも悪いことも自分たちだけで勝手に進化してきてしまったんですが、最近はよそをいろいろ覗きたくなってきて、業界の方々と呑む機会が格段に増えました。業界の動向やいろいろな情報を交換していくうちにまた新しい発見があったりと、とても新鮮です。

インハウスという最大の強みを大事にする一方で、同じくらい外部の会社の知識を取り入れていくことを今後の課題にしたいなと思っています。

――白組では上下の関係なく意見を言い合える雰囲気なんですか。

そうですね、よい面だけでなく悪い面もありますけどね。ただそんな流れが脈々とあって自然に組織として結合してきたんで、いきなり会社っぽいものを持ってこようとしても難しいです。

わたしが思うに、どんなことも「言ったもん勝ち、やったもん勝ち」な部分があると思います。言ったことは言霊として一人歩きを始めるんですけれども、言わなきゃなにも始まらない。新しいものは生まれないんです。言ったことに対して信念を貫けば形になる。それを進めることが大事だと思っていて、やりたいことを進めるには努力する、そういうことです。そんなやりたいことをやらせてくれる伊丹組の思想や、白組のような土壌があったことにわたしはいつも感謝していますね。

――参入しようとしている人材、白組のファンに伝えたいことはありますか？

よく「ＶＦＸってよくわからないけど、大変そうですね」と言われるんですが、わたしはそう思ったことはありません。この目に見える現実世界って、いろいろな光の反射や環境が絡みあって構成されています。これをどう再現するかがＶＦＸなので、シンプルに言えば「今、目の前に見えているものを同じように再構築するにはどうしたらいいのか？」を考え、追求していけば答えが出るんです。表現のヒントはすべて日常のなかにあります。ぜひ、いろんなものを見て感じてください。そして、現実と想像力をミックスしたところにＶＦＸがあるということを覚えておいてください。

もう一つ。チャンスが訪れるのを待たないでください。チャンスは落っこってくるのを待つものではなく、自分で作るものだと思います。そしてそのチャンスを逃さず確実な成果を残すことを忘れないでほしいです。だってどの業界でもそうですから。

――そういうものを目指す人たちに参戦してもらいたいと。

そうですね。ぜひよろしくお願いいたします。

渋谷紀世子は日本初、いや世界初の女性ＶＦＸディレクターである。

同時代のそれとは少し異なる一〇代を送ったのち、彼女は白組の門を叩く。その出会いはまさに天命としか言いようがないが、彼女の強烈な美意識は白組で花開くことになる。すさまじいまでの〝実態化〟の技術、そして責任感。これは本来、彼女が持っていた人格であり、特性なのであろう。それが白組の美術制作を皮切りとしてＶＦＸまで、存分に発揮されている。

『永遠の０』で観せた空母赤城。戦中世代のみならず戦後に生まれた世代さえもその雄姿に震え、赤城をはじめとした帝国艦隊が持つ、切なくも鮮烈な戦歴を思い、涙した。

『Ｋ―20』では実際の風景に物理的アクションを極限にまで再現したオブジェクトを描き、クライマックスのスペクタクルで大胆なコンポジットは老若男女を問わず度胆を抜かれた。

渋谷が〝女性初〟であり、そしておそらく現在、日本で一番のＶＦＸディレクターであることは衆目の一致するところである。

先に〝実態化〟と書いたが、これは単なる〝実体化〟ではない。つまり単純にオブジェクトがそこにある、ということではなく、そのオブジェクトが持つ歴史的な背景や、演出の意思を観る者に想起させることを目的に造形化する、ということだ。渋谷は作品の企画意図や脚本からＶＦＸを立脚させる。制作費の廉価化が進み、水道水のようにＣＧが使用されるようになってしまった現在、ＣＧそのものは観る者を驚かせるべき存在ではなくなってしまっている。そんななか、白組のＣＧに常に大きな需要があるのは、多くの映画製作者にとって〝血の通った〟〝演出を伝える〟力を持ったＣＧをクリエイションできるのが、白組のＶＦＸだけだということだ。

渋谷はその最前線で、存在しえないものを〝実態化〟させ続け、そして感動を送り出し続けている。

ＣＧ（二）　八木竜一　楽しんだほうがいいじゃん

八木竜一（やぎ・りゅういち）

一九六四年、東京都出身。映画監督、CGディレクター。一九八七年、白組入社。CMのデジタルマット画やゲームムービーのCGディレクションを担当。

ゲームムービーの代表作に『鬼武者3』。二〇〇六年、TVアニメーションシリーズ『うっかりペネロペ』の演出や、『もやしもん』ファーストシリーズの菌を演出。同じ白組の山崎貴と『friends　もののけ島のナキ』（二〇一一）『STAND BY ME　ドラえもん』（二〇一四）を共同監督。

生い立ち

——なにかクリエイションする想いを持たれていた子ども時代だったのでしょうか？

ボーッとした子どもでした（笑）。子ども時代はのび太みたいな、勉強も運動も全然できない。スクールカーストのなかのすごく下の方にいる人間でした。高校くらいまでずっと（笑）。

——画を描くのは好きだった？

いや、どちらかというと物語を観たり読んだりするのが好きだったですね。

——美術部とかマン研とかでしたか？

高校の時はマンガアニメ研究部でしたね。

——好きなコンテンツや作家は？

昔の宮崎駿監督〔一九四一年〜、映画監督。東映動画入社後、のちに独立してスタジオジブリ設立。『ルパン三世　カリオストロの城』『風の谷のナウシカ』〕のものは大好きです。

小学生の時に『ルパン三世』のテレビのファーストシリーズを観てて「この回、好きだな」と思ったりした回が、宮崎駿さん演出と高校生の時に知ったんですよね。それでレンタルビデオで『カリオストロの城』（一九七九）を借りてきて、まだ家にビデオデッキがないので学校の視聴覚室で観て、これがまたメチャメチャ面白かった。

——Aプロ（現シンエイ動画、当時宮崎駿が在籍）演出グループの回とか。

そうそう。あとで知って「これもそうだったんだ、あ、あれもそうだったんだ」という感じはありますね。

――高校くらいで画でお仕事をすることを意識して勉強を始められた？

いや、特には始めてないですね。将来のことなんてなにも考えてませんでした（笑）。高校でマンガアニメ研究部に入ったのも、中学生の時にアニメブームがあったからですね。

――『宇宙戦艦ヤマト』（一九七四）や『機動戦士ガンダム』（一九七九）？

そう。『ヤマト』――松本零士ブームから始まって、中学のクラスメートだったオタクの友だちに『ガンダム』を教えてもらったんですね。当時、松本零士はみんなが沸いてたんですけど、『ガンダム』はそれほどでもなかったんです。そのころ「すごいから観ろよ」って言われて観たら、ロボットが兵器になってて、戦争に翻弄される主人公たちを描いていて、今までのロボットアニメとは明らかにちがう雰囲気があったんです。

そのあたりから、これは「なにか面白そうだぞ」って思って、高校はマンガアニメ研究部に入っていくという流れです。中二、三のころに芽生えちゃった感じですかね。それまでもマンガ的なものは大好きだったんですけど、だいたい小学校四、五年生ぐらいになってくると、友だちはみんなスポーツの方にいっちゃうんです。当時ならプロ野球ですよね。一緒になってアニメを観てた友だちが、「おれ、プロ野球観たい」って言い出してチャンネル替えるんですよ（笑）。「あっ、なにかこの人変わっちゃった」っていう瞬間ですね。僕だけ取り残された的な感じはありました。今だとマンガやアニメを大人が観てもなんら不思議じゃないんですけどね。

――今は市民権を得ていますけど、当時は「おまえら、いつまでガキみたいなことやってんだ？」っていう感じでしたね。

『週刊少年チャンピオン』（秋田書店）で連載をしていた『ブラックジャック』（手塚治虫）を読んでも、「今週のは面白かった」ってクラスで話せなかったですね。そういう時に、少ないけれども似た趣味を持った友だちの存在がやっぱり大きかったんです。中三の時にそういう友だちがいてくれたのと、高校時代もそういう友だちに囲まれて、描くことがどんどん好きになり、高校三年になった時に進路をどうするか考え始めた時、初めて絵で食べていくことを意識しました。それで高校を卒業して美術の予備校に通い始めるんですが、その時の友だちがまた変わってて、その人たちを通してアートアニメーションや特撮の世界を知りました。当時、そのなかで一番面白かったのはＣＭだったんですよ。

――制作費も一番投入されてました。

毎月『ＣＭ　ＮＯＷ』（玄光社）を買ってるような友だちで、「大友克洋〔一九五四年〜、マンガ家。『ＡＫＩＲＡ』『童夢』〕デザインのコマ撮りアニメーションのあのＣＭすげーぜ」とかそういう話をして、喜んでました。昔、ぴあフィルムフェスティバルのアニメーションバージョンがあって、友だちと観にいってみたら、そこで初めて「白組　島村達雄」の「花鳥風月」という作品を見たんですよ。

――島村社長が実験映像を作られていたころですね。

はい、一〇分くらいの作品なんですけど観させてもらって、その時点では白組に入るとはまだ思ってもいなかったんです。美術の予備校に通っているころでしたから。お茶美（御茶の水美術学院）に通ってて、その友だちが八ミリフィルムのキャメラを持ってたりして、自分たちで遊びでコマ撮りしたりしてたんですよ。そんなことをしながら、「こんなにいろんな表現ができるアニメーションっていったいなんだろう？アニメーションって聞くとテレビアニメのことをイメージしちゃうけど、もっと広い意味でのアニメーションって世界があるんだな」ってことを教えてもらったんです。
そのころに『バック・トゥ・ザ・フューチャー』(一九八五)があったんです。CGがなかったころ、ミニチュアと実写とを上手く組み合わせてデロリアンを飛ばし、木の後ろを抜けるとミニチュアになって出てくるシーンをメイキングで知ったりして、「わっ、すごく考えてリアリティーを出している」とか驚いたりしてね(笑)。そんなふうに特撮も面白いなとか思ったりして、映像全般のいろいろなことの影響を受けてました。でもまだこの時点では、自分がアニメーションを仕事にするとは思ってなかったですね。とりあえず絵の勉強をしっかりやろうと桑沢デザイン専門学校に入って、二年経って卒業の時に、さらに上の専科にもう一年行くか就職するかって段になって、見つけた会社が白組だったんです。

白組入社、ATD

——島村社長の作品を観たこととは別に?

全然結びついてなかった、忘れてたくらい。入ったあとで「あの時観た作品はこの会社で作ったんだ」って、想い出すんです(笑)。CMもやってて特撮もやっててアニメもやってて「この会社すごいな」って思って面接を受けてみたんです。落ちたら落ちたでもう一年学校に行ってもいいやくらいの気持ちでね。そうしたら入れた(笑)。

——最初はどういうお仕事でしたか?

昔は〝テクニカルディレクター〟っていう職種があって、彼らがCMの仕事を請け負って、納品までの全部の工程を管理していく。2Dアニメだったら「ここのアニメ作ってね」とか「これ色塗ってね」。特撮だったら「一コマずつマスク作ってね」や、「これミニチュア作ってね」「コマ撮りしてね」と指示を出して的確に仕上げていくという職種で、そのアシスタントから始まるんです。アシスタントテクニカルディレクターっていう長い名前の（笑）。

――ATD（笑）？

そうそう（笑）。テレビ局のAD（アシスタントディレクター）に近いですよね。馬車馬のようにやりましたよ。

――CMはクライアントから受託した広告代理店から制作会社――例えばAOI Proや東北新社のような元請けがあって、白組はそこからアニメや特撮のパート発注を受けていたスタイルでしょうか？

そうです。一部受託の場合が多いですが、CM全編がアニメーションの企画となると、白組が一手に引き受けることもありますね。

――その発注のケースでは代理店からの直接発注ですか？

いえ、うちの会社だと音響まではやらないので、制作会社が間に一社入りますね。

――どのクライアントのCMが多かったでしょう。

僕は小川副社長と一緒にやっていて、任天堂のCMが割と多かったです。

CG登場

――CM制作のなかでツールとしてCGに触れ始めたというのは、どういうきっかけだったのでしょう。

僕が白組に入ったころは手で作る方が多かったですね。手で描いてエアブラシを吹いたりとか、セルに色塗ったりとかをやっていたんです。一方で、島村社長の作品や、一部の予算のあるCMではすでにCGを導入していました。杉並スタジオのなかにデジタルクラフトという別会社があって、そこが当時高価なマシンを使ってCGを作っていたんです。最初は僕らが携われるものではなかったんですね。

――当時のCGはワイヤーフレーム的なものでしょうか？

そうです。ワイヤーフレームの立体物を作るんだけど、出力の方法がないから、プロッターというドットピンでデジタイズする機械で一回動画用紙に落としてからフィルム撮影するんです。紙をセットして、ボタンを押すとウィーンって描き始める、終わったら取り外してまたセットする――というのを延々五〇〇枚とかやっていたアシスタント時代でした（笑）。

――なかなかCGにたどりつかない（笑）。

その後、調布スタジオにSGIマシンを使ったCGが導入されて、さらに青山本社にもパーソナルリンクスという機械が入りました。島村社長が「簡単に使えるんだぞ。みんな覚えたらいいんじゃないの？」って言うんだけど、最初は「これでー？」みたいなことを僕たちは言ってたんです。

当時の僕らは「CGなんてのは絵を描くようにはいかないんだ」「手で作るようにはいかなくて、難しい数式を打ち込んで立体を作る仕事だから、CGは数式が理解できないと作れないんだ」っていう意識に凝り固まっていました。だから馴染めなかったですね。「勉強してごらん」って言われても、みんなちょっと遠巻きに「ほぉーっ？」って見てる感じで（笑）。結局、専任の人がずっとパーソナルリンクスでCMの仕事をして終わっちゃったんですよね。

その後、Mackintosh、いわゆるマックが現れるんです。割と早い時期に会社にマックが導入され、Photshop 2.0、AfterEffect 1.0やSTRATA 3Dという３Ｄソフトが入ってて、後輩の花房君とかに教えてもらいながら使ってみたら、「これは自分たちでも使えるやつじゃん」となっていきました。

――マックは操作が視覚化されていたのが画期的でした。

そうそう（笑）。数式とか一切打たずに出来上がるというＧＵＩ（Graphical user interface）がしっかりしてたんです。「キーボードで数式を打ち込まなくても、マウスだけでいけちゃうじゃん」ってなりました。そこからデジタルに対する興味が高まったんです。でも当時はやっぱりまだ出力するところまではできなかったので、仮にやってみたらこういう感じなんじゃないのってことをしてました。カメラワークを決める時に、昔だったら一度テスト撮影をしていたんですが、マックが入ってからはAfterEffectで「このぐらいのスピード感で、何フレームでカメラワークさせてできるなー」とかね、そういう使い方をしていました。

――『ジュラシックパーク』（一九九三）が「マックで恐竜を描いた」と宣伝してましたね。

そうですね。でも当時の僕らはまだまだ本格的なキャラクターの３ＤＣＧまではできませんでしたけどね。

そのころから少しずつＣＧというものに目覚めていき、コンピュータを自分の道具として扱うということを、仕事をしながら覚えていったという感じですね。それまではリアルな立体ロゴを描くといっても、やっぱり白組のイラストレーター班にお願いして細密でリアルな画を書いてもらってたんです。それがＣ

Ｇを使い始めてからは、文字を３ＤＣＧでモデリング、ライティングすればリアルな画ができるようになったんです。

最初はマック三台ぐらいでスタートしたんで、マックの使用は何時から何時までという予約制でしたね。ところが、どんどんそのニーズが増えていって、「レンダーかけていると使えないじゃん」と問題になっていって、「社長、マックが足りません」ってなりました（笑）。マシンの取り合いになっちゃって、みんなそれぞれ自分の仕事持ってるから、必死なんですよ。「ちょっとごめん、もう時間だよ」とか言ったりして。

——途中で止めるわけにはいかないし、仲も悪くなっちゃいますね。

そうそう。仲が悪くなっちゃうすさんだ時代を通り越し、ようやくマシンが共有台じゃなくて個人台になっていき、そしてもうパソコンなしじゃやっていけない状態になったということなんです。社長が導入するスピードは早かったですね。

調布は調布でパワーアニメーター〔Ｍａｙａの前身ソフト。現在のAliasがリリースしていたＮＴおよびＳＧＩ用〕などを使って作ってたんですけど。ある時点でやっぱりパソコンにガッと変わって、調布も全部パソコンになりました。

——調布スタジオを見学させていただいて、そのあたりの成長の過程がよくわかりました。必ずしもＣＧだけが独立しているという感じではなくて、アナログを含めて水平でいろんな技術とリンクし合ってるスタイルでしたね。

それまでのコンピュータを導入する前からの歴史や蓄積があってこそなので、ハンドメイドで学んだいろんなテクニックを知ってるというところもやっぱり大きいですよね。

——ごまかし方というか、最終的な映像の着地のさせ方も長《た》けていて、観客の感覚をよく理解されています。「尺が短いからこの程度でいいだろう」「もう少しやっとこう」「これ以上はドツボるからやめとこう」という判断も含め、技術が蓄積されていたゆえの手練手管、職人のような印象です。

任天堂のＣＭでＣＧを使う

――現在八木さんは、映画監督でありＣＧディレクターであるということだと思います。それまでＣＧディレクターとして責任を負って映像を制作されてきて、仕事を通していろいろな技術を磨かれてきたと思うのですが、一番ベースになっている経験はなんでしょうか？　例えば渋谷さんは経験上ミニチュア制作が一番大きかったということですし、山崎さんは伊丹組の経験が大きいというお話をされていました。

任天堂のＣＭの時にいろいろやったことですね。ただのセルアニメーションではなくてエアブラシを吹いて立体感を出したり、『ロジャーラビット』（一九八八）っていう映画では影がボケていたので、エアブラシでなくてマスクを切ってやっていたから同じようにやってみたり、『星のカービィ』（一九九二）では毛糸でコマ撮りアニメをやったりと、本当にいろいろなことをやりました。

また、任天堂の２ＤアニメＣＭの時にアニメーターにやってもらうんですが、アニメーターが作ったタイムシート〔アニメのアクションの作画上のタイミングを指定するシート〕を微妙に調節していって、いいタイミングに修正するとか、そういうことも仕事で学んだんです。小川副社長が上手にそれをやっているから、それを見ながら「なるほど、なるほど、僕もやってみよう」と見よう見まねでトライしてしてみたものを副社長に確認してもらって、「八木上手いじゃん」とか言われるようになって「よっしゃあ！」みたいなね（笑）。今のＣＧアニメーションを作る時の基礎がそのころに培われたと思います。

アニメーション監督は「もう少しこうしたら？」とか「ああしたらいいんじゃないか？」とか、人に指示を出さなければならないお仕事なんです。だから自分でやってきた経験がすごく役に立ちました。「シルエット大事だな」とか、「ここでタメてないとな」とかいろいろ話せたし、手法もいろいろと経験させてもらったし、ＣＭでの経験は大きいですね。

当時、ＣＭのお仕事は小川副社長と一緒にやっていて、小川副社長は映画が大好きなんですよ。取引先の21インコーポレーション（一九六四年創業のテレビＣＭ制作会社）のＣＭディレクターも映画が大好きで、小川副社長とディレクターが楽しそうに映画の話をしながら打ち合わせしてましたね。話している映画のカットをそのＣＭに落とし込もうみたいなところもあって、「ここは『紅の豚』（一九九二）みたいな、ああいう股のところから抜けたショットにして」とかね。

ゲームムービー

――その後ゲームムービーでご活躍されるようになりますが、最初はどのような経緯だったんでしょうか？

白組のなかでは僕がゲームムービーに参加したのはちょっと遅めなんです。最初に参加していたのは一つ若い世代の岩本君とか花房君とかで、僕はＣＭをやっていました。ゲームムービーって、ＣＭより長いじゃないですか。見栄えがするというか短編映画のような話の流れがあるから、横目で「いいなあ」って感じで見てました。

『鬼武者2』（二〇〇二）の時に「とにかく大変だ、終わらない。八木もやってくんない？」っていう話になったんです。オープニングではないんですけど、中間ムービーってのをたくさん作らなきゃいけなかったんですよ。それがどうしても終わらないってなってて、「中間ムービーのうち、二つほどをやってくれ」と言われたのが最初ですね。

——『鬼武者2』が最初だったんですね。

ＣＭってシズル感のある、花形カットばっかりなんです。一方、ゲームムービーって流れが大事なんです。捨てカットも入れつつ、より映画的なカッティングの流れを作らないといけない。ＣＭはカットが事前に大体決まっている画コンテがあって、そのとおりに画を具体化する仕事なんですよ。自分でカットやアングルを決めるような仕事まではいかなかったんです。ところがゲームでは初めてアングルまでを自分で決められました。もちろん画コンテはあったんですけど、「ここは望遠レンズで撮った方がかっこいいだろう」とか、「このカットは立ち位置をウソつこう」とか、そういうことを考えること自体が楽しかったですね。

その時に映画監督の金田龍さん〔一九六一年〜、映画監督、脚本家。『満月のくちづけ』『牙狼〈ＧＡＲＯ〉』〕が、ムービーの監督をしてくれていたんです。その人にアニマティクスの簡単なムービーを作って「流れはこうなります」というのを観てもらうんですけど、その金田監督の姿勢は勉強になりました。すごく一生懸命。熱意を持って「もうちょっとこうやって」「ここからこうのぞくんだよ」とか、たまに自分で動き回られて動き終わったあとに息を切らしてるんです。そういうのを見ると「この人のためにがんばらなきゃいけないな」っていう気持ちになるじゃないですか。そういう熱意のある姿勢は、その後の自分に大きな影響があったと思います。

——以降は長い尺もご自身で意欲的に撮れるようになりましたか？

とはいえ、二分とか三分なんですけど（笑）。一五秒とか三〇秒とかいうのをやってた人間にとっては、三分もそうとう長いっていう感じだったんです。

——例えば東北新社の中島信也さんなんかも長尺（この場合、映画）を撮られていて、「やっぱり短尺（ＣＭ）にこれだけ慣れちゃうと長尺は不可能だな」「メディアが別だよね」って話されていました。シズル感のある画やクッションカットでちゃんと脚本的な流れを作る勉強をされたとしても、短い尺のコンテンツに長い間慣れてしまっていると、長尺を撮るのは難しいと思うんですね。山崎さんとご一緒だったとはいえ、よく長尺を撮れましたね？　苦労されたんじゃないんですか？

僕の場合、すごく運がよかったなあと思うのは、やってるお仕事の尺がだんだん長くなっていったというこことですね。ゲームムービーは尺がだいたい五分くらいだったりするんです。だから尺としては、忍者の訓練みたいに、最初は小さい木を飛び越えていって、だんだん木が成長して大きくなっていくみたいな、ああいう感じに近かったような気がします（笑）。

スランプと白組の自由さ

——スランプはありましたか？

白組に入社して三年目に体調が悪くなって一〇カ月ほど休職していた時期があります。

——白組はスパルタ的に若い人に仕事が渡される一方、基本的に愛情が深いですよね。

そうなんですよ。今思えば昔はすごくスパルタだったかもしれません。でも、その時スパルタだったことがよかったんだなって今は思います。スパルタのせいで体調が悪くなった感じはなくて、むしろスパルタでいろいろ覚えられてありがたかったという感じです。世の中、正論だけで回るわけじゃないなか、自分が仕事をどうすべきなのかということをしっかり教えてもらえたんだと思います。復調してからは自分の許容量が大きくなって余裕ができて、ピンチになっても焦ったりしなくなりましたね。

——なるほど。ＯＪＴにはそういう効能がありますよね。この本の取材にあたり、白組クリエイターの方にインタビューを打診したら、実は断られた方も何人かいるんですね。小川副社長にそれを相談したら、「自分の作品がなかなか世に出て評価されないということほど作家、クリエイターにとってストレスなことはない。今そのストレスがマックスになっているのは理解できるから、許してやってください」と詫びられたんで、ものすごく愛情深い経営者だなと感じました。「その代わりおれがなんでもやるから」とおっしゃるので、かえって恐縮しちゃったんですけど、白組はチームであることのクリエイティビティをすごく大事にしているという印象を受けました。

そうなんですよ。仕事を任されるようになってからは、自分らの好きにやらせてもらえました。例えば仕事しやすいように席の模様替えとか勝手にしていいんですね。「自分たちで仕事しやすいように改造していいよ」とか、仕事のやり方すらも「自分たちでどんどん考えてやっていけばいいんじゃない」とか上が言ってくれるんです。

ゲームムービー時代は「なにも口出しされなくてありがたい」と思っていたんですけど、島村社長がたまにニコニコしながら「なにやってるの?」とやってきたりすると、ちょっと怖いんですよね(笑)。そりゃあ、やっぱり背筋伸びるんです。プレッシャーとニコニコが同時にやってくるみたいな。

『ナキ』と『ペネロペ』『もやしもん』、そして『ドラ』へ

——山崎さんや渋谷さんに『ジュブナイル』企画の発端の話を聞きながら、『鵺／NUE』の企画のことについてもうかがっています。そこで出てきた、白組はIPやクリエイターを育てようという意識が旺盛な会社だと認識したことと、その自由さはつながっていると思います。やはり、白組がクリエイティヴィティを精神性や経営戦略として主柱に置いている一つの証左ですね。そのなかで八木さんの場合、ゲームムービーを続けて制作されているうちに『friends もののけ島のナキ』の企画に参加されていくわけですけど、この企画の発端はどのようなものだったのでしょうか?

最初、僕は関わってなかったんです。確か二〇〇五年くらいに白組に持ち込まれた別のCG映画の企画があったんですね。ところが、一年くらいやっても思うように進まなくて、山崎君がテコ入れを頼まれたんです。そこで、その企画のプロデューサーに、このお話だとヒットさせるのは難しいからと、『ナキ』の企画を提案したんですよ。それで話が進んだところで僕が呼び出された、という経緯ですね。

――どちらかというと後乗りだった？

そうですね。「一緒に話し聞く？」って呼び出されたら、やることになった。僕も『鬼武者3』（二〇〇四）が終わった時に、「自分はアニメーション監督になりたいんだ」ということにようやく気付いて、『うっかりペネロペ』や『もやしもん』のTVアニメで演出の経験を積んでいた時でした。

――シズル感だけのCMよりもシナリオのある映像をやりたくなったわけですね。

そうですね。それまではCGディレクターになりたいと思っていたんです。きっかけは、『アポロ13』（一九九五）のメイキングを観た時です。外国人のおじさんがまとめていて、上がってきたミニチュアセクションからロケット本体の素材をもらったり、マット画セクションから上がってきた画を下に敷いて、いろんな部署からもらったものを全部自身で合成してたのが、アポロ13が発射される一番のメインカットだったんですよ。氷のかけらが剥げ落ちるところなんかもCGでやっててね。この「一人でまとめていたおじさん」になりたいと思ったんです。「いろんな指示を出して、上がりをもらって、最後はオレがまとめて合成」みたいな。これは「かっこいいなあ」って思って。

その時に思っていた目標が『鬼武者3』の時にできたんです。ほぼすべてのカットを最終的に自分一人でコンポジットしたので、やりたいことができた達成感がありましたね。

――その時点まではそこが理想のポジションではあったと。

そう。そう思って、そこまではやれたんですね。ところがゲームムービーって、一番のピークのところっていうのはプレーヤーがプレイする部分なんですよね。要するにムービー部分は、ゲームの本編じゃなくておまけに当たるんです。テレビアニメや映画はそれ自体が本編だけど、ゲームムービーというのはおまけでご褒美みたいなステイタスなんです。そのなかでだんだんと「おまけの映像じゃなく本編をやりたいな」っていう意識が芽生えちゃったんです。

――声がかかったタイミングがよかったんですね。

そうですね。『鬼武者3』が終わって別のゲームムービーを作ってたころ、社内のプロデューサーから企画のお声がかかって、パイロットムービーを作ったんですね。松本大洋の『花男』（一九九一、小学館）というマンガを原作に、線のある水彩画風のCGで、初めて演出や手法など全部自分で考えて作ったんですよ。この企画は頓挫したんですけど、その時のパイロットムービーをたまたま山崎君が観ていて、気に入ってくれて覚えていたみたいです。それで『ナキ』の時に声をかけてもらえた。

その『花男』パイロットののち、五分尺だったんですけど『うっかりペネロペ』（二〇〇六、NHK）を一年かけて二六話作りました。「こうやってコツコツ五分ずつ作っていけば一年間で二時間の作品ができるのか」と、長尺を体感しました。この時も作り方から研究して、日本アニメーションの方とも一緒に自分で画コンテまでやってみたんです。二六話の内、三分の一を自分で画コンテを担当して、手法は全部白組のなかで確立し、作品のクオリティが各カットごとに変わらないようにし、きちんと五分の短い作品が続けて制作できるような仕組みを作ることができました。これは長尺に対してのよい経験になりました。

――『ペネロペ』は企画の発案から携わったんですね。どのような経緯だったんでしょうか？

日本アニメーションから「絵本をアニメ化したい」という企画をいただいて、白組から提案させてもらいました。こっちが発案して、高木淳監督〔一九六二〜年。アニメーション監督、演出家。『中華一番！』『ちびまる子ちゃん』〕が監督されたんです。描画技法は白組の開発だったわけです。二年くらい、第二シーズンまでやりました。

——その後に『もやしもん』（二〇〇七）ですね。

『もやしもん』は〝菌のパート〟だけだったので、「CGに徹する」仕事でしたね。ただ本編のおまけに一分の「菌劇場」というがあって、それは絵コンテから納品まで全部担当させてもらいました。

——山崎さんが『ナキ』は「フル3DCGの作品に自分はべったり張りつくことが無理だから、企画プロデューサーと脚本的な位置にいて、監督そのものは八木さんに一緒にやってもらいたかったんだ」と話されていました。『ナキ』はきっと初めてのことばかりで、公開までは非常にドキドキされていたと思うのですが、プレスコ（プレスコアリング）などいろいろなトライアルばかりだったのではないかと思います。一番のご苦労な点はどのあたりでしたか？

すべて初めてだったっていうことですよね。しかもCGアニメーションの作り方のなかでも、ミニチュアが背景であってCGキャラをそのなかで動かすっていうやり方をしていて、そういうカットが三分の一くらいあるんですよ。どれをミニチュアにしてなにをCGにしてっていうことも含めて全部自分らで決めなきゃいけなくて、そういうことに対する経験がそれまで浅かったんですね。「これミニチュアでいけんじゃね？」とか「これミニチュアじゃ大変じゃね？」とか、判断がつかないんですよ。

やり方がちぐはぐだとスタッフにも負担が増えてしまって、関係もすさみますよね。そのなかで、いかにすさみを拭い取ってきたかというのが苦労した点ですかね。それと演出的にも、作るのが大変なカットをどのくらい増やしたらいいのかもわからなかったんです。

——たくさんのトライ&エラーがあったなかで、我々が観たものは上手くいった部分だということでしょうか？　画面には出てないエラーもたくさんあった？

画面に出てないというか、出ているというか、今だったら「もうちょっとこうするのにな」と思うところもたくさんありますよ。もう恥ずかしい（笑）。

――最新のＣＧ技術でやり直したいということ？

いや、技術はあきらめがつきます。僕が無知だったばっかりにダメだったような部分です。映画ってカットとカットのつながり方ですよね。どこで切ってどこで次のカットにいくか、そのエディションがもっともっと上手くできただろうにみたいなことです。それって根本的なことじゃないですか。僕の責任なんですよ。そんなの初めてだからわかんないんですよ。八〇分のものを作る時に、プロの編集の人に入ってもらえたとしても、入ってもらうタイミングって限られますよね。長い時間をかけて作るものだから。

しかも余裕がないんですよ。「ちょっと長めにしといてあとでつまめばいいや」なんていう実写的な考え方は、もってのほかなんです。レンダリングとか考えると時間ギリギリだったので。本当にあとがない状態で作ってて、最後に編集の人に見てもらって、「このシーンは全部落としましょう」とか「もうちょっとここを長くしないと、やっぱり実景のところ持たないですね」とかして、なんとか形にはなりましたけど。それでも「観客にここでドキッとしてもらえたはずなのに、この顔がよく見えなかった」とかあるんです。『ナキ』にはそれがたくさん！『STAND BY ME　ドラえもん』（二〇一四）でもあるんです。

――観ている方はなんの不興もなく観ておりましたけど。

なんとなくは観れちゃうんですよね。ただ不特定多数のお客さんを相手にしている以上、意識でも無意識にでもお客さんの心を動かしてもらうためには、もっと経験が必要なんだと思いました。

昔、自分がこの会社に入った時、ＣＭのワンカットに一生懸命でした。それがオンエアーされ、たくさんの人が観ているかと思うと本当にうれしかったですねぇ。その後ゲームムービーをまとめる役になって、『ペネロペ』になると全編なんですけど、それでも画に関してだけなんです。やっと『ナキ』で音までも関われるようになったんです。「もうちょっとこのへんまで関わりたいな」ということを増やしていったら、自分のやれる範囲が広がって、監督になっていました。基本的な「観てくれる人のためにがんばって作る」というのは変わってませんが、関わる範囲がどんどん拡がっていったということなんです。

――進化ですね。

はい、今は割といろんなことに関われてすごく楽しいですけど、口の出し方のお作法というのをもっと学ばないといけないですね。まだ全然ダメです。

――『STAND BY ME　ドラえもん』は『ナキ』の成功があった流れでスタートしたのでしょうか、それとも別企画として稼働されていた？

興行の結果が出てからじゃなかったですね。『ナキ』のヒットの前に、もう話はいただいていてスタートしていました。社外のプロデューサーが出来上がりかけていた映像を観て興奮してくれて、この技術で「ドラえもん」を作ってみてくれないかとおっしゃってくれたんですね。

――ナショナルコンテンツ（国家的な作品）でもある『ドラえもん』をやるっていうのはどんな心境でしたか？

不思議とプレッシャーは感じなかったですね。

――山崎さんは脚本の構造を思いついた時に「これはいける！」と思ったと話してくれましたが、これだけの大きなタイトルになると、いろいろ言いたい人が関係者だけでもたくさんいると思うん

です。

その一人が僕ですかね。シナリオ会議の時に僕は原作原理主義者だったんですよ。その立場から発言していたし、シナリオが出来上がったあとに画コンテを僕が描かせてもらったんですけど、その段階でセリフとかシチュエーションとかをけっこういじったんです。

——原作と大きくちがう点でいうと、ドラえもんにタイムリミット的なものを設定することの反論とかはなかったんですか？

お話の根幹に関わるところなのでさすがに僕は反対はしませんでしたが、打ち合わせで言ったのは「鈴にしたらどうか？」ですね。「〝猫に鈴〟だから意味的に正しいんじゃないの？」って思っていたので。

——「帰らなければいけない」とか「もう一回来る」という、感動を増やすためのしっかりしたアイテムになっていました。『ナキ』での反省点も技術的にはずいぶん活かされたのではないかと思いました。例えばミニチュアの合成などはまったく質感に違和感なかったですね。このあたりのルックの監修というのは、やはり八木監督中心に目で見て決めていったということでしょうか？

『ドラえもん』の時は、僕とアートディレクターをやった花房真の二人で見てた感じですかね。話し合って最終的な画が決まってくるような流れでした。花房も僕も基本的におしゃれなものが大好きなので、おしゃれな映画にしたいとはずっと思っていました。

――タイムマシンのディテールとか「こんなにかっこよくなるんだ」って感動しました。『２』の話もすぐに出たんじゃないんでしょうか？

はい。ただ、やっぱり話が難しいんですよ。アニメと同じように冒険しちゃったら、春のアニメ映画と同じ内容でカブっちゃうじゃないですか。僕らがやるべきものっていうのは、短編をまとめて長編にするという手法ですね。いろいろ話し合って、「結局そこから逃げちゃいけないんじゃないの」という結論にはなっていますけど、実際に一本の映画にまとめるのは大変なんです。いずれまた（笑）。

作品に対する姿勢

――山崎さんとは気心は知れていたし、人格も理解できていたんでしょうか？　同じ場所にいたことでお二人が一つの呼吸になっているような気がしますが。

同じ勤務地で働いていた期間は短いので、場所はあまり関係ないかなと思います。

僕は調布のスタジオが出来上がった年に白組へ入社して一年先輩に山崎君がいて二人とも青山本社勤務

でしたが、山崎君は一年くらいで調布スタジオ勤務になったんです。その後はずっとそれぞれ別の場所で働いています。もし一つの呼吸になっているんだとしたら、監督業としては山崎君は一〇年くらい先輩になるので、そういう気持ちで接しているってことですかね。

――CG作品はゴールのない仕事になることが多いと言われます。いつまでも作りこみができることもあって、スケジュール管理がとても難しい印象です。『ナキ』の途中だったとはいえ、『ドラえもん』もこれぐらいには完成させて公開しよう」と八木さんは制作スケジュールを管理監修する調整的な立場でもありますよね。「ここまでにしとこう」「そこはもう少し作りこんだ方がいい」というその作業の継続の可否の判断をされることも求められるわけです。それは自分のなかでどのように線引きをされてきたのかを知りたいのですが。

僕は作品を仕上げる時は、製品だと思って作っています。その意識がかなり強いんですね。製品だと思って作ると、量産する部分と基礎的ななにかを開発するところを切り分けることになり、自然と効率的になります。『ペネロペ』の時からそういう意識はありましたが、最初はどこまでが開発なのかの線引きが曖昧でした。『ナキ』の時にだいぶ固まってきて、『ドラえもん』ではかなりいいところまで来ていたと思います。でも、まだ量産と開発がかぶってますね。次はもっと分けようと思っています。ちっちゃく試して、そこで決めたことをずっと量産するようにしないと、絶対に終わらないんです。

――素晴らしい見識ですね。

そうじゃない作り方もあると思いますよ。方法論を一つずつ全部試して仕上げていって、完成品なんていうのもあるわけです。美術作品なんかはそうですよね。「一筆入れて、またちょっと寝かせて、一週間経たないと客観的に見れないから、またちょっと描いて、また寝かせて」なんてことを繰り返すような作り方です。「これはまだ完成してないんだ」という前提で作り続けて、新しいものが作り上がる場合もあるんです。だけど製品とはちがう、「作品」というものに特化したやり方だと思うんです。商業作品というのは、「製品であり作品である」っていうことで、山崎君もその辺のバランスはいいはずですよ。

――さすが山崎さんと同じ考えですね。山崎さんも話してみてプロデューサーとしてもっともストレスのない監督だったと思います。

そうですよね。特に実写だとどこにお金をかけるかとかがすごく大事な判断になるので、山崎君はその点が実に上手い。出資者が「これだけのお金でこんなにすごいものが出来ちゃっているよ」となり、「またお願いしよう」となるんです。当然、ヒットしたという結果も含めてですが。

――実写ではないとしても、日本製ＣＧの長尺作品は成功しないと思われていたなか、『ナキ』でも『ドラえもん』でも成功したのは、実は今、八木さんが話されたようなポイントなんだと思います。

作ってみては直すようなやり方には憧れますけどね。でも僕にはできない。他人《ひと》様《さま》のお金で作るものですから。お金を出してくれている方たちに、「額面以上のものを作ってもらえた」という認識を持ってもらった方が、作る側としても絶対に得だろうと思ってます。

――白組の方々は、徹底してそのポイントの管理能力を持たれてるという印象です。渋谷さんも山崎さんも八木監督もそうですけど、その点はみんな同じことを話されますね。そんなに心配をしてくれるクリエイターなんて会ったことがないですよ。だいたいプロデューサーに対して、監督は「どうやってだまそうか」とやって来ます（笑）。

実写映画製作では、商品にしようとするプロデューサーと作品を作ろうとする監督が撮影現場などで対立してなんとか折り合いをつける場合が多いと思いますが、ＣＧ映画の場合は社内でどんどん進んでいくので社外のプロデューサーからは見えにくいですね。

——アニメーションもそうですね。

はい。アニメーションって、フリーのスタッフとか一堂に居合わせていないし、外部から見えにくいですよね。監督が人脈で囲っちゃって作るから、進捗がわからないんですよ。「出来た？」って聞かれた時にしか、遅れがばれないんですよ。「まだまだつめよう」っていう感じでこだわりを持って作れちゃうんです。そのなかではやっぱり踏みとどまる意識をもってやっていないと大変です。

——人間の信頼関係以外には保証がなくなっていきますね。アニメだと進捗状況聞いても「描いてますよ」としか言われないわけです。週間で放送するルーティンな作品制作を続けようと思ったら、「あの人に頼んでおけば必ずスケジュールを守ります」とか「あのプロダクションならクオリティは心配いりません」とならざるをえない（笑）。

そうですね。それと、お金出してくれる人たちが「すごいの出来てるじゃん」と、熱を持って支持してもらえているかどうかが僕はいつも気になってます。

——素晴らしい。本書でもっとも主張べき思想だと思います。八木さんには実写をやろうという考えはないんですか？

たぶん僕には無理ですね。実写って、役者とともに一緒に作っていく、役者さんのアイディアも取り入れてどんどんいいものにしていくところがあるんです。僕はそれよりも、もっと自分らだけの〝箱庭的な感じ〟で作っていきたいっていう気持ちが強いのではないかと思ってます。コツコツと少しずつ作るのが性に合っているんです。

——『もやしもん』の菌の動きなんかも確かに独特で、よくＣＧを熟知されてないとああいう動きはできないのかなあという気がしました。

そうしたいんです。それが実写だと逆に活かせないと思います。

——意外性や偶然性は自分にとっては望むべきことではないんですね。

実写の思いどおりにならない感じを、僕はストレスと感じると思いますね。天気や背景、登場人物の動きなど、実写だと思いどおりにいかない方が多いですよね。アニメはすべてゼロから作るのでどうとでもなるんです。そこにストレスがない。

それに僕は実写での役者の演技に対して瞬時にジャッジできないと思うんです。すごく即時性があって、すぐに判断しなければいけないものですよね。アニメーションだともうちょっと長めに考えられちゃうというか、作るテンポの歩幅が大きいので、自分のペースに合っているんだと思います。

後進、新世代へ

——近年、クリエイティヴな仕事やコンテンツに従事したい、参加したいと思っている人材数が減ってきています。八木さんとして「ここはこうあるべきじゃないか」とか、「ここはもっとこうしてほしい」という後進への期待はありますか？

最近の若い人たちは、たくさんの情報があふれかえっているなかで育ってますよね。知りたいことがすぐにわかって満足してしまっているような気がしてます。でも情報が簡単に得られるからといって、そのまま簡単に済ませちゃわないで、それをちゃんと入口にしてもらいたいと思いますね。

それと僕もそうだけど、エンターテインメント世代なんです。アニメが始まった時にちょうど子ども時代で、白黒テレビから始まって、『鉄腕アトム』（一九六三）とかを観て育った世代なんですよ。ずっとエンターテインメントを観て育って、面白いことをたくさん受け取っているんですよ。後進の方々はたぶん、YouTubeのような動画のSNSサイトとかいろんなところから、面白いものを受け取っているはずです。今度はそれをだれかにあげる立場なんですよ。作品を作ることって、基本的にバトンを渡すことなんです。

――「お寿司は大好物だけど寿司屋になる気はない」というのが新世代です。コンテンツが安くなっちゃったせいなのか、不況のせいなのかはわかんないですが。

でも、そうなってしまうと途切れちゃうじゃないですか。いずれお寿司が食べられなくなっちゃう。受け取ってばかりじゃなくて、生み出す方にいかないと。人間には知りたいという欲求が備わっていると思うんです。それを原動力にして、自分が少しでも「好きだなあ」と思うことがあったら、その「好きだなあ」を掘り下げてほしいんですよ。「なんでそれが好きなのか？」ということを一生懸命考えてほしい。そのなかに道があるんです。そうすると必ずなにかがわかる。新たな疑問を解決することが、掘り下げることにつながっていくんです。

そうやっていくと、「自分はこんな人間だったんだ」ということや、自分の原点みたいなものや根っこが見えてくると思います。そのなかのどこかに自分のやりたいものが見えてくるはずです。すぐに見つからなくてもいいんです。探求し続けることが大事。成り行きでもいい。僕も成り行きで生きてきたんです。

——だんだん見つかっていって、長編を撮れたのは五〇歳前ですものね。

そうですよ！『ドラえもん』を作るなんて小学生の自分に教えてあげたいですよ！「おまえ、大きくなったら『ドラえもん』を作るんだぜ⁉」って（笑）。人生の先になにがあるかはわからないけど、興味を拡げたり掘り下げていっているうちに、自分が進むべき道が見えてくる気がします。

——白組梁山泊にはどんな人材が向いていますか？

チャレンジする人がいいんじゃないでしょうか。今、及び腰になっちゃう人、失敗したくない人が多い気がするんですよね。躊躇なく物怖じすることなく、一歩を踏み出せることが大事じゃないかと思います。無理めな仕事が来ても、楽しそうにやれるかどうかなんですよ。楽しそうにやる人に仕事は来ます。

——仕事も流れも行きますよね。

はい。どんなにちっちゃい仕事でも、つまんなそうな仕事でも、自分なりの楽しいポイントを見つけるべきです。僕はそうやってきました。楽しそうに仕事をする人には、前よりもっと楽しい仕事がまたやって来るんです。楽しんだほうがいいじゃん。

八木竜一は、篤実だ。
山崎貴に通ずる、決して荒らぶらない、穏やかな人となりである。
『STAND BY ME　ドラえもん』で我々に観せた少年時代の圧倒的な抒情性は、彼のコンテンツに対する愛そのものであり、若くして仕事と向き合い、苦悩し、脱したことにより得た経験が大きく作用していると思われる。山崎が作品制作のパートナーとして八木を選んだ理由は、語らずとも察せられる。技術はもちろんだが、やはりその〝人生を知る〟という人格であろう。

実は多くのクリエイターを擁す白組には、当然のごとくさまざまなタイプのクリエイターがいる。先述の山崎をはじめとする、映画商品が制作、配給、興行という領域の複合により成立していて、ゆえに隣接する領域にはコンテンツを信託しなければならないことや、監督よりも強い資本の力学が存在することを理解している人材もいる。一方で、そうではなく、すべての素材を手ずから起こし、そこから作られる宣伝物やプロモーションの内容にまで目を通し、自ら決済せねば気のすまないクリエイターもいる。

どちらがクリエイターとして正しいかということではなく、どちらのやり方が商用映画としてヒットするか？といえば、それはすでに歴史が証明している。制作スケジュールという条件はあるが、それだけでなく、実写もアニメーションも、複数の人物から発するアイディアが糾合されることによって作品の力が生まれる。そのためにはチーム内での〝信託〟が当然だが、まれにすべてを管理監督する人物もいたりするものだ（新海誠など）。それはシネフィル的なマニア作品には間違いなく必要であり、やがてそれが大きな潮流を生み、時代を変えることもある。ただいわゆる、大型本番線ではその〝信託〟が大前提となり、それができる人間だけが登板を許される。

八木はその多くの人間を糾合する〝信託〟の力を信じているクリエイターだ。花房真との関係性をはじめとして、ゲームを中心に多くの複合クリエイションを実現してきた。『friends　もののけ島のナキ』のそれまで観たことのない世界観は、多くのクリエイターたちが参集した結果だ。総合芸術たる所以である。

八木はまたとても優しい。『うっかりペネロペ』のような作品を演出したからということではなく、話を聞く時も「相手の気持ちを斟酌する」「資本の信頼に応える」という言葉がいくども出てくる。白組という会社のアイデンティティーの代弁者であり、そしてその制作力の強さの象徴のような存在だ。

忘れられない、少年のころの原体験を再現する技術をいつしか得、そして多くの観客に伝えることを実現した八木竜一は、いまだ優しい〝童心〟のまま、多くのスタッフと向き合い、そして新作を作り続けている。

CG（二）

花房　真

これが仕事になったら面白いだろうな

花房 真（はなふさ・まこと）

一九七〇年、岡山県出身。アートディレクター。一九九二年、白組入社。映画やＣＭ、ゲームムービーのＣＧ制作を行う。主にデザインやアート面を担当する。

絵と映画とマンガ

——どんな少年時代を送ったのち、今のＣＧの仕事を目指すことになったか、経緯をお聞かせください。八木竜一監督はもともと絵を描くのがお好きで、そんな子ども時代を過ごしたあとにマンガ・アニメ研究部に入られたそうですが、子ども時代の花房さんは絵を描くような子どもではなかった？

それで言うと、白組のだれよりも絵を描くことが好きかもしれません。子どものころから絵ばっかり描いていたんです。家が印刷屋だったんですけど、紙が大量にあったので絵を描くことが遊びだったわけで、相当描いていました。自分でも絵が得意だという気持ちがあったので、将来は絵を描く仕事になろうって思っていたんですね。それが最初です。絵を描くことを仕事にしたいとは、ずっと思っていました。

また、父親が映画好きだったので、映画を自分でも好きになったことが大きいですね。普通の子どもよりは映画を観ていたと思います。しかも、日本の映画じゃなくてハリウッド映画を多く観ていました。父親の影響で、「ハリウッド映画のクオリティがすごい」という印象が強かったんです。

——ジョージ・ルーカス（一九四四年〜、映画監督、プロデューサー。『スター・ウォーズ』シリーズ『インディ・ジョーンズ』シリーズ）、スティーヴン・スピルバーグ（一九四六年〜、映画監督、映画プロデューサー。『ジュラシック・パーク』シリーズ『ジョーズ』『Ｅ．Ｔ．』）が全盛でしたからね。

そう。なんとなく「日本の映画よりもハリウッド映画の方を観たい」というようなムードがありました。今やもう真逆の時代ですけれど。

——思いもしなかったですよね。

ですよね。ルーカスやスピルバーグなんて本当にすごかった。だから、映画を目指せばそんな仕事ができるんだ——という想いがあったんですね。

——絵が好きだったという意味ではマンガ家になりたいということではなく？

絵といっても選択肢がたくさんあるじゃないですか。子どもだとマンガ家しか思いつかないかもしれないけど、ストーリーを作れないとマンガ家になれないという直感が小学生ながらもピンときていたので、「マンガ家はちょっとちがうかな？」と思ってたかなあ（笑）。絵は得意だと思っていたけど、ストーリーが得意ではなかったんです。

——当時好きだったマンガ家は？

たくさんいましたけど、小学生のころは藤子・Ｆ・不二雄（一九三三〜一九九六年。マンガ家。『ドラえもん』『パーマン』『キテレツ大百科』）が大好きでしたよね。『週刊少年ジャンプ』（集英社）を読み始めると嗜好もいろいろ広がりました。鳥山明とか桂正和（一九六二年〜、マンガ家。『ウイングマン』『電影少女』『ＺＥＴＭＡＮ』）とか……あと、大友克洋とかね。いくらでも挙げられるんですけど（笑）。

それで、イラストレーターという仕事があるということはすでに小学生のころには知っていましたね。

——それはかなり早い時期ですね。

テレビで観て「イラストレーターっていう仕事があるんだ」と知ったんですけど、どうやったらなれるのかはわからなかった（笑）。

——「イラストレーターのなり方」なんて本、当時売ってないでしょうからね。中学、高校は普通校でしたか？

中学は普通なんですけど、高校は工業学校でデザイン科というものがありまして、勉強が好きではなかったので、絵を描く授業が多いんだろうなと思って希望しました。入ってみたら広告用のビジュアル的デザインもやるし、インテリアデザインの製図など、いろんなデザインを総合的にやるような勉強が三分の一くらいかな。普通の教科以外にそれがあるようなクラスになっていて、その時の影響は今でも相当大きいです。

ＰＣとの出会い

――当時は高校にはＰＣはまだ導入されていませんでしたよね。

学校にはなかったんですけれど父親がコンピュータ好きで、ＰＣ８８０１とか９８０１（ＮＥＣ製の初期のコンシューマーＰＣ）なんかが家にあったので、コンピュータそのものには割と早くから触っていたんです。ゲームしかやっていなかったんだけど（笑）。８８０１だとあんまり画が描けるわけではなかったんですけど、当時はアドベンチャーゲームの２Ｄ画でゲームになっているやつや、たしかＸ６８０００とかのシューティングゲームで、３ＤＣＧをベースにしているような絵のものがあって、戦闘機の表面にツヤがあるというだけですごかったんです。「コンピュータの絵って魅力的だな」っていう感じはとてもありましたね。

ＣＧそのものは、当時少しずつ出始めていたんですよ。劇場版『ゴルゴ13』（一九八三、出崎統監督作品）なんかはＣＧを使ったことがとても印象的な作品でした。

――初期のＣＧオブジェクトのビル群のなかをヘリコプターが飛んでいくやつですね。キャメラがギュンギュン回り込む。

ワイヤーフレームより進化して、シェーディングされてちょっとつるっとしていてけっこうすごかったんですよ。その前も『トロン』(一九八二)とか『レンズマン』(一九八四)、いくつかそういう作品があってCGが世の中にあるということは認識していて、CGにすごく興味が湧いていたんですよね。たまにテレビでCGの特集番組を観たりして「すごくやりたいなあ!」って。画を描くのも好きですが、コンピュータ・グラフィックスにも同じくらい興味が湧いたんですよ。でもどうやって作るのかはまったくわからず、自分にできるものとは思っていなかったですね。

――確かに存在してたんですが、映画に導入されて宣伝的にもフィーチャリングされたのは、確かに『トロン』からですね。それまではオプチカルで高額な費用を必要としていた特撮シーンの方が価値のあるような言われ方をしていました。実際、高価だったんですが、やがてCGに抜かれ、さらにまたCGは廉価化が進んでしまいます。高校のあとにはCGを学ぶ環境のある専門学校などに通われたんですか?

画を描くことを職業にしたかったので、阿佐美(阿佐ヶ谷美術専門学校。山崎貴の母校でもある)に入りました。阿佐美はデザインや美術の学校なのでCGの授業はなかったのですが、在学中にパソコンのクラスが突然出来て、Macintoshが部屋にズラッと並んでいるのを見て興奮しました。「8801ではドットや色数の制限があるけど、Macintoshだと詳細な画が描ける」という話を父親から聞いていたり、別の学校に通っていた高校の友人からマックで3Dアニメ作れるよという話も聞いていたので、それが自分の学校にもあるとわかってとても興奮しましたね。先生にお願いして、授業以外にも放課後に触らせてもらってたんです。

パソコンの授業は、Photoshop や Illustrator（いずれもアドビ社製のソフト）の勉強しか教えてくれなかったため、放課後に先生に聞きながら、アニメーションを作るソフト（Director）や、３ＤＣＧを作るソフト（Swivel3D）などを触ることができました。「テレビで見てたＣＧが自分でも作れる！」と興奮です。――で、そこからＣＧ人生が始まった感じです（笑）。

――だいぶ理解できました？

そこからは、相当のめり込みました。ＣＧはプログラムを扱えないとできないというイメージが強くて、ＧＵＩで簡単に作れることを知ったのも、身近にその環境があったおかげです。

――個人で持つのがまだ難しい時代ですね。

高級なイメージだったので、「学生が持つ」っていうのは想像できなかったですよね。

――八木さんもマックを会社が買ってくれたけど、順番待ちで大変だったと話されていました。

そのころですね。本当に懐かしいです。

――阿佐美で学ばれたあとに白組ですね。公募があったんですか？

ＣＧは楽しかったけど、どういう仕事をしたらいいかわからなくなっていた時期でもあったんです。ＣＧだけで就職できるのかどうかなんてわからなかったし。そのころ映像に興味があって、ちょうど映像ゼミという授業を取っていたんです。アニメーションがすごく好きでアニメオタクでもあったんです。『機動戦士ガンダム』（一九七九）も好きだったし、『うる星やつら』（一九七八）も好きな普通のオタクだったのですが、映像ゼミの影響で、シュヴァンクマイエル〔一九三四年〜、チェコのアニメーション作家、映画監督。『アリス』〕やブラザーズ・クエイ

〔一九四七年〜、米の双子の兄弟の映像作家。『ストリート・オブ・クロコダイル』〕などのアート的なアニメーションや、ミュージックビデオなどのグラフィカルなものにもはまって、好きな映像の幅が広くなっていきました。

もちろんマンガも好きで、特に海外のマンガにハマっていったんですよ。フランスコミックからはじまってアメリカンコミックやイギリスコミックなど、日本のマンガは基本白黒の線画ですが、海外のマンガは着色されているものが多く、色の塗り方もこってり塗ってあるものなど、細かく陰影があってビジュアル的なショックが強かったんです。

——八〇年代ですね。メビウス〔一九三八〜二〇一二年。ジャン・アンリ・ガストン・ジローのSF・ファンタジー作品時のペンネーム。仏マンガ家。大友克洋など日本のマンガ家に大きな影響を及ぼした。『エイリアン』『フィフス・エレメント』などの映画にもデザイナーとして参加〕のように日本の画力をはるかに追い抜くような作家が散見されるようになりましたよね。

海外のマンガは全ページカラーでの出版が多いこともあって、画柄もちがうんで衝撃が視覚からすごく入ってくるんです。大友克洋の画柄って日本の最先端な感じもあって、そのルーツなのかなとわかる感じも楽しさの要因でしたね。

——大友さんの『ヤングマガジン』のカラーページは色遣いがちょっと変わってましたからね。

ですよね。大友克洋や藤原カムイなどはすごく好きな画柄でしたね。そのあたりから自分の描く絵にも海外マンガの影響が出るようになっていきました。今はマーベル〔一九三九年創業の米マンガ出版社。米を代表するヒーローキャラクターを多く創出〕とかD

Ｃ〔一九三四年創業のマーベルと並ぶ米マンガ出版社〕とかが日本でも流行っている気がしますが、僕はどちらかというとアメリカンコミックよりもフランスコミック好きでしたね。

――知人が海外旅行に行ったら、向こうでしか売ってないコミック本を頼んだりしていましたね。

そうなんですよね。僕は岡山県から東京に出てきたのですが、東京には海外のコミックを扱う本屋が何軒かあるので探し回ってました。同時にそのころは特撮映画もいっぱい観てて、好きだったのは、『ブレードランナー』（一九八二）と『未来世紀ブラジル』（一九八五）ですね。この二つはＣＧのない、完全アナログ時代の特撮作品だったと思います。他にもスター・ツアーズ〔一九八九年に操業を開始した、東京ディズニーランド内のアトラクション〕みたいな特殊な乗り物の映像みたいなものが流行っていました。「ライド・アトラクション」と言われていた気がします。あれが普通に渋谷とか新宿とかの街中に出来ていたんですよ。

スター・ツアーズを作っていたルーカスアーツの別の作品で『スターポート２０４５』というのを渋谷でやっていたりして。それがすごく面白くてものすごいクオリティだったんです。当時はＣＧじゃなくミニチュア撮影でやっていたんですけど、宇宙レースものでキャメラが未来のコースを進んでいくっていうような映像です。後楽園遊園地や映画館などいろいろな場所でもやっていましたが、すたれていきましたね。後期のものはほとんどがＣＧで作られていました。ＣＧの方がカメラワークが自由な分、不自然な表現になってしまっているような不満も感じていました。

そんなこんなで、アニメから発して海外マンガ、特撮映画、特殊映像と浴びるように夢中になった結果、「そんな特殊な映像を作れたら楽しいな」と思い始めました。そんなころ、阿佐美の先生に白組を紹介されたんです。当時の白組はライドものとかも作っていたので、「この会社なら楽しいことができる！」と思いましたね。ただ白組に入ってからライドバブルみたいなものはなくなって、そういう仕事はほとんどやれていない気がします（笑）。

入社

――何年に入社されましたか？

いま四五歳で二五年くらい前だから九二年かな。白組は当時、特殊映像やCMが多かったですね。

――入社時点でのご自身の一番のスキルはPCだったんでしょうか？

「マックならだれよりも使えますよ」っていう意識は自分のなかにはありました。とは言っても九〇年代初頭だと、まだまだMacintoshがやれる３ＤＣＧって微妙だったので、なかなか仕事に結びつかなかったんです。

――白組に入られて最初の事業所はどちらだったんですか？

青山本社でアシスタントディレクターをやっていました。イラスト職以外の新入社員はみんなこの肩書で、ＣＭのレイアウトや動画の線を太く書き起こすなどのアナログ作業が中心です。コンピュータは調布のワークステーション（描画用の大規模情報処理コンピュータシステム）にしかなくて、コマンドを打って動かしていく型で、一般人には触れそうにない雰囲気がムンムン漂っていたんです。Macintoshは GUIなのでマウスですべてできますが、クオリティの高いＣＧはすべてワークステーションで作られていて、「ＰＣでＣＧが作れるわけがない」という雰囲気だったんです。だから「自分にはできそうにないなあ」と思っていました。

青山にも一人だけワークステーションを触っている人がいて、その人のモニターでは、３Ｄの動物が躍動的に動いて、「これは楽しそうだな」「これが仕事になったら面白いだろうな」と思って悔しい気持ちでした。そんな時、青山にもMacintoshが一、二台くらい導入されたんですよ！　これはチャンスだと思いましたね（笑）。ただ僕は、仕事での使い方はわからなかったですし、会社の方でもどう使っていくか悩んでいた時期だったと思います。

とりあえずマックを使えることをアピールしといた方がいいと思って「ボクはいろいろできますよ」と自己主張したんですね（笑）。学校で作った３Ｄのオブジェクトなんかも全部そのまま持っていたので、それを会社で周りに見せたりしていたんですよ。「こういう３Ｄがマックでもできるんですよ」――って。ワークステーションで作られるＣＧのクオリティにははるかに及ばない出来でしたが……。

――まだフロッピーディスクの時ですよね。何枚も入れてカタカタやっていたわけですね。

それからは、日曜日ならだれもいないと思って休日出社して、勝手にマックをいじってたんですよ。ところが、出社すると島村社長など数人が仕事をしていて、僕は緊張しつつもマックを触っていました。

――白組は社長が一番働きますからね。

そうなんです。当時の僕はびっくりしてました。本音はマックをいじりたい一心だけなんですけど、「マックの勉強にはマックを使うのが一番ですよ。勉強の一環です」みたいなムードを醸し出しながらいじってたんですよ。当時、隣に八木さんが座っていたんですけど、あとから「休みの日に会社に来るんじゃないぞ。マックで勝手に遊ぶなって島村社長が怒ってるぞ」とコソコソっと説教されました（笑）。

――八木さん、後輩思いじゃないですか。

ハハハハ、まったく。そんな感じで「会社ってちゃんとしているんだなあ。やっぱり遊んじゃダメか」と弁解したりしてたんですけど、「花房はとにかくＰＣを触りたいやつなんだ」という認識だけは社内にわかってもらえたようで、「マックを使った仕事があるけど、やる?」なんて言われるようになって、ちょいちょい仕事は増えていきましたね。そのころはそもそも触れる人が少なかったですし、新人の僕にも触らせてもらえる余地がありました。

そうは言っても僕も学校でちょっと触っていただけだし、そんになくわしいわけではないんです。それでも「おれはくわしいですよ」という態度で過ごす毎日でしたね（笑）。当然わからないことだらけで、僕よりもくわしい先輩に教えてもらいながらですが……。

――「マックといえば花房」と（笑）。

そうそう。本当は知らないことだらけでしたが、そういうムードだけは出してその場で一生懸命に覚えていったんです。

ＣＧとしての仕事

――ＣＧとしての仕事の一番最初のものはなんでしたか？

ＣＧといっても、当時のマックで３ＤＣＧは難しかったので、PhotoshopやDirectorを使って、２Ｄで仕上げるマット画のような仕事がほとんどでした。たしか最初はＮＥＣのＣＩ（コーポレート・アイデンティティ。企業文化や特異、独自性を主張するために用いられる）のロゴですね。模様が動いて文字になるアニメーションをＣＧっぽく仕上げるっていう仕事でした。当時はCGでは有機的な動きが難しかったんだと思います。まずアニメーターの人が手描いたアニメをマックに取り込み、線をきれいににして、「これ、色を塗っていかにもCGらしいメタリックな質感で動かすことできる？」と聞かれて、全然自信はないんだけど「できますよ！」と言って引き受けたんです。とにかくマックで仕事という意識だったので、言うしかないですよね（笑）。その作品で初めて自力でなんとか作り上げました。

――白組のすごいところはそこだなと思います。完全にアナログの発想とデジタルの発想が同居してますよね。「描いた方が速いから描いて、それをスキャニング」みたいなことやりますよね。確かに入力はアナログだけど、出力はデジタルです。

そうですよね。そのやり方をけっこうやりますね。CGで作業していると、「数値的にはできません」というセリフがよく出るのですが、それは理由にならない。なんとかしろ！　というムードが強くて、アナログ思考でなんとか解決方法を探るわけです。

――山崎さんのお話によると「CGで作るつもりだけど、CGでできなかった時のために現物作っておいて」っていうオーダーでミニチュアのブツを作っていたケースもあるという話を聞きました。さすがは白組流コンパチ思想だなと思いますね。

花房さんのCGの技量が上がっていくなかで、よりキャラクターを緻密に動かしたり、テクスチャを張り込んで映像のリアリティを増させたりということにまでなったのは、CMのニーズですか？それともゲームムービーのニーズですか？

調布のワークステーションはともかく、本社のマック班では3DCGでキャラクターを作ることすら難しい状態でした。会社のマックには３ＤＣＧのソフトすら入っていなかったのです。当時マックで３ＤＣＧといえばSTRATA STUDIOというソフトがポピュラーだったのですが、導入するにしても、そういう仕事がない。

そんなある時、ケンタッキーのＣＭで「〝遊び場ボール〟っていうボールのオマケを出すから、そのボールに手足が生えてピョンピョンと飛んでいくといった内容のアニメをＣＧで」という話が小川さんから持ち掛けられたんです。「それじゃあソフトが必要ですね」ということで、ついにマックでの３ＤＣＧソフト購入にいたりました。電話帳くらいのマニュアルを一人で一週間読み続けて、ソフトの扱い方を覚えましたよ。モデリングは、球に棒のようなデザインだったので簡単でしたが、アニメーションが大変でした。アニメーションって、普通の手書きのアニメーションは全フレーム手描きで描きますけど、コンピュータではキーフレーム何点かを決めれば、間は自動計算で割ってアニメーションにしてくれるんです。ところが、キャラクターが急ブレーキしてピタッと止まるアニメなんですけど、自動計算だと、モーションが暴れてきれいに止まれないんですよね。困りました（笑）。今考えたらカーブが暴れているだけの当たり前のことなんですけど、ＣＧの特性がわかっていない僕には、まったく理解不能状態でしたし、今のようにカーブを調整するハンドルがなかったのです。で、「うーん、できませんね……」って返すしかない（笑）。

結局、全フレームに、キーフレームを打って割っていく作業になりました。ＣＧぽい滑らかなアニメーションが求められているところ、実はコマ撮りと同じという結果で悔しい気持ちでした——学校でもＣＧをきちんと勉強していたわけではないので、「わからないながらも工夫して仕上げていく」っていう作業の連続でしたね、初期は。

それと、３ＤＣＧの最初はＣＭでしたが、ＰＣでのＣＧの方向性が今のようになっていくニーズの多くは、ＣＭよりはゲームムービーだったと思います。とは言え、ゲームムービーの仕事が増える前、当時の僕には、白組でオリジナルのＣＧ作品を作りたいという想いがあって、ワークステーションに張り合える、性能の高いＣＧソフトを探していました。

そのころのマックの３Ｄソフトのモデリングは、ろくろのように回転させた形状からつくるものが多くて、複雑な形状――例えば水道の蛇口みたいなものですら、リアルに作るのが難しかったんです。人間のような形は、ハリウッド映画などでも、なかなか作れなかった。それでも『アビス』（一九八九）『ターミネーター２』（一九九一）のあたりから、ＣＧで顔も作れるようになっていったんですよね。

「それはもうマックじゃ無理でしょ」ということになってきていて、いろんなソフトを漁って探していたんです。そのなかでLightWaveとReal3D（両方とも３ＤＣＧ制作ソフト）という二つのソフトに目星を付けたんですよね。僕的には、LightWaveの方がキャラクター作りに向いていそうだったので推したら、今本社にいる高橋尚人さん（Senior CGI Designer、白組所属）は「Real3Dでやってみます」とのことで互いに始めたんです。ところがどちらもWindows 3.1（一九九〇年リリースのWindows OS）でしか作動しないものだったんですよ（笑）。

僕らはマックしか触っていなかった人間なので、Windowsにはそれこそワークステーション並の敷居の高さを感じていたんです。だからコマンド入力で動かすところから恐る恐る触っていって……、でも、すぐにWindows 95が出て、ほっとしつつも、コマンド入力も楽しかったなというくらいにはなっていました。そのころにはマックの台数も増えていて、青山でも若い人の多くはマックを使って仕事していたんですよ。

——Powerbook（アップル販売のノートブック型ＰＣ）とかＣＭ業界の方はよく持っていましたね。

そうですね。それよりもう少し前ですが、ＨＤＤ（ハードディスク・ドライブ）の容量が最大でも一ＧＢになったころがありまして、当時は「単位がＧになっているんですけど……、Ｍじゃないんですけど……」という感じでギガという言葉が新鮮でした。

そんなわけで、一人でLightWaveの勉強をしていたんですけど、ソフトを一から覚えるのって大変なんですよね。STRATA STUDIOを一週間で覚えるのも大変でしたが、LightWaveはマニュアルもすべて英語だったため、訳すところから始まりました。そして、ようやくマニュアルを理解しても、どう造形したらいいかがよくわからないんですよね（笑）。Photoshopだったら描けばいいだけなんですけどそうはいかない。「点は動かせたんだけど、これ、いつになったら人間になるんだろう……」というのが当時の最初の状況でした。参考書みたいなものもなかった時代です。

——Ｍａｙａ（ハイエンド３ＤＣＧソフトウェア）の導入はそのあとですか？

Ｍａｙａは調布に入りましたね。調布が使っていたワークステーションのPower Animator（３ＤＣＧソフトウェア）からＭａｙａが生まれているんで、後継機として導入されていました。ＰＣになったのはもう少しあとです。一方で本社ＰＣ班では、LightWaveの時代がけっこう続いていました。

LightWaveの使い方に悩んでいたのは、「インターネットもｎｉｆｔｙ（プロバイダ）って面白いね」「インターネットの方がいいかも？」とかって、ネットが普及し始めていたくらいのころです。そこに３ＤＣＧのコミュニティみたいな掲示板があったんですよね。LightWaveを使っている人だけの掲示板もあって、相模原にあるＰＣショップに「LightWaveを使っているユーザーが集まっている」という情報を見つけて、直接行くことにしました。パソコン通信や掲示板の文字だけだとどうにもニュアンスが伝わらないし、顔を見にいこうと（笑）。そこでの情報交換は、とても有意義で、パソコンＣＧの黎明期という感じでした。

ゲームから映画へ

――「元々映画に対して指向性があったんですよ」というお話でしたが、どこで映画に足を踏み入れようと判断したんですか？

島村社長から「白組でオリジナルの映画作りたいと思っているんです。なんか企画出しなさいよ」と言われて、フルＣＧでやる企画を……と考えていたんですね。しかも、それがLightWaveを導入してほしいと思った動機なんです。企画を考えつつ、ＣＧでキャラクターや世界観も同時に作っていきました。でもなかなかうまくできなくて、LightWaveで人間キャラクターは自由に作れるまでにはなっていたのですが、アニメーションに四苦八苦していました。あまりに苦戦して、LightWaveで長編をやるのは厳しいのではないかという想いから、また新しいソフトを探すことも進めていて、3Ds Max（３ＤＣＧ作成用統合ソフトウェア）を見つけました。

とは言え、周りに触ったことのある人がいなくて、インターネットでの情報も少なかったですし、LightWaveをさんざんお願いして買ってもらっておいて、ちょっと苦戦したくらいで3Ds MAXもよくなかったらどうしようと不安でした。でも結局恐る恐るな想いで買ってもらいました。そのころから、ゲームムービーの仕事もやり始めていたと思います。

――九〇年代末くらいですか?

そうですね。3Ds Max の本当に最初のころです。Max の Ver. 1だったと思います。ただ LightWave にどっぷり浸かっていたから、3Ds Max に移行するのはけっこう難しかったですね。ソフトの設計思想も根本からちがっていました。でもそのころ白組では、ゲームムービーの仕事もやるようになっていて、岩本さんなども一緒に触り始めたんです。数人が同時にはじめるとソフトの覚え方も格段に速くなりました。結局岩本さんの方が先にマスターして教えてもらうことも多かったです。

――そのころに手掛けられたゲームで代表作的なものはなんですか?

やはり『鬼武者2』(二〇〇二)と『鬼武者3』(二〇〇四)ですね。

――馬をモーションキャプチャーしたというお話をうかがいました。

やりました。岩本さんがやっていました。でも当時、馬のモーションキャプチャーをCGに入れ込む技術もなくて(笑)。人間を入れる技術はあるんですけど、そこで相当苦労していました。

――マーカーなんかどこにつければいい? って話ですよね。

そうそう(笑)。その『鬼武者3』のころですけど、3Ds Max の使い方もマスターして、ゲームムービーを何本も作っていて忙しい時です。僕のなかでは、わだかまりがあって、ゲーム映像の制作自体は楽しいのですが、島村社長から頼まれていたオリジナル作品を作るということがまだ達成できていなかったんです。自分の力不足と忙しさを理由に進んでいなかったのですが、自分の考えたオリジナルの仕事がしたい

という気持ちが強かったのです。
そんな時に、オリジナルゲームのアートディレクターとして参加してほしいと、井上（浩正）プロデューサーから話をいただきました。僕としては、ゲームも好きだったし、オリジナルの仕事ができるということで、ぜひやりたい！　となりましたね。ところが、その時は、『鬼武者3』をやっている真っ只中でした。八木さんと二人でCGディレクターとして進めていたんです。CGディレクターが抜けるということは考えられなかったので、週の半分ずつでやるということも考えましたが、ゲーム開発の方から、一緒にいてもらえないとできないと言われて、これには悩みましたね。しかし、二人ともCGディレクターだったので、CGディレクターは一人でもいいんじゃないかと、八木さんに無理矢理お願いすることになりました。結局『鬼武者3』を途中降板させていただきましたが、八木さんは、滅茶苦茶怒っていたと思います。
――温厚な八木さんが怒るなんて相当ですね（笑）。
「まじっすか⁉︎」と相当びっくりしていました。本当に作業も真ん中、中間の中間だったので、半年から一年は作業が残っている状態でしたが、懇願に懇願を重ねてチームを離れました。そしてソニー・コンピュータエンタテインメントが開発するゲームの制作会社に出向したんです。

――初めてアートディレクターを名乗られたんですね。

『鬼武者2』や『鬼武者3』の時もCGディレクターとして、画作りはやっていましたが、アートディレクターという肩書は初めてでした。分業制度というものも明確ではなくて、モデルを作って、アニメ付けて、ライト置いて、レンダリングして、コンポしてというのを、一人ひとりがすべてこなしていました。なので、CGディレクターといっても、同時に作業もしていたのです。今はハリウッドにならった感じで、ライトをやる人はライトしかやらないというような分業制が主流になってきています。〝アートディレクター〟っていう肩書きも「画を考えて決める人」という職分がわかりやすくなってきました。

タイトルは『RULE of ROSE』（二〇〇六）というゲームで、ソニー製ですけど杉並にあるゲーム会社が開発を行っていて、毎日そちらに通いました。二年くらい白組から完全にいなくなってましたね(笑)。ゲームのアートディレクターという仕事をわかっているわけでもなく、ゲームの開発実績があるわけではないため、かなり大変でした。オリジナルの画作りをしたいという強い想いだけでがんばっていた感じです。

――でも、できた。

できたと言ったらおこがましいですね。ゲームは完成しましたけど、ゲームの〝アートディレクター〟としては、全然足りていなかったと思います。ゼロから世界観を作り上げるということも仕事としては初めてだったので、悩みが尽きなかったです。どういう画作りにしたいかを考えて、監督と整合性をとり、みんなに伝えるということを、一生懸命やって、なんとか形にしていく感じでした。

ゲームは、CGムービーとちがって制限が多くて、ライトを一つ追加したいと思うだけで、大変なことになるんです。数量も膨大で、イメージボード制作、キャラクターデザインや無数の小道具デザインなどを必死にこなしていきました。

大変だったのですが、オリジナル作品を作る手応えはひしひしと感じましたね。このまま、引き続きゲームの制作に携わっていきたかったのですが、仕事としては次に続きませんでした。『GAMBA　ガンバと仲間たち』（二〇一五）が立ち上がったのはそのころですね。

――一〇年くらい前ですね。

そうです。「花房ならアートディレクターできるよね。今度、白組映画の企画があるんでアートディレクターやらない？」と小川さんから言われて（笑）。「オリジナル作品がやりたい」という気持ちが強かったので、もちろん願ったりかなったりです。「ぜひ！」ということで引き受けました。そこからあの映画が始まったんです。

――後発だった山崎・八木組の『friends　もののけ島のナキ』（二〇一一）や『STAND BY ME　ドラえもん』（二〇一四）が、『GAMBA』よりも公開が先行していきました。

『GAMBA』の途中で『ナキ』が始まって、「隣の芝生が青く見えるな」と思いましたね。焦燥、憧憬といろいろデリケートな感情が入り混じって見てました（笑）。

――八木さんは八木さんで「『GAMBA』チームがどう思っているかはわからないけれど、『オリジナルの３Ｄアニメをやれ』と言われてはからずも先行することになり、それはそれでツラい想いをしたんですよ」と話してくれました。

昔から一緒に仕事をしている仲間ですからね。

――『ナキ』はいまだに修正したくなるそうです。

クリエイターはみんなそうだと思います。昔の作品は尋常に観ていられないものです（笑）。

『STAND BY ME ドラえもん』

――『STAND BY ME ドラえもん』（二〇一四）はアートディレクターとして参加されましたが。

『GAMBA』のデザインやイメージの設計がほぼ終わっていて、CGの作業が長期化し始めていた時期で、ゲームのムービーの仕事も進めていたころです。突然八木さんから「『ドラえもん』手伝ってほしい」と声をかけてもらいました。ゲームムービーの作業と並行しつつ、『STAND BY ME ドラえもん』の制作が始まったのです。

――『鬼武者3』の時の遺恨は？（笑）

ハハハハ。あんなにケンカ別れしたはずなのに、八木さんには買っていただいて、とてもありがたいと思っています。僕の趣向としてSF好きということがあるのですが、『ドラえもん』もSF作品ということで、八木さんは僕と相性がいいと考えていただいたようです。僕も藤子・F・不二雄先生のファンでもありましたから、悩む必要もなく、「ぜひやります！」となったんです。

――ガジェットの質感はかなり砕身して注意深く作り上げられていました。新しい方法論も導入されていたとのことですが。

そうですね。大人向けのムードも少し持った作品にしようとしていて、その時に未来道具などのデザインのディティールアップをしないと、大人がすごいと思ってくれないんじゃないかと考えたんです。ハリウッドでよくマンガを映画化していますけど、〝タイツのヒト〟だったテレビの『バットマン』をティム・バートン〔一九五八年〜、映画監督。『シザーハンズ』『チャーリーとチョコレート工場』〕が映画化（一九八九）した際は、すごくカッコいいプロテクターを付けていました！　あれを観て大人でもかっこいいってなると思うんです。子どものころ見て感動していた気持ちを、大人になってもう一度味わえるという感じ。『ドラえもん』もまったく一緒だろうなと思ってやったんですよ。

――戦略的な制作視点ですね。

だから、未来道具も本当にありそうなデザインでやろうと思ったんです。「未来が本当に来たらこんなデザインじゃないかな？」という未来の家電というコンセプトですね。

――「技術が発展していけばこういう形になるんじゃないか」と大人たちが想像してしまうデザインということでしょうか？

それを基本的なコンセプトにしました。最初は、ドラえもん自体も未来の家電ではないかと、そういうコンセプトで作っていて、ロボットなんで、ネジが入っていたり、スピーカーが入っていたりだとか、どんどんメカチックになっていって……、そうすると全然ドラえもんではなくなっていったんですね。周りのスタッフも、「夢がないと」「そんなのドラえもんじゃない」という話になりました。機械バリバリのドラえもんはだれも観たくないですもんね。

——毎年の劇場アニメも、子どもたちだけじゃなくて親御さんも一緒に劇場に観に来ているでしょうから、導入部から親御さんにも違和感なく観てもらうためにはあのデザインでよかった気がします。劇中でも花房さんのガジェットの質感は本物にしか見えないですし、風景も実写としか思えず、そこが感動につながったんだろうと思います。

ドラえもんのデザインから、家電感はなくしましたが、未来道具や、セワシの服装などは、未来の家電というコンセプトでデザインして、藤子プロからもすべてＯＫをいただきました。それはうれしかったですね。大人向けのニュアンスを出す手助けになったかなと思います。

——あの作品を観た人からすると、また続きが観たいですけどね。オチがついちゃってると言えばそうなんですけど（笑）。

あの続きは難しいと思います！　そのプロットをドラえもんの道具で発明してほしいですよね（笑）。

共調

——このインタビューの冒頭、「自分は画の人間だから物語は作れないんじゃないか」と話されていましたが、以降、作品のアートディレクターから監督をしようとは考えないのでしょうか？「映画を観る人はストーリーを観ているのだから、その服のシワや髪の毛の動きなんて気にしていない。そこを技術で可能な限り自然にすることで、ストーリーに集中してもらいたい」という発言趣旨の花房さんの取材記事も読みました。これはむしろ監督的な考え方だと思ったのですが。

ゲームムービーではたまに監督をやることもありますけど、「監督業務がめちゃくちゃ得意か？」と聞かれると、アートディレクターの方が得意だと思うんです。

――みなさんの関係性を間近で見ていないからわからないんですけど、山崎さんが物語を作られて、八木さんがCGを演出されて、花房さんがアートディレクションしている――そうすると、例えば「八木さんはいなくてもいいじゃん」となることはないんでしょうか？

ＣＧアニメーションの制作はやることが多いと思います。例えばキャラクターの演技を一から作り上げていく必要がありますし、絵作りに対しても、キャラクターや背景の様式の方向性からＣＧ技術との折り合いなど。一人よりも大勢でアイディアを出すことでクオリティが上がっていくと思います。それに、山崎、八木、花房の間では、役割分担が割と明確です。物語を作る人、物語を演出する人、絵で物語を表現する人、それぞれ方向性がちがいます。実際、ＣＧ映画の監督ってよく二人組のところが多いですよね。

――全体を見る人とオブジェクトを管理する人といったところでしょうか？

意見が合わなくて大変な作品もあるんじゃないかとは思いますが、二人いてまかない合える気がしています。『ドラえもん』はＣＧスーパーバイザーもいるので、四人でやっていたから、きっとそのクオリティも上がったんですよ。

――分担し合うというよりも預け合ってあんな作品が生まれたんですね。『STAND BY ME　ドラえもん』は本当に見事でした。

役割分担は明確ですので、アートディレクターとしては、監督とぶつかった場合は、話し合いの末、どうしても意見が食いちがう場合、やっぱり監督を優先します。そうでないと終わりませんし、監督という役割の意味がなくなります（笑）。

――ぶつかることはあるんですか？

すごくありますよ（笑）。人が二人いれば、意見がちがって当然なんだと思います。ＣＧアニメーションのような大勢が見る作品は、意見をぶつけあって、多くの人が共感できる方向を探ることが必要なんだと思います。八木さんとは仲よくさせてもらっているから、ケンカできるというのもあると思いますね（笑）。

――どういうポイントでぶつかるんでしょう。デザインとかでしょうか？

『STAND BY ME　ドラえもん』だと、例えば目のハイライトの表現はもめました。アニメーション作品は、演技がディフォルメされるので、目が演技する時に、ハイライトに頼るところが大きいのです。その意見は同じなのですが、ハイライトが目から一瞬でもなくなるとダメなのか、少しならない時があってもいいのか。小さそうなこだわりですが、二人にとっては、大きな問題でした。

ただ、八木さんとは特にデザイン面で趣味が合いますね。そこはよいことだと思っています。趣味が合わない人同士で組むと難しいんですね。監督のほしいものが自分の正反対のものだった時に、それを理解して、自分の狭かった世界を広げて新しいものを生み出す。そんな発明的効果はあると思います。それは素晴らしいことですが、結果が出るまでに相当時間がかかってしまいがちです。趣味が近いことで、相乗効果も生まれやすく、監督の思想の理解が早いことも、作品のクオリティのアップにつながると思うのです。

――お話を聞いて山崎・八木・花房のチームはやはりストレスが少ないんだと感じました。『ALWAYS三丁目の夕日』（二〇〇五）の時に山崎さんは「撮るのがいやでいやでしょうがなかった」と話していました。阿部さんに無理矢理に監督をうなづかされて、調布に帰ってチームに話したら「なに考えているんだ!?」と言われてしまったと（笑）。それでも結果的に、そのチームみんなで同じ方向を向き合って、あれほどの大ヒット作を作り上げたんだから〝趣味が合う〟〝気が合う〟という前提がそのチームにはあったということで、その点が素晴らしいなと思うんです。〝趣味が合う〟ことでストレスを軽減できるんですね。

そういうこともありますよね。自分たちがいやいややっていることが実は向いているということだってあるかもしれません（笑）。

新世代へ

――コンテンツやクリエイティヴを目指す層が薄くなっていて、本書の目的の一つとして「白組で働きたい」とか、「ＶＦＸってやってみたい」という人たちに白組の仕事を伝えるということがあります。そんな参戦予定者に向けてなにか言葉があればぜひお聞かせください。

現在、ＰＣもソフトも技術が上がっているじゃないですか。iPhoneでハイビジョンが撮れちゃう。おじさん的な発想ですけど、当時のＰＣで映像を編集するなんて、本当にギリギリの機能だったんです。ビデオカメラで撮影したものを、ＰＣに取り込むだけでも、ボードを差し込まなければならなかったし、リアルタイムに再生することもままならなかった。キャメラも高額でした。それがもうスマートフォン一つでかなりのことができちゃいます。

今の若い人はもったいないっていうか、身近にツールがあること自体がすごく幸せなことで、うらやましいですね。クリエイティヴを目指す層が薄いということですが、逆にいつでも気軽にできるから志望者も少ないんじゃないかな？　できないころは「やりたい！」っていう気持ちがすごく募りますからね。

環境はすごく整っているので、やりたい人にとってはすごい天国です。白組に入らなくったってできちゃうんです。一〇年くらい前に新海誠さん〔一九七三年〜、アニメーション作家。映画監督。『ほしのこえ』『君の名は。』〕とか、一人で映画を作るのが流行りました。でも、ハリウッド映画の『アベンジャーズ』（二〇一二）のような膨大な特撮を、一人でやるのは難しいですよね。そういうことに興味がある人は白組を目指してみるのもいいと思います。

――『STAND BY ME　ドラえもん』の話と同じですけど、気の合う三人がいたからできた作品じゃないですか。一人ではできないことをやるために仲間を探すという意味では、同じ志を持った人が集う場所には最適なんじゃないかと思いますね。

ソフトの使い方を掲示板のコミュニティで探したように、ＳＮＳなど、同じ志の仲間を探すのも便利な時代ですよね。作りたい人にとっては本当に天国のような時代なんだと思います。白組も、ＣＧ映画を作る場としては、とてもよい環境ではないかと思います。

花房はどうやら白組の〝隠し玉〟のような存在だ。いや映像における〝切り札〟だろうか。さまざまな作品にジョイントし、いろいろなタイプの作品にジョイントし、その映像的完成度をぐいぐいと引き上げる。料理でいうところの〝仕上げの隠し味〟、いや〝おもて味〟といったところだろう。

その妙味は、やはり幼いころや青年時代からの表現意欲、そしてマンガや映画に根差した情熱から生まれている。白組のなかでデジタルという筆を恐らくだれよりも早く手に入れ、いろいろな障害を越えて注力し続けてきたゆえに花開いた技術だ。そしてはからずも現在、〝デジタル〟は白組の代名詞ともいえる表現ツールの最大のものとなった。そこへの花房の貢献は計り知れないものがあると思われる。

一方で花房のキャラクターは、気負わない、ストレスレスな雰囲気が特徴だ。出会う者にプレッシャーを与えない、負担にならない鷹揚さを感じる。これが花房の魅力であり、多くのクリエイターたちが「組みたい」と思うもう一つの魅力なのだろう。

白組のイデオロギーである〝どんなものにも染まる〟という想いにおいて、花房の技量とキャラクターは同社の重要な人的インフラである。

TVシリーズ

岩本　晶

映像の勢い

岩本　晶（いわもと・あきら）

一九七一年、千葉県出身。映画監督、VFXディレクター。日本デザイン専門学校卒業。一九九一年、白組入社。日韓合作3D立体映画『AGE OF PEACE』（二〇〇〇）、『バイアブル』（二〇〇三）、『トミカヒーロー　レスキューフォース　爆裂MOVIE　マッハトレインをレスキューせよ！』（二〇〇八）、TVシリーズに『魔弾戦記リュウケンドー』（二〇〇六）、『トミカヒーロー　レスキューフォース』（二〇〇八）、『トミカヒーロー　レスキューファイアー』（二〇〇九）、『もやしもん』（二〇一〇）など。

マンガ家になりたい特撮好きのガンダムファン

――岩本さんはどのようなお子さんでしたか？

小学生のころは絵を描くのが大好きな子で、案の定、運動はあまり得意ではなかったんです（笑）。「いつかはマンガ家になりたい」と小学校の途中には思ってましたね。

――映像を生業《なりわい》にしようと思ったのはいつごろでしたか？

進路なんてあまり考えていなかったのですが、自分の好きなことでなにかしら仕事がしたいなとは思っていました。高校生のころに自主映画や自主制作アニメを作っていたこともあって、無意識的にグラフィック系の学校へ進みましたね。専門学校はグラフィックデザイン科のイラストレーション専攻です。

――そのころ、好きだった作品や影響を受けたクリエイターはいますか？

幼稚園ぐらいのころは、円谷の巨大ヒーローよりも東映の等身大ヒーローの方が好きでして『秘密戦隊ゴレンジャー』（一九七五）にはじまり、「スーパー戦隊」シリーズ（一九七五年より続く東映製特撮テレビシリーズ）や「仮面ライダー」シリーズ（一九七一年放送開始の石ノ森章太郎原作・東映制作特撮テレビヒーローシリーズ）が大好きでした。ちょうど観ていたのは『スカイライダー』（一九七九放映の「仮面ライダー」シリーズ）のころだったかな。兄の影響が大きくて当時の特撮は相当好きでしたね。その後、小学生の途中からアニメに移行していって、もろに『機動戦士ガンダム』（一九七九）の洗礼を受けて、ガンプラ（『機動戦士ガンダム』の兵器プラモデル）を買うのにお店に並んだりして少年時代を過ごしました。中学生になってからはアニメどっぷりでした。

――お気に入りのモビルスーツはなんですか？

グフ（笑）。中学時代に『機動戦士Ｚガンダム』（一九八五）を放映していましたけど、やっぱり最初のシリーズが一番いいんですよ。就職してから深夜に帰ると千葉テレビで『Ｚ』と『蒼き流星ＳＰＴレイズナー』（一九八五、高橋良輔監督）を連続して再放送してたりするんですね。で、それ観ていると『Ｚ』の突拍子もしない展開や、主人公のカミーユの気持ちにはなんか自分的にまったくシンクロできないけど、続けて『レイズナー』を観ると二〇代過ぎた男が感動して泣いちゃったよ……みたいな（笑）。改めて観ると高橋良輔監督〔一九四三年～、アニメーション監督。脚本家。『太陽の牙ダグラム』『装甲騎兵ボトムズ』『蒼き流星ＳＰＴレイズナー』〕には影響を受けていると思いますねー。

――シリーズ通期での構成は高橋さんのシリーズは本当によくまとまっていて、オチも快楽原則的に腑に落ちますよね。富野由悠季監督〔一九四一年～、アニメーション監督。脚本家。小説家。『機動戦士ガンダム』『伝説巨神イデオン』『聖騎士ダンバイン』〕は確かに奇想天外でラストは感情が取り残されるくらいの大インパクトでした（笑）。サブタイトル脚本を書いていた方は大変だったかもですね。

主人公のセリフに「なんでだ!?」ともう本当にツッコミを入れたくなりましたけど、大人になってからやっとわかったような気がします（笑）。『ガンダム』はやっぱり第一作目がいいなあ。作品作りをするようになってからは高橋監督作品の方が気になっていましたね。

入社

――白組に入った経緯は？

学校に求人票が来てたんですけど、白組だけなにかちがってたんですよね。デザイン系の学校なので印刷関係の求人が多いんですが、そのなかで一つだけ「ＳＦＸ」と書いてあった（笑）。もちろんすぐ目に留まりました。「な、なんだろう、この会社!?」みたいな。会社説明会に行って作品動画を観たら、テレビでよく観るＣＭばかりだったので「あ、これって白組だったんだ！」と驚いたわけです。同期入社は一〇人くらいいて、『ＧＡＭＢＡ　ガンバと仲間たち』（二〇一五）の河村友宏監督（アニメーション監督。ＣＧディレクター）や、『ALWAYS　三丁目の夕日』（二〇〇五）のＣＧチームをまとめている高橋正紀氏（ディレクター。ＣＧアーティスト）も同期です。

――入ってすぐはどのような仕事でしたか？

ＡＤですね。白組は仕事を取ってくる人を「プロデューサー」と呼ぶんですが、私のいた部門では「ディレクター」とも呼ばれていました。制作管理というか、制作監督までをするからそう呼ばれてたんだと思いますが、主にその人たちを補佐する仕事をしました。「なんでもやる」というのが当時入ってきた人間でしたし、教育方針でしたからね。当時はフィルム撮影でしたから、例えば「アニメーションをやるよ」ってなったら原画マンを呼んで発注し、それをチェック、次に仕上げに出す、それを撮影班に持参、最後にラボに確認に行こう――みたいな一連のこまごました作業を全部してました。

――最初はタイトルアニメーション的な作業が多かったのでしょうか？

タイトルもですが、基本的になんでもありました。一番印象的だったのがスペースワールド〔北九州市にあるテーマパーク〕のアトラクションの映像で、そこからの発注は非常に多かったですね。当時はまだＣＧの時代ではなかったのですが、コンピュータ・グラフィックスが動いているような映像を手で描いたりしました。デザインから任せてくれたりしたので、自分がメカ好きということもあって、作っていて楽しかったですね。

CGのワークサイズ

——CGが仕事に入ってきたのはどのタイミングでしょうか？

最初はフライングロゴ〔CMに使用される動画型ロゴのこと。ムービング・ロゴとも〕などの簡単なものばかりでした。ワークステーション〔グラフィックデザインなどに用いられる大量情報処理のための業務用コンピュータシステム〕の購入は高いから、普通のPCで簡単にやれるレベルの静止画などから入ってきましたね。手描きは必ず撮影しなきゃいけなかったんですが、CGは終わったらビデオ出力するだけだったので楽でしたね。「これは改革だ！」なんて（笑）。

——九〇年代中盤には仕事の大部分はCGになっていましたか？

九五年くらいが過渡期ですね。CGが入り始めたころです。そのあたりからPCで3DCGのソフトが動くのが面白くて仕方なくなっていましたね。「線画台よりいいじゃん」といった感じです（笑）。手描きも好きでしたけど、今までにない感じでしたね。

——「CGへのソリューション、インフラ移行はあっという間だった」「手描きがなくなる寂しさは感じなかった」と山崎監督も八木監督も話していました。表現が広がる方が楽しかったということでしょうか？

むしろ、なにかを作りたいという欲求が先にあって、「これで個人的に作れるんじゃないか？」って期待したりもしましたね。

――『AGE OF PEACE』（二〇〇〇）制作の経緯はどのようなものだったのでしょうか？

社長が日韓合同作品として企画したものです。当時、韓国には立体視映画のブームが来ていて、「韓国のアイドルグループと組んで映画を作るぞ」というような話でした（笑）。社長が画コンテを切ってるのをはたから見てたんですが、機が熟して、いよいよという段階になった時に社長から指名を受けました。

――二〇〇〇年に３Ｄってかなり早いですよね。いわゆる今に連なる３Ｄの技術ということですか。

『アバター』（二〇〇九）のような「奥行きに重きを置く３Ｄ」ではなくて、「飛び出す３Ｄ」でして、現在認識されているような３Ｄとは少しちがうかもしれないですね。

――これは白組でも前例のない作業だったのではないですか？

そうです。ほとんど自主映画的な作業になりました。「全部自分たちでやらせてほしい」とお願いして、僕や花房たち何人かで先陣を切ってやらせてもらいました。大枠の話はあるんだけど、シーンごとに担当を分けて画コンテを描き始めました。実写で全編グリーンバック撮影をしましたね。

――３Ｄはあとで疑似的にデータをズラすやり方？　それともキャメラ二台で撮るやり方？

キャメラ二台で撮るやり方でした。大変でしたね（笑）。フィルムではなくハイビジョンキャメラで撮影です。リグ〔キャメラに周辺機器などを取り付けた撮影サポートの仕組み、３Ｄの場合は二台のキャメラに視差を付けた状態で組んだもの〕もソニーＰＣＬ製でしたね。

伝説的作品

――『バイアブル』（二〇〇三）の作品成立の経緯を教えてください。

『AGE OF PEACE』の時、作品全編をグリーンバックで構築するということを試してみたんです。当時、いくつか企画があったんですが、企画のままでは形になるまで出ないから、それをやってみたくてしょうがなかった。仕事で作ったCGのモデルが手元にあるから、そのデータ群を組み合わせてできるんじゃないかと考えて、Vシネマ〔映画として制作されるが劇場公開をせず、ビデオグラム販売されるコンテンツ〕もまだ売れていた時代でもあったため、自分で脚本や画コンテを書いて社長に提案したんです。「今、Vシネというスタイルのコンテンツがあって、低予算でもそれなりに売れますよ」って（笑）。それで「やってもいいよ」と言ってもらえました。社長に話す前にある程度の準備は終えてましたけどね（笑）。グリーンバックも予算をかけてはいなかったです。

――予算は当時、いくらぐらいだったのですか？

一〇〇〇万円程度でやり切ったというか（笑）。

――グリーンバックはどこに張りましたか？

調布スタジオですね。白組スタッフに画コンテを説明して撮ってもらいました。あのスタジオで撮れる範囲の映像しか撮れなかったんですけどね。本当は人間を撮る時のグリーンバックってもう少し大きなものなので、けっこうできないこともあったんです。DVキャメラ〔デジタル記録型でSD規格のビデオキャメラで、ほぼ民生と同様の仕様〕で撮ったというのも実証成果としては大きかったと思います。

上映予定だったゆうばり国際ファンタスティック映画祭合わせで、スタッフ数も少ないなかで急造してほとんどのカットを僕が合成したりしたんです（笑）。「速く撮るため」「速く作るため」という前提で脚本も書いたので、内容もあまり吟味していないんですよね。作品が完成したあとにそのことに気が付いて「もっとしっかり脚本の構成を練るべきであった」「合成ももっとしっかりやるべきであった」とか、いろんな課題が僕のなかに芽生えました。今観るととても恥ずかしいだろうなとは思います（笑）。けれども、『バイアブル』がデビュー作で、しかも評価していただけたので、タカラトミーの『魔弾戦記リュウケンドー』（二〇〇六）をはじめとしたテレビシリーズでの起用時に「実績」としてカウントしてもらえたんです。

マーチャンダイジング特撮

――『魔弾戦記リュウケンドー』はどんな経緯で参加されたんでしょうか？

元々、白組も製作委員会に入ってはいたのですが、原田昌樹総監督〔一九五五～二〇〇八年。映画監督。特撮テレビシリーズを多く手掛けた〕が途中で体調を壊されたんです。そこでチーフ助監督やアクション監督をトライアル的に監督させようとなった時に、推薦してもらったんです。

――円谷系の人間もかなり多く参加した混成チームだった聞いていました。

最初の一本がいい評価だったので、結果的に三本撮らせていただきました。本当に特撮が大好きでよかったです。

――では内容の質問です。アクションと本編と合成シーンと目的も撮り方もちがう三つの撮影映像ですが、自分のなかでバランスよく処理できたものでしたか？

そうですね、『バイアブル』の経験もあってシナリオをしっかり練りたいという想いもありました。演出もしっかり練りたいという目的がこなせた回とこなせなかった回とがあるんです。最初に任せてもらった第四一話はものすごく自分のなかで準備して、いろんなトライアルを重ねて、いろいろがんばって自分

でも「よくできた！」という出来となりました。その後、続けて二本も撮れることになり「よしっ！」とはなったんですけど、二話分を一度に撮影するという状況になって、自分のなかで準備が追いつかない部分が出てきてしまい、新たな課題が出ましたね。

――『トミカヒーロー　レスキューフォース』（二〇〇八）への参加はどのタイミングで決まったんですか？

『リュウケンドー』が本当に楽しかったので、「次があるなら絶対にやりたい！」と周囲にずっと言っていました。『レスキューフォース』の企画が始まった最初から打ち合わせに参加させてもらっていたんです。この作品では念願がかなって、ＶＦＸスーパーバイザーというポジションで携われることになりました。

――最初から企画に立ち会っていたのなら、商品ガジェットなどが玩具企業から提案されてきた時、物語のなかに落とし込んでいく作業はやりやすかったでしょうか？

「トミカを使ったレスキュー的なヒーローにしたい」というコンセプトは企画書としては出来上がっていましたが、元々のデザインや設定はまったくちがうものでしたね。

――岩本監督のアイディアがガジェットに生きたことはありましたか？

玩具にフィードバックしたっていう意味ではどうかな？――いっぱいビークル（車両をモデルにした高性能マシン）が出てきて多重合体する設定なんかは元々の案にはなかったんですが、「やれたらやりたいよね」

とスタッフ同士で話し合ってはいましたね。『レスキューフォース』に関しては玩具以外――映像制作時の設定の方が多かったんです。要は「ビークルが発進する基地はどうなっているのか？」とか、設定のコンセプトから僕の方で提案をしていました。

劇場版はもう本当に燃え尽きるまでがんばりました。テレビシリーズも同時進行で死にそうになりましたよ（笑）。でも、テレビでも映画でも監督を任されたことはとても光栄で、「これはやらなきゃ」「これは燃えなきゃ」という感じでしたね。

――劇場版『トミカヒーロー　レスキューフォース　爆裂ＭＯＶＩＥ　マッハトレインをレスキューせよ！』（二〇〇八）には藤岡弘、さん（一九四六年〜、俳優、武道家。初代の仮面ライダーを演じた）も出演されてましたね。

本当に尊敬する役者さんの一人で、常に真面目にやられる方です。藤岡さんとは続編の『トミカヒーロー　レスキューファイアー』（二〇〇九）にも出演していただきました。『レスキューフォース』は「基地でしか変身できない」という作品独自の設定やコンセプトがあるんですが、藤岡さん演じる刑部《おさかべ》零次《れいじ》は自身の乗るビークルに装備された装置を使って現地で変身できるんです。そのアイディアは自分が出しました。あくまで劇中のみの設定で商品には結びついてはいないんですけどね（笑）。スーパーヒーローじゃない人間がスーツを着ているのがレスキューたちなんです。その「どこでも変身できない」っていう縛りは、東映の方にも「アレにはすごくやられちゃったよ」とよく言われます（笑）。

――そして満を持して『トミカヒーロー　レスキューファイアー』（二〇〇九）が連作されました。『レスキューフォース』の反省点を反映させて企画を組み立ててあげられたと思うのですが、『レスキューファイアー』の話はいつごろ立ち上がっていたんでしょうか？

劇場版『レスキューフォース』の終わりと同時くらいですね。「次のシリーズはメインでやってくれ」と言われ、「ええ⁉ おれ⁉」というのが当時の心境でしたね。

——どのタイミングで「消防」という設定はあったんでしょうか？

劇場版の仕上げもあったので、新番組企画はほとんどタカラトミーさんと新しいシリーズ構成担当の話でかなり組み立ててもらいました。だから一、二話のプロットあたりが出来上がった段階での合流ですね。

——「炎」を敵にするという設定はかなり斬新でしたが、どう観ても「この映像処理の負担は監督に行くしかないだろうな」と感じました（笑）。第一話の合成の量とか相当なものでしたか？

まさにそうです。白組的にも『レスキューフォース』まではメインの制作会社というよりは製作委員会としてだったり、ＶＦＸのパート制作会社だったのですけれど、『レスキューファイアー』から本編全体のメイン制作になりましたからね。その重責というか全体を白組がまとめるのであれば、「やはりそういうところをふくらまさなければ」という想いもあったんだと思います。

——炎の合成は下画との馴染みが大変だと思いますが。

炎で形を作ることは難しい。なにかが燃えているシーンから化け物を作って——という構成にしないと厳しいとは思っていて、〝炎がクリーチャー化する〟という敵の設定に関してはかなり試行錯誤的に作っていきましたね。

——ファイナルレスキュー（必殺技シーン）の、炎を凍らしたあとに敵を砕くなんてあの大胆な設定を、よく監督は飲み込んで映像化したなと思います。最初は「そんな無茶な⁉」と思ったり、最終的にはビークルを全部合体させたりなんかは、映像を観ているとなんだか腑に落ちてくるんです。映像ってすごいなと思った作品です。

もう映像の勢いですよね。あまり細かいこと考えたらダメですね（笑）。

――連作シリーズということで『レスキューフォース』とのリンクがものすごく大事に思われていたと思います。例えば継続して登場していたレスキューストライカー（『レスキューフォース』に登場する主人公らの主なビークル）が破壊された時など、タカラトミーへの抗議はすごかった。これは監督的にはその後の再登場という演出を意識されていたんですか？

「壊しちゃっていい」って言われたんで「じゃあ壊します」ということなんですよ（笑）。壊してびっくりされましたけど、復活を喜んでくれた人もいたので、まあよかったです（笑）。「こういう回を、子どもは大人になってもよく覚えているもんなんだよ」と脚本家の方々も話していましたね。

――タカラトミーとしても連作番組となりましたが、監督的には『レスキューファイアー』は思いどおりに創作できた作品となりましたか？

『リュウケンドー』でTVデビューして、『レスキューフォース』で劇場映画デビューして、『レスキューファイアー』はメイン監督デビュー――と、本当に初物が立て続けだったんです。やっぱり「ここをもっとこうしておけばよかった」などの課題はありましたし、今も思っています。『レスキューファイアー』ぐらいになってくると、「ああ、作んなきゃ……こなさなきゃ……」という意識が出てきてしまって、「これはダメだ」と思ったりもしました。

『レスキューファイアー』中、劇場版を撮る前提でスケジューリングしていたので、テレビを撮れない時期があったにもかかわらず、劇場版企画が流れちゃったんです。その時はさすがにいろいろ考えましたね。「こんな終わらせ方でいいのだろうか？」といったような、作品全体を俯瞰するような意識になったんです。自分が冷静になれるそんな時間があったからこそ、最後の終わらせ方のプランができたのかもしれません。

――名古屋ロケなどでも現地で大絶賛を受けて、大人気のうちにシリーズは終わりましたが、私も手伝っていて大変誇らしいシリーズの一つでした。もっと連作しかったですね。

ええ、本当に。

守備ジャンルの広さ――テレビというサイズ

――シリーズ後、燃え尽き症候群的なことはありましたか？（笑）

ハハハ！　でも『レスキューファイアー』の最終回前から、次の『もやしもん』（二〇一〇）の準備が始まっちゃったので、そこの現場もまた『レスキュー』ばりに忙しくなってしまいました。最終回の準備をしながら『もやしもん』の脚本作りとかを始めたので、まだまだ忙しかったですね。

――タカラトミー三部作（『リュウケンドー』『レスキューフォース』『レスキューファイアー』）のエンドユーザーはあくまでもちびっ子で、『もやしもん』はエンドユーザーの質がまったくちがう。キャラクターにしろ、物語の作り方にしろ、まったくちがう観点で作らなきゃいけない作業には、意識の切り替えとかが必要だったんじゃないかと思ったんですが、そのへんは処理が上手くいったということですか？

そうですね、VFX抜きのドラマだけでいかに面白くなるのか？　というような意味では、切り替え自体は大丈夫でした。むしろ『もやしもん』ファンが求める『もやしもん』ドラマを作っていくことに、意外とかなり悩みました。結局、今もそこにたどり着けている気はしていないんですけどね。三〇分番組の構成、いかに面白さを持続させるかというのは『レスキュー』シリーズなどでかなり学んだところがあるので、それを原作を当てはめていったというイメージですね。

――監督の回はAパートBパート（三〇分番組の前半・後半）のバランスがいいですよね。いかにもテレビシリーズのサイズ感、テンポ感が心地よい演出です。

Aパートの途中でチャンネルを替えてしまって観なくなってしまう視聴者の方は、けっこう多いですからね。そういうことがないように、ということは常に気を付けています。

――大人が観ても「つまらない」「くだらない」

というようなダジャレでも子どもは大喜びしますし、大人もまた逆が真ですね。「大人が一緒に観ても飽きない」という視点はすごく意識していました。この意識を忘れてしまうと、「親も好きになってくれなければ玩具は買ってもらえない」という、親子の協力関係が出来ないように思うんですよね。実際に兄の親子が一緒に盛り上がっていたんですよね。ああいう視聴側家庭の協力関係が生まれないとダメなんじゃないかな？　とずっと思っていましたね。

うちの子は三人全員女の子なんですけど、『レスキュー』は楽しんで観てくれましたね。

――テレビシリーズは一週間に一回テレビの前に座って家族一緒に見る儀式になりやすいので、そこは作品にとってはメリットですよね。

きっとそうですよね。だから僕はお父さんが一緒に見ていても飽きないようにすこしエッチなシーンを入れておいたりとか（笑）。そういうのけっこうありますよね（笑）。

――『レスキューファイアー』では、難病の子どもへ特別に撮った映像を贈るというファンサービスを、タカラトミーの鈴木祐治プロデューサーがされていて、「レスキューファイアーがいつも応援しているから、病気になんか絶対負けないでがんばろうね！」という映像を送ったら、親御さんからとても感謝されていました。子ども番組の存在意義、それもものすごく大きな意義のある出来事でした。今でも忘れられないですね。

マーチャンダイジング以外にも子ども番組の存在する意味は大きいですね。僕たちもライダーを観て善悪を意識したんですもん。

現場責任者としてのスタッフィングへの意識

——テレビシリーズ以外にゲーム映像なども監督はいろいろと手掛けられていますが、「これは新しいことに挑戦した」という「0→1《ゼロイチ》」型〔無の状態からなにかを創出する能力〕の作品があればぜひ解説していただきたいです。

普段のゲーム仕事では、おおむね開発が終わっている状態で映像部分だけをお願いされることが多かったんですが、『FREEDOM WARS　フリーダムウォーズ』（二〇一四）というゲームでは、参加した時にはαからβに移行しようという時期で、むしろ細かいところが決まっていなかったんですね。それで「こうした方がいいんじゃないですか？」と提案したら、ものすごく意見を聞いてもらえて、一緒にゲームを作っている意識が一番強い作品になりました。

——「一緒に開発している」という意識はやり甲斐にもなりますね。

ストーリーラインのドラマパート、イベント映像はすべて演出をしたので、想い入れのある作品になりました。既存デザインはあっても、ライバルキャラクターの物腰、振る舞い的な設定を全部やってみたんです。ゲーム会社の人に「こんな感じで！　こんな感じで！」というようにお願いしてやってもらいました（笑）。

——それは物語の核心部分を共有できているゆえに入れてもらえるんだと思います。

一番最近の仕事は『進撃の巨人　ATTACK ON TITAN』（二〇一五）『進撃の巨人　ATTACK ON

TITAN エンド オブ ザ ワールド』（二〇一五）ですね。ＶＦＸのみの参加でしたけど。

——話題作でしたけど、いかがでしたか？ いろいろなＣＧ会社から「時間がない」「手が足りない」といったような話は聞きましたが。

エンドロールのスタッフでも三〇〇人以上名前が出ているらしいんです（笑）。そのうち、白組が全編の半分以上を作っているんですよ。元々はアニメ版を観ていたこともあって、『『進撃』やるんでしょー。助けに来たよー！』ぐらいのつもりでヘルプで入ったんです。それから「ちょっとここをやってくれない？」となって、「それなら自分の思う『進撃の巨人』を作ろうかな」と思ったんですが、気付くとどんどんと話が変わっていって、白組が全編の半分を作ることになっていて、「ハイー!?」となっちゃいましたね（笑）。楽しんでいる余裕はまったくなかったですよ（笑）。

——『進撃』は実写とＣＧとのコンバイン型特撮がうまく仕上がっていました。実写とＣＧのどちらに優位性があるかとかを意識されたりしますか？

自分自身、全部をＣＧで作ろうというこだわりもなく、実写作品をやってきたわけだから「実写の素材でやった方が速いんじゃないかな？」とは思うこともありますし、そういう意味では特撮というものに寛容な意識はありますね。

——制作に入る時は監督がチームの編成や工程をプランニングして、そのスタッフィングも監督が差配されるのでしょうか？

使いたいスタッフや人員とかのオーダーはプロデューサーに出しますが、全部順当にはいかないので、そのあたりはプロデューサーと話し合いながら外の人に頼んだりもします。それとスケジュールを自分で立てるのが好きなんですね。『レスキューフォース』のテレビシリーズと劇場版がかぶった時とか、『レスキューフォース』の最終回と『レスキューファイアー』の初回がかぶった時とか、『レスキューファイアー』の最終回と『もやしもん』の初回がかぶった時とか、スケジューリングはすごく楽しかったですよ。「スケジュールをこう組みかえれば、ハマるぞー！」みたいな（笑）。

実写撮影に関しては頼んでいるスタッフがちがうので大丈夫ですが、うちのCGチームの采配はむしろ難しいです。全部同じ人間がやっているので「この時期に何人借りられるか？」とか、「ここの外注さんだとスケジュールうまらないなぁ……、うーん、土下座しよう！」とか（笑）。僕は「いかにそのピースをはめるか？」という調整が好きですね。

――完全にアニメの制作と同じですね（笑）。

本当にそう。『レスキューファイアー』の最終回近くの編集の段階で、十数カットくらい既定のカットより増えてしまったことがあったんです。早くなんとかしなければいけないんで、本来はCGの実作業をしないはずの森田淳也（VFXスーパーバイザー、ディレクター。白組所属）や、白組の制作進行たちに「やってみよう！」って無茶振りした（笑）。もちろん僕も含めて一緒に、「みんなの経験として大変な想いを一度味わってみよう！」みたいな感じで。言い出しっぺなんで、一〇カットくらいはさすがに引き受けたんですけど、みんなはせいぜい一カットずつとかでしたね（笑）。

――テレビシリーズは体質的に合っているんでしょうか？

テレビシリーズは好きですね。映画みたいに二時間とか九〇分の枠のなかで、言いたいことや描きたいことすべてを完結させるのは難しいと思います。テレビドラマは週間で少しずつ観ている人に感情移入を与えていけるので、シリーズとしての方が観ている人に想い入れを伝えるのがやりやすいんです。

――まったく同感です。「時間をかけて成長を描く」ということもよく言われますが、テレビシリーズのタームだと間違いなく感情移入が生まれますね。一年間で『レスキューフォース』に慣れたあとに『レスキューファイアー』が始まると、新しいキャラクターたちに最初は子どもたちも違和感を覚えても、週を重ねているうちにやがて愛着が湧いていく。前の年のヒーローのことは忘れちゃうんだけど、それでも共演すると、これはもうなによりもうれしい。正月に親戚がみんな集まったような興奮があるもんなんですよね（笑）。

ハハハ！『もやしもん』は一クールしかなかったので「短いな」と思いましたね。あっという間に終わっちゃったみたいな印象です。

――通期一年で放映をするという、マーチャンダイジングの特撮ヒーロー番組はちょっと特別な例ですよね。昔は普通のテレビドラマでもよくあったんですけどね。

白組の魅力

――さて、白組ってどんな会社でしょうか？

なんでもありの会社ですね（笑）。

――白組の方々は、「みんなやっていることがちがう」「やったもん勝ち」「なんでもあり」と、みなさん同じことを話してくれます（笑）。島村社長の「とにかく面白いものをやれ」「新しいものを作れ」

というクリエイティヴにものすごく寛容な文化が、隅々にまで行き渡っているのが白組だと思いました。

今はないですけど、昔は徹夜で作っている人間が社長は大好きでしたからね。今は「労基（労働基準監督署）がうるさいから、早く帰れ」って（笑）。

——社長自身が早く帰らないとダメですって思いますよね（笑）。いつまでも前線に立ち続けていますが。

本当にそうですよ（笑）。

——白組のここがすごいというのは？

僕らがガリガリやっていた時期は、「僕らが白組を作っているんだ」みたいに力を合わせている意識はありました。今は会社の規模も大きくなってしまって、逆に、勝手にいろんなものを作っているというすごさがありますね。

——「あれは調布の案件だから」とか「私、三茶スタジオ勤務なんで関係ないです」といったようなセクト主義（?）も感じますね。互いの事業を知らないまま白組というブランドで連結されているというような感じと言いますか。

ああ！　白組って個人事業主がいっぱい集まっている変な会社ですよ（笑）。「なんでもやっていい」というところがやっぱりすごいところですかね。

——今後、挑戦していきたいことがあればぜひ教えてください。

会社としては、自社のコンテンツとして「白組がこれを作っている」という作品をもっとガンガン増やしたいですね。入社したころはCM全盛期だったため受託仕事がほとんどで、白組が権利を持てるものがまったくなかったんです。「レスキュー」シリーズは製作委員会に入ったので「うちの作品」という自負はあります。権利を持って「これが自社のキャラクターですよ」「自社のコンテンツですよ」というものが増えていかなきゃなっていう想いがありますね。

僕個人としては、姉がいたので少女マンガも割と好きで、この要素を活かした作品を撮りたいんです。これまでの作品のなかでも、ラブシーンじゃなくても、個人的にラブシーンとして描いているということが意外と多いんです。ゲームの演出とかしていても、そういう要素を勝手に入れちゃうことはありますね。ヒーロー路線のなかに少女マンガのエッセンスを入れたり、普通のドラマのなかにヒーローエッセンスを入れたりとか、あまり垣根を作らないで、こっそり入れといて反応を見るような作品をやりたいです。

――かつては円谷プロダクションを「クリエイティヴィティの梁山泊」と思っていたんですが、私が入った時にはクリエイターはほとんどいなかった。白組こそが今、昭和四〇～五〇年代に子どもたちが憧れていた円谷プロのように見えます。山崎さんのように大作映画に注力される監督、岩本さんのようにていねいにテレビシリーズと劇場版を同時に撮る監督、八木さんのように初めて日本製ＣＧ映画を当てた監督もいるわけで、みんなが憧れるクリエイティヴィティが白組にはあるんだなあと思います。

山崎さんのすごいのは、自分で一から脚本を書くところですよね。僕も脚本直しはしますけどライターではないので、「オレ、脚本を書いています、監督もやっています」と言える山崎さんはすごいなと思います。白組としてはそういう人にどんどん大きくなっていってもらわないと、と思います。もちろん「脚本を書くだけの人」というような特定職能のスペシャリストも白組にはいていいと思います。

――そうすれば著作権もちゃんと白組に帰属しますね。

そうなんです。例えばマンガ家とかね！（笑）マンガ家がいてもいいんじゃないかなと思うんですよ。「マンガ家デビューみんなでしようぜ！」みたいなことをみんなで言い合いました。「一、二話おれ書くから、三、四話はおまえ書けよ！　詰まったらおれが背景手伝うから！」みたいな感じで（笑）。あと僕の部下でイラストの上手い子がいて、「おれが話を考えるから、マンガ描かない？」みたいなことも冗談で言い合ったりしていましたね。やはり原作を持っているとそれだけで財産なので、そういう動きを柔軟に広げていかないといけないないなと思いますね。

――ＶＦＸやＣＧだけではなくて、ＩＰ獲得の視点ならばそんな人材もいていいんじゃないかと思いますね。

新規コンテンツ事業部で製作した『えとたま』（二〇一五）は、自分たちでマンガ原作から始めて、原作を作ったんです。ああいう動きは本当にすごいなと思いますね。話を考える人や、マンガを描く人って、最初はクレジットに出せないとは思うんですよ。でもいずれ寛容にそれができるような会社にしていきたいなとか、映画とかドラマとかゲームもそうですけれど、既存のメディアに捉われなくてもいいんじゃないかな、と考えています。

電子書籍だけで配信しているようなマンガ原作もあります。既存のルールに縛られない世の中になっているのに、既存のメディアに縛られているからできないことってすごく多いと思うんです。遊び心のある寛容な開発をして、一見、成果が小さかったとしても攻め続ければいずれは大きな流れになると考えています。

――小学館の基本戦略と同じですね。『コロコロコミック』（一九七七刊行の小学館の児童向け月刊誌）の連載マンガで子どもたちが面白いと言ったものをアニメ化し、マーチャンダイジングするという段階的な拡張戦略を採っているわけです。山崎監督に大作で稼いでもらい、副社長にはＣＭを回してもらい、岩本さんとしてはオリジナルＩＰを作ると（笑）。

やってみたいですよね（笑）。

――これからコンテンツ業界を目指す人材に向けてメッセージはありますか？

好きなことをした方がいいとやっぱり思うんです。好きなことじゃないとがんばれないことってたくさんあるんです。仕事ってがんばってやった方が絶対にいい結果につながりますから。好きなことしかがんばれないというと「ダメ人間」みたいですけども、僕自身はそんな人間でした（笑）。今の若い世代は、学校という教育的な要因によって、好きなことに没頭する行為自体が妨げられやすい。将来の展望のためにも、なにかを見つけるためにも存分に好きなことをやるべきだと思いますね。

――山崎さんも八木さんもそう話していました。正しいと思います。

僕は授業中にプラモデル作っているような奴でしたよ（笑）。主にパーツのパーティングラインを消す作業をしていました（笑）。

富野由悠季、高橋良輔に洗礼を受けたという岩本晶は、テレビシリーズの力を信じている。一週間に一度の三〇分という尺が約一年間繰り返されるそのシリーズ構成には、映画では伝えることのできないカタルシスと啓蒙力がある。

唐突だが、ヒーロー作品には悪の組織が登場する。世の賢明な方々はご存知だが、『仮面ライダー』におけるショッカーや『サイボーグ009』におけるブラックゴースト団などという悪の組織は、別に空想の産物ではない。実際にテロ組織は存在するし、軍産複合体や傭兵企業、あるいはM&Aでリストラを行い雇用不安を生む組織は合法的に存在している。怪人ではないが、背広を着たショッカーはいるわけである。しかし日夜、人知れず闘い続ける正義の味方はいない。

かつて川内康範が『月光仮面』を生んだ時に、安定しない戦後の時代に正義や道徳、愛を作品で描き、子どもたちに伝えようとした。「キミたちも大人になったら世界の平和を守ろう」と説いたのだ。通年もののヒーロー作品には、そのように教育上とても大事な規範や人間性、情緒というものを描くべき義務があるのである。その結果、幼いころにヒーロー作品を観て、警察官などを目指す人たちが出てくる。

岩本はそのことを強く意識している。「家族でコンテンツを観られるように」と語る彼は、観る者全員で感動を共有し、想い出を作っていきたいと考えているようだ。画と物語というコンテンツとしての全体のバランスを見ながら、一年という長い距離を走り続ける体力は、そのような彼らしい義務感と思いやりにあふれている。彼のやり甲斐はそこにある。

白組の魅力は先鋭的な映像技術と思われがちだが、決してそうではない。山崎や八木も同じであるが、「人を描く」という作家としてもっとも重要な要素を技術の他に兼ね備えているからこそ、白組クリエイターは高く評価されるのである。

早く、もう一度、岩本の描くヒーローを観たい――切にそう願う。

第三章　白組への期待

阿部秀司　必然としての邂逅

阿部秀司（あべ・しゅうじ）

現・阿部秀司事務所、前・ROBOT代表取締役社長。

広告代理店・第一企画（現・アサツー ディ・ケイ）から独立後、企画制作プロダクションROBOTを設立。一九九三年より映画プロデュースを開始。

岩井俊二、本広克行、森淳一、羽住英一郎、小泉徳宏らの映画デビュー作を担当する。民放キー局との連携を主として、多数のヒット作品を世に送り出している。

二〇一五年、『STAND BY ME ドラえもん』で、第三四回藤本賞を受賞。過去三回の藤本賞受賞者は歴代で初である。

現在は阿部秀司事務所社長として映画プロデュース事業に注力している。

出会い

――白組との出会いや、プロジェクト・企画に関わり始めたのはいつごろからだったのでしょうか？　また、山崎監督との出会いや作品制作に至るまでの経緯もお話しください。

僕は四〇年ほど前に第一企画〔一九九九年、旭通信社と合併してアサツー・ディ・ケイとなる〕という広告代理店のＣＭの制作部門に所属していました。島村社長との出会いはそのころからですね。

――島村社長はすでにベテランでいらしたんですよね。

もう大先輩ですよ。ＣＧなんてまだない当時、ＣＭでのアニメーションやタイトルのオプチカル合成の技術が、業界内でも白組が群を抜いていた時期でした。たまたま上司が島村社長の知り合いで、僕もそれが刷り込まれていて「タイトルやオプチカルといえば白組」という認識でしたね。当時は業界内に白組と競合する会社もあったんですが、白組はどっしりと土着している感じがあって、いつも迷いつつも、やっぱり白組と一緒に仕事をする機会が多かったんです。直接、島村社長御大とも打ち合わせしたりしていました。

覚えているのは『スーパーマン』〔一九七八〕という作品があって、あの時のタイトルがスリットスキャンという方式が採られていてすごく魅力的だったんですよ。ある企画で「これをＣＭで使いたい」と島村社長がおっしゃって、見事にその難しいスリットスキャンを成功させたんですね。そういうチャレンジという面でもすごく信頼に足る会社でした。それから僕が代理店を辞めるまで、ずっとアニメの仕事を依頼していました。

――阿部さんが代理店をお辞めになったのはいくつの時ですか？

三六歳の時です。その時に独立してＲＯＢＯＴ（一九八六年設立）を作りました。ちょうど会社を辞めるか、辞めないかあたりからＣＧで制作し出していましたね。白組も相当早く着手していたと思います。調布スタジオのモーションコントロールシステムも相当早く導入していたりしていました。調布スタジオができたのも三〇年も前ですよね。

――ＲＯＢＯＴ自体もＣＧ制作などのインフラは内製化されている会社だと思うのですが、ＲＯＢＯＴ立ち上げ以降も引き続きアニメーションやＣＧの白組への外注は続けられていたんですか？

そうですね。調布や三茶にあれだけの内製ラインを持っている白組は、やはり頼もしいですから。

実写ではジブリに勝ちたい

――その調布スタジオが立ち上がったころに山崎監督はアルバイトのような立場で入られたそうですが、阿部さんはそのころからのお付き合いだったのですか？

彼と出会ったのは『ジュブナイル』（二〇〇〇）をやる二年前ぐらい前だったので、一九九八年ごろです。

――どんな出会いでしたか？

その時のことはよく覚えています。当時のＲＯＢＯＴは広告制作の他に「世の中にモードな映画を作っている制作会社」ということは知れ渡っている時代でした。そのころに社長室に電話がかかってきたんです。人生で明確に覚えている場面がいくつかありますが、その出来事は本当にはっきり覚えています。
電話は島村社長からで、「うちに面白いやつがいるんだ。そいつがシナリオを書いてそれを映画にしたいんだが、うまくいかない。シナリオだけでも読んでもらえないか」との話でした。島村社長がそれを覚えているかどうかは知りませんけど、続けて、「アニメではジブリに敵わないけれども、実写ではなんとか勝ちたい」っておっしゃっていたのが印象的でした。

――島村社長が、『白蛇伝』（一九五八）当時の東映動画（現東映アニメーション）にはマンガ家くずれの動画マンがたくさんいて、「彼らは人間を描画するのが本当に上手いんだ。僕は人間を描いても彼らに敵わないので、タイトルデザインの方の腕を磨いた」と話されていました。そのころから、映画を撮ることに想いが募っていったのかもしれないですね。

そうかもしれないです。二、三億円の予算感の企画だという話だったので、とりあえず「監督本人に会ってみよう」と思いました。それでやって来たのが山崎監督です。持ち込んできたのは『鵺／NUE』という作品で、シナリオとCGで作ったピクトリアルボードを見て、「これはすごいな！」と思ったんです。彼はとても素朴に見えたんですが、実はいろいろな現場を回っていたこともあり、異常にクリエイティヴで、百戦錬磨なクリエイターだったんです。
ただ当時、僕自身が映画を作る上で必要なキャリアをまだ積みきれていない立場ではありました。それでも、「これで本当に勝負するんだったら、二、三億円の予算では失敗する」とアドバイスをしたら、時間を空けずに次に持ってきたのが『ジュブナイル』のシナリオだったんです。これがまた面白くて、「この作品を撮って、ホップ・ステップ・ジャンプと、ジャンプで、いずれ『鵺／NUE』をやろう」と話を進めることにしました。

タイミングがよかったのは、その時、ROBOTにヒット映画のキャリアやステータス、勢いがあったことでしょうか。「これをなんとか映画化したい」と、直接、映画会社に行って相談をしたんです。さらに、テレビ局や出版社に相談したり、ビデオグラム会社や広告代理店などにもすぐに回りました。そうしたらみんな応援してくれたんですね。

本来、新人に不用意に撮らせることなど決してしない業界ですが、なぜか企画が通った！　あの時にどんな力学が働いたのかは本当にわからない……、今でも疑問なのですが、夏休み興行での公開が決まりました。

——東京のムーブオーバー（続映）をアート系単館でやっていたんですよね（笑）。当時のビデオグラムの担当も熱にうなされたように「本当にいいんです！」と言ってて、私も宣材グッズをたくさんもらえました（笑）。

大昔ならいざ知らず、当時はＳＦ系の作品でヒットした試しもないので、その点に対しては僕も非常に懐疑的だったのです。ところがヒットしてくれました。確かに企画自体の勢いもありましたが、なによりも作品力が評価されたのだと思います。製作委員会の組成も早くこぎ着けられていましたから。

——しかも新人監督が撮るには決して安くない予算です。

そうですね。四、五億円の製作費は、いま考えても破格ですからね。当時は「もっと増やさなくては！」という意識の方が大きかったんですが、今考えたらその額で落ち着かせてよかった。「興行的に成功した」という印象を業界に残すことができました。

――当時は邦画の興行本数も少ないですしね。現在の興行界では逆にテレビ局製邦画頼りと言われているくらいです。テレビ局製映画はテレビ番組みたいに連発公開してくれますからね。前・後篇パターンの作品もずいぶんと増えました。

増えましたよねー。ほとんど毎日試写状が送られてきます（笑）。

――いまだにネットに残っている『ジュブナイル』の宣伝回りのサイトを見ると、ていねいで懸命な作業など、その熱の入れように驚かされます。内容的には『ジュブナイル』は楽曲とスポットＣＭ、ローソンの前でのシーンや青空など、忘れられないシズル感のあるシーンをいっぱい撮られていましたよね。

そうですね、山崎監督の一番の特色というのが、いわゆる「日本映画にないトーン」というのを自分モードで作り出したことですよね。その画にはメジャー感も漂っている。初監督ということだけあって編集も相当苦労していました。

新しいもの

――ＲＯＢＯＴは岩井俊二監督や本広克行監督、羽住英一郎監督、最近では小泉徳宏監督のプロデュースもされています。阿部さん自身、伝統的な球の投げ方をする監督よりも新しい作家に投げさせることを好まれているのですか？

というより、自分自身もＲＯＢＯＴも、新しい部類のプロデューサー、プロダクションだからでしょうか。それまでCM製作をずっとやってきて、「映像制作に関してCMと映画の差ってどういうこと」という素朴な疑問から邦画業界に入っているんです。結果論かもしれませんが、岩井監督も本広監督も山崎監督も初めての試みだったので、「従来の映画にとらわれない」発想と作品ができたんだと思います。岩井俊二監督はアーティストであり、映画で自己表現をする天才です。本広克行監督は非常にバランスの取れた、芸術性にも長けた表現を大事にする監督ですね。山崎監督は常に観客目線であり、常に「どのようにすれば興行収入が上がるか」ということを考えている。その点でも、ものすごくビジネス的にありがたいパートナーです。

――プロデューサー視点でインタビューした時、ビジネスについて今までの人生でもっともストレスのない監督でした。製作費の面を最初に気にしてくれる点であるとか。

そうですよね。それがいいのか悪いのかはわかりませんが、日本アカデミー賞を何本も受賞していることを考えると、興行という考え方の上ではきわめて正しい。もともと映画というのは「芸術なのか商品なのか」という話によくなります。当初、評論家のなかには「ROBOTの作っている作品は映画じゃない、テレビの延長だ」と言う人もいました。でも本のジャンルで例えると、「小説には大衆小説もあれば純文学小説もある。どちらも小説じゃないか」と思うんです。芥川賞を取っていないからといって小説でないわけではない。それはそれで映画なんだと思うし、多くの人に喜んでもらったということはいいことだと思うんです。僕も、山崎監督も極上のエンタテインメントを目指しています。

監督とプロデューサーの関係性

――山崎監督は『ALWAYS　三丁目の夕日』（二〇〇五）ではすごく我慢して撮ったと話していました。

『ジュブナイル』が成功してその次に作ったのが『リターナー』（二〇〇二）でした。最近はリスクの少ない原作ものやコミックの映画化が多いのですが、二作品ともオリジナルでありながら興行的にも好結果が得られ、『リターナー2』を開発することになりました。僕が『ALWAYS　三丁目の夕日』の企画を提案したのはそんな時です。『リターナー2』の開発が思うように進まなかったことも幸運でしたね（笑）。『ジュブナイル』『リターナー』の成功は当初考えていたホップ・ステップに当たりますが、SF映画が三作品も連続すると「山崎監督はそういう監督なんだ」と、ジャンルと印象を勝手に決めつけられてしまうのではないかなと心配になりました。ジャンプするには、SFではないジャンルに挑戦する必要があるのではないかと考えたわけです。

平成が始まったころから、密かな昭和ブームは始まっていたんです。新横浜のラーメン博物館は一九九三年に誕生していますし、東京のお台場には台場三丁目商店街など、昭和三〇年代を意識した施設が人気を集めていました。大分県の豊後高田はレトロな町づくりで全国から観光客を集客していました。ところが、センターにあるべき「昭和」をテーマにした映画はなかったんです。マーケットは確実にあると思いました。

ところがその企画の提案をした時に山崎は渋った（笑）。僕は「SF作品を続けて三本も撮ったら、お

まえはSFしか撮れない監督だと世の中に認識されてしまう。その認識が広まるのは監督としてまずい」と言って、ジェームス・キャメロン監督の成功例を挙げました。彼は『ターミネーター』（一九八四）の他にも『タイタニック』（一九九七）を撮っています。つまりクリエイターって、SFを作るに際しては、考えを凝らしてエイリアンやUFOを作る。一方『タイタニック』のような歴史ものであれば、昔に実在した建造物や豪華客船を描くことに注力できる。それがクリエイターなんだから、そういうタイプの作品に挑戦してみてもいいんだと彼に概要を説明したんです。「VFXを駆使し〝昭和世界〟の再現、名作の映像化に挑戦しよう！」と。

ところが山崎は、「僕の出身は松本で盆地だから、夕陽が見えないんです。夕陽を知らないんじゃ無理です」とか、「僕は昭和三九年生まれだから、昭和三三、四年のことなんてわからない」とか、「松本では江戸時代まで竪穴式住居で暮らしていた人もいたくらいだから」とか、ネガティブなことを次から次に言い出して、企画に触れもしなかった（笑）。最後には「オレだっておまえのこと考えて、ヒットすると思うから提案してんだ。個人的な理由でやりたいって言ってんじゃないよ。こんなにいい原作と企画なんだぞ、よく読め！」とか怒鳴ったんだっけな（笑）。

――山崎監督が大変だったのは、阿部さんと話して最終的に作品をやると決めたあと、調布のスタジオに帰ってチームを同じように説得したら、モチベーションを喚起させるのが本当に大変だったと言っていましたね。みんな困惑してたって（笑）。

ああ、わかるわかる。今ならみんな喜んでやりますよ。あの作品があるから、山崎もチームも、『永遠の０』（二〇一三）や『海賊と呼ばれた男』（二〇一六）にまでつながっているんですよ。あの作品をそうやってみんなで愛してがんばっていけて、山崎にも白組にも僕にも本当によかった。原作と企画に感謝です。

――確かに作品には撮る順番ってありますよね。ところが監督はそれに気付かないし、業界には「撮れる時に撮っておけ」なんていうことわざもある。

順番が正しかったんだと思います。山崎監督はこの作品をシリーズで三本も撮ることになるわけですよ。

――阿部さんは山崎監督にどんなふうにアドバイスされるんですか？

最近はアドバイスすることより、されることの方が多いですよ（笑）。今や大監督ですから。

――山崎監督は「やっぱり阿部さんのいうことは聞かないとなあ」って言ってました（笑）。

監督って、テーマや原作を好きすぎると見えなくなるものがあるんですね。だからプロデューサーが言わなきゃいけないこともあります。監督デビューして一八年。山崎はすごく成長しましたね。一〇〇％で例えたら、僕は一〇五％くらいの成長だけど、彼はいろんな面で三〇〇〜四〇〇％も成長しています。僕もいろいろな現場を見てきたけど、山崎の現場ほどアットホームでピリピリしない、仲がよくてチームワークがとれている現場はないですよ。

――CG作品の時にご一緒される八木竜一監督も温厚な監督ですよね。

そう、山崎的。山崎人選（笑）。

興行と配給

――マーケティングの話です。『ジュブナイル』も『リターナー』も、ポスターのティザー感やビジュアルはすごかったですね。なに一つ間違えていないというか、真ん中に売るべきものをしっかり置いてきている印象を受けました。

見事なものでした。『ジュブナイル』も『リターナー』も『ALWAYS　三丁目の夕日』も日本の映画のポスターを変えたと言われているくらいです。

――『ALWAYS　三丁目の夕日』のポスタービジュアルも素晴らしかったですよね。常識的にはあんな深いオレンジ色は配給各社はメインビジュアルには避けますよ（配給各社には、当たらないとして避ける色使いやテーマがある）。

僕のなかでは制作の最初からポスターイメージは決まっていて、『マイ・フェア・レディ』（一九六四）の北米版ポスターのようなイメージを思い浮かべていました。真ん中に主演のオードリー・ヘップバーンがいて、映画のカットがポスターの各所に散りばめられていて、タイトルがあるという体《てい》のポスターです。

『ALWAYS　三丁目の夕日』はそのイメージを落とし込んだようなポスターです。

――では作品規模というか、配給規模の話です。山崎監督は『ジュブナイル』や『リターナー』はみんなほめてくれるし、阿部さんも喜んでくれているんだけれども、『ALWAYS　三丁目の夕日』と比べて微妙に点数の低い作品だったというようなことを話していました。

それは興行収入のことですね。一本目、二本目ですし、ヒットしたけど、超大勝ちしていないということかな。山崎は「リクープ（採算が取れた）程度じゃ勝ちじゃない」と考えてるんです。「おまえ、ビギナーでそんなデカいこと言える立場じゃないだろ！」と思いますけどね。意気やよし、というところですか。

――「山崎作品は興行勝率高いですよ」と私が述べた際、確かに山崎さんは「全国公開という土俵なんで、ずっと作品を作り続けるにはもっとちゃんと勝たなければダメなんです」と話されていましたね。

負けない興行収入を叩き出していれば、必ず次につながります。僕もだったんですが、あのころはヒットのさせ方もわからなかった。当時、一本目、二本目が業界内でどのような評価を受けていたかってことは、今これだけ撮れていることでも十分わかるわけです。

――山崎監督は「マーケティングします」「宣伝をやります」といった際にも全面的に協力してくれる監督ですね。

全身全霊で協力しますね。いやとは言わないです。それに変な民主主義ですけど、「プロデューサー三人のうち、二人がそっちがいいと言ったら、多い方に従う」と普段から語っています。宣伝にも自意識を出しすぎなくて、宣伝スタッフとの信頼関係のうえで取材や告知、それに商品化なんかのマーチャンダイジングを最大化していくタイプですね。公開までのスピード感もよくわかっている。映画ってあっという間に宣伝期間がなくなるから、自分がなにかを話すことで宣伝のうちなにか一つでもできなくならないように気を遣うというか、遅らせることを絶対に避けていますね。

CG映画と原作企画・オリジナル企画

――『STAND BY ME　ドラえもん』（二〇一四）はどのような経緯で製作されたのでしょうか？　最初、『friends　もののけ島のナキ』（二〇一一年）の共同監督って宣伝上の便宜的なもので、あのようなフル3DCGの企画って本人はもうやらないと思ってました。

『STAND BY ME　ドラえもん』はもともとアニメの製作元から「実写で『ドラえもん』はできないものか？」と相談を受けたのが始まりでしたね。原作エピソードのなかに「のび太の結婚前夜」という作品があって、そのエピソードを中心に実写で物語を作りたいという話でした。

ただ僕のなかでは、「実写版ドラえもん」を作るとなった時に、まったくイメージを描けなかったんです。登場人物がいるなかにCGで出来たドラえもんがいるわけですよ。その映像がどう考えても思い浮かばなかった。だったら、すべてフルCGで描いてPIXARの『トイストーリー』（一九九五）のようにできないかとなりました。企画を進めるうちにアニメ版に近い形に落ち着きましたね。

――作品は大ヒットして第三四回藤本賞を受賞するまでに至りました。

藤本賞本賞が二度、特別賞が一度ですが。

――トリプル⁉

都合三回です（笑）。

――山崎監督はオリジナル企画からスタートして原作企画もやるという柔軟さがあるのですが、これを阿部さんはどのようにお考えですか？

先ほど話したようにクリエイティヴィティを刺激する素晴らしい原作もたくさんあるし、オリジナルも増えていってほしいですね。アメリカの映像作品を観ていて思うのが、オリジナルのいい作品もいっぱいあるんですよ。ＣＧが多用されたハリウッドサイズの映画を量産し続けることは日本のマーケットサイズでは難しいんですが、なかには低予算で製作して作品の中身や文化性で勝負している作品もハリウッドにはあると思うんです。

山崎に限らず、若手を擁するそうした作品を日本でも作れないかなと思いますね。企画自体が原作映像化に依存しすぎるよりも、原作ものもやってバランスよくオリジナルもやる、くらいがいいですね。そこに市場はあるはずなんですけどね。だって僕たちは観たいんですもん。僕たちプロデューサーが面白いと思える最初の客であるわけですし、他のプロデューサーも同じだと思います。

プロデュースという視点、白組への戦略と期待

――最前線のプロデューサーとしての阿部さんが考える、プロデューサーの事業責任はこうあるべきだとか、ここを白組は強化すべきだというようなことはありますか？

僕は製作プロデューサーではなく、ずっと作品の〝組み立てプロデューサー〟をやってきたので、アドバイスできるような立場ではないしスキルもないです。プロデューサーってタレントやキャラクター的な面も大きいんですよ。プロデューサーを一人養成するにあたって、「僕みたいになれ」というのはおかしい話ですしね（笑）。

――外部からのさまざまなニーズに応えるために社内でさまざまなタイプのラインを持つ白組は、そこに従事するクリエイターをものすごく大事にするし、貴重な人材として評価もしています。現在の白組は、自社作品を作って自社IPを創生することに努めるなど、会社としての次のステージに上がろうとしているところだと思います。そこで、映画という出力先を考えると、阿部さんのようなプロデューサーを内部で抱えるという戦略も必要かもしれないし、映画産業以外も睨みながらクリエイターを育てようというような新しい人材戦略、経営戦略が必要なのかもしれません。

「白組には圧倒的なクリエイターがいる」という事実が最大の経営資源ですから、あとはやっぱりプロデューサーがコンテンツをどう作るか、どう売るかという話になると思います。ということはやっぱり白組独自の、かつ現場視点ではなく事業全体視点を持てるプロデューサーが必要ということでしょうか。最近は渋谷紀世子さんがプロデューサーをしたりと、白組もその点を施策として意識しているはずです。

現在、山崎は調布スタジオでの案件しか扱っていないし、僕もあくまで調布スタジオ案件の外部プロデューサーという立場ですけど、白組には全社プロジェクト的なムーヴメントも必要かもしれませんね。

――調布スタジオはきわめて練度の高い、メンテナンスされた調整力の高いいいチームですね。

そう、本当に素晴らしい。よく行きますが、一人ひとり顔も見れますし。一時前はROBOTより白組のスタッフの顔の方をよく見ていたくらい（笑）。もはや家族みたいで他人事《ひとごと》じゃないんで心配になるんですよね、白組のこと。

――阿部さんは今後も山崎組と調布スタジオとはお付き合いを続けていくわけですね。

これからも僕自身のラインナップでも二本に一本は山崎監督とやりますし、彼がいるから僕もいるという現実もあります。

――今後、新しい監督の発掘や育成は考えられていくのですか？

考えていないわけではないですね。ただそこまで手が回るかなあというのが心境です。しかし、周囲に新しい監督は徐々に生まれてきてはいます。

――山崎監督はある作品のトレーラーを観て、「もうＶＦＸに関する仕事が自分に来なくなるんじゃないか」と、三日間布団に潜り込んだこともあったそうです（笑）。

山崎に仕事が来なくなることなんかないですよ。彼はやはり「ファンタジーをどう描くか」という点を注視して考えるのが大好きなんですよ。そこが生き甲斐なのは間違いないですね。

――『ALWAYS　三丁目の夕日』もファンの続編希望の声は大きいでしょうから、いつか新作をという話になるんじゃないですか？

ずっとその話はありますし、次の話は大阪万博（一九七〇）だ言われていましたけれども、本当に難しいんです。『三丁目の夕日』の世界に高校生になったキャラクターたちを登場させることはどうなんだろうかとか。山崎的にはその後の構想はいくつかあったみたいなんですけどね。

――山崎監督の脚本の構成能力はとびきり高いです。

構成能力が高いうえに、書いてくるスピードも速い。ダメな箇所を指摘してもすぐに直ってきます。

——山崎監督ならディズニーのような世界配給の作品も撮れそうですよね。

そのうちね。どうなんだろう……僕自身はもう齢なので（笑）。

——いえいえ、阿部秀司事務所のサイトに「余禄の人生を楽しむために映画に専念します」と書かれています。

便宜的にそう言ってはいますけどねえ（笑）。

映画業界へ、新しい世代へ

——実はコンテンツ産業を目指す人材の絶対数がずいぶんと減っています。白組やコンテンツに参入しようとする次の世代に対してなにか言いたいことはありますか？

減ってますよね！　大丈夫なのかなと心配です。現実に目覚めれば目覚めるほど、映画の業界なんて行かないですからね。ほんわかとした夢として「映画をやりたい」という人はいるけれども、本当に映画業界の現実を考えたり、自身の人生を考えると、「やらない方がいい」となる。映画はすそ野を広く産業化していくシステムがまだまだ脆弱なんですね。決心して入ってきても、齢を重ねて人生や生活を考えると「安定しない」「手元に残るものも少ない」ってなっちゃうんですよね。「好きだからやっています」というのも若い間しかできない。しかも罠や落とし穴もある。

問題点として挙げられるのは、プロデューサーなどの上部の職制は安定していても、現場の業者やスタッフの今後の育成のことに、僕たち自身も対応しきれていないという点です。現場のスタッフもショットで、監督なんかだれでもなれると言えばなれちゃう分、「現場で働きたい」と思う人間は減りますよね。業界全体でもって全体的に潤わせていきたいなあ。

――一方でデジタル機器が安くなったおかげで、学生も自分で撮って編集ができちゃうレベルまで行っていて、そこで「撮って満足」してしまっているのが今の若い世代の現状です。

みんな、どこに就職したいんだろう。確かに公務員とかは少しうらやましい気はしますけれども（笑）。困ったなあ。成り手が育っていないね。

――阿部さんのプロデューサーとしての成功例は、ＣＭ業界からキャリアをスタートされた稀有な事例だと思うのですが、今後プロデューサー育成のようなことは考えておられるのですか？

確かにそうなんです。ただ自分のなかで、まだプロデューサー論を語れるほど整理ができていない。僕のやり方をだれかに教えたところで、そのとおりになるはずもない。僕が映画業界に参入したのは一九九三年です。奇《く》しくもその時期は、日本映画の興行収入は振るっていない状況にあって、「将来がない」とまで言われていた時期でした。周りからは「そんなことやってどうするんですか」という雰囲気を出されていました。実際、当時の自分もどうしたらいいか全然わからなかったんです。

ただ、僕自身が自分の会社をどうやったらブランド化できるかという一点に注視していたので、「だからこそやるんじゃないの？」くらいの気持ちはありました。「映画をヒットさせればブランドが出来上がる」とビジョンを浮かべて事業に臨んだんです。そのために徐々に有名になる作品よりは、ポーンと有名になる作品を二年間くらいかけて探していましたね。

――本当に当時は洋画一辺倒な時代ですよね。かろうじてVシネマのような作品で映画を作るシステムは残ってはいましたけれど、作っていても周囲からはバカにされましたよね。その後二〇〇〇年代になって、阿部さんが作られたような良作もどんどん生まれてきて「邦画に投資してみようかな」という流れになりました。

日本の場合は、世界が市場のハリウッド作品とはマーケットサイズがちがうから、投資金額も全然ちがうんですけどね（笑）。

白組にとってもっとも心強く、そしてもっとも長いパートナーの歴史を持つのが阿部である。同じ映像制作業界といえど、彼の元々の出自は広告業界である。しかしそれは白組にも同じようなことが言える。島村の出身母体は映画会社東映のグループであっても、その主戦場は広告映像――CMだったのだ。

〝ドラマ〟というコンテンツ（物語となるコンテンツという意味だ）で考えた場合、映像業界には大きく三段のヒエラルキーが存在する。一番上が言うまでもなく映画であり、次が日々量産されるドラマ番組を持つテレビ、そして底辺がドラマ表現を行うには困難な尺しか持ちえないCMである。ところが、これが制作費のサイズで並べ替えると真逆になる。映像業界中もっとも贅沢な機材と制作体制を編成できるのはCM業界なのだ。

つまり白組の先進的な映像表現は、CMという資本的な土壌があってこそ育ってきたとしても過言ではない。そして彼らCM産業の人々は、映像の先端であるハリウッドの技法を豊富な制作費をもって常に追い続けていた（そしてそれはCG技術を用いて追い越したと述べてもいい）。阿部と白組とは、そのCMの豊富な資本を駆使してハリウッドを追い続けてきた風土における同胞なのである。そこに共生してきたという強固な絆と信頼がある。

本項中の阿部の言にもあるように、だからこそ島村は阿部に山崎を紹介した。白組にとって映画業界に満を持して参入するための最大の武器である山崎を、同様の目的を持つ阿部へ託したのだ。両者にとってまさにそれは、邂逅といえるほどの出来事だった。

　山崎は「阿部さんの言うことは聞かないといけない」と語る。自身の最大の武器であるクリエイティヴィティが宿命的に背負う、「好きなモノには目が曇る」という弱点を唯一、阿部だけが横車を押しうる存在だと知っているからだ。その信頼は絶大である。

　阿部は阿部で多くの新人クリエイターを育ててきたなかで、「後半生のうち半分は山崎と撮り続ける」と断言する。これもクリエイターの甘言に翻弄され続けるプロデューサーとしてはなかなか発言することのできない、大きな信頼に満ちた言だ。また同時に「山崎のような、人の話をきちんと聞く監督はいない」とも阿部は語る。

　資本的条件を作品に反映させるのは、プログラム・ピクチャーに従事する者の最大の責務であることを阿部は自認しているのだ。プログラム・ピクチャーにおける阿部の独立系プロデューサーとしての実力は、現在の邦画界において間違いなくトップ・ワンである。三度もの藤本賞の受賞は、おそらく史上初の快挙であることからもそれを知ることができる（しかもそれは今後も続くだろう）。

　ＣＭ時代から「映画を撮る」と言い続けていたという、その強く大きな情熱を受け止めるクリエイティヴィティを、阿部はずっと探し続けてきたはずだ。「自分の目指す企画を共に作品として形作るクリエイター」を。彼の新人クリエイターに対する目利きの力はそこから生まれている。

　山崎のみならず岩井俊二や本広克行、羽住英一郎ら、邦画界のニューカマーたちはいずれも阿部のプロデュースを受けている。「偉大なるキング・メーカー」とでも呼びたくなるほどのプロデュース力である。この「クリエイティヴィティを映画という形にする」という大きなプラグ機能を、白組は山崎と共に阿部に信託しているのだ。

　白組は阿部の眼鏡にかなう、第二、第三の山崎を生み出していかなければならない。

沢辺伸政　フレンドリーだけどテコでも動かない

沢辺伸政（さわべ・のぶまさ）

小学館国際メディア事業局プロデューサー。一九六六年、福岡県出身。一九九一年、小学館入社。現在、主に小学館原作の映像化を担当。主な作品に『とっとこハム太郎』『きらりん☆レボリューション』、『ハヤテのごとく』、『ALWAYS　三丁目の夕日』シリーズ、『海猿』シリーズなど。

出会い

――白組との出会いはどういうことだったんでしょうか？

二〇〇〇年の『ジュブナイル』という山崎貴さんの第一回監督作品を、縁あって小学館もご一緒する機会がありまして、お会いしたのは一九九九年だと思います。

――企画書を提案いただいたわけですか？

山崎さんの初監督作品をプロデュースされたＲＯＢＯＴの阿部秀司さんが、東宝さんに行かれた際、「ファミリーターゲットの映画ということであれば小学館に声をかけたらどうか?」と東宝さんからアドバイスされたと記憶しています。そして阿部さんとフジテレビさんとが小学館に企画を持っていらして、話をおうかがいしました。

『ジュブナイル』は、ネットで話題となっていた〝ドラえもんの最終回〟という一般の方が創作された話にインスパイアされた形で山崎さんがシナリオを起こされて、映画を作るというものでした。長年出版社として『ドラえもん』に関わっている小学館として、『ドラえもん』の精神がベースに流れているならば、内容の面からも子どもたちを含めて楽しませる映画になるだろうと思いましたので、「ぜひご一緒します」となりました。

フジテレビさんとＲＯＢＯＴさんから紹介を受けて、山崎監督、島村社長とお会いし、初めて白組を知った次第です。お話をうかがいますと、伊丹十三監督作品ですとか、ＶＦＸの分野で有名な会社だとわかりました。その世界で辣腕を振るわれていた山崎監督が満を持して監督をされる作品なんだと、徐々に知っていったということです。

山崎さんが当時構想されていた、『鵺／NUE』のパイロット映像を拝見する機会がありました。「これ、とんでもないな」って感じました。山崎さんがこんな世界観の映像を作りたいっていうもののプロトタイプですが、「実現するには、おいくらくらいかかるんでしょう？」っていう話になったんですけどね（笑）。発想もすごい映像なんですけど、とにかく白組の力というか、山崎監督の技量にびっくりしました。「これを作れる人が白組にいて、この技術を持つ監督が第一回作品をやるんだ」と改めて感じたわけです。発想力がちがうんです。『ジュブナイル』の作品中でも〝滑らかな変形〟や、〝金属なのに滑り感〟がある表現とか、そういうところが独特ですよね。

――『ジュブナイル』は〝ドラえもんリスペクト〟の発想からですね。

著作権を管理をされている藤子プロさんにもご了解をいただいて進めることができました。

――『ジュブナイル』の夏公開は当初から決まっていたのでしょうか？

そもそも夏らしい作品なので、東宝さんや阿部さんは夏興行をイメージしていらしたと思います。

――小学館にとっては、『劇場版ポケットモンスター』という超看板作品と同じ時期の公開というのは支障はなかったんですか？

「夏休みのイベントとして映画館へ子どもたちを呼ぼう」という感覚がありました。「競合するからやめよう」とか「かぶらないようにずらす」という作業をすることはありますが、この時は「この作品同士であれば、子どもたちが映画館へ行く相乗効果になるはずだ」という発想でしたね。そこはこだわっていなかったような記憶があります。『ジュブナイル』本編にピカチュウがデザインされた中吊り広告を出したんですけど、そういうことですよね。

――相関マーケティングで相乗効果を狙ったんですね。

ＰＳ２（プレイステーション２）で子どもたちが遊ぶシーンがありましたけど、それは発売前のソニー・コンピュータエンタテインメント（現ソニー・インタラクティブエンタテインメント）さんに無理を言って、プロダクト・プレイスメントしていただきました。撮影の時にはまだ発売されていなかったんですけど、「ＰＳ２出すと面白いんじゃない？」って提案して、お借りした記憶があります。そのあたりのお手伝いも小学館としてできたかなと思っています。

すごくねえか、日本人って⁉

――『ALWAYS　三丁目の夕日』への参加の事情は？

阿部さんから「『三丁目の夕日』を映画にしたい」というお話をいただきました。最初は「なんの冗談だろう？」と思いましたね（笑）。〝映画〟ではないのではないか、と。阿部さん曰く「平成の世の中に昭和を残したいんだ。一番昭和を感じるのが昭和三〇年代であり、昭和三〇年代を描くには『三丁目の夕日』の世界観しかない」と、話してくれました。

「映画としては非常に地味な印象を受けますが、それでも、映画として作る意味はあるんですか？」とたずねたら、「昭和三三年には東京タワーが建ったんだ。東京タワーって造っている途中が全部見えてて、だんだんと下から積み上がって出来上がっていったんだ。映画を最初から最後まで観ていると、東京タワーが出来上がっていくんだぞ――」と阿部さんがおっしゃるから、「それは大きいスクリーンで観たい！」と私も思いましたね。直感的に、それはすごいと感じたわけです。

阿部さんはこうもおっしゃいました。「昭和二〇年に日本は戦争に負けて関東は焼け野原になった。だけど、たった一三年で日本人は世界一のテレビ塔を造ったんだよ。すごくねえか、日本人って！」。熱をこめてそう話す阿部さんの姿を今でも覚えています。「だから映画にしたいんだ」。

ただ、それでも半信半疑だったところ、「おれたちが作りたい映像はこれなんだ」と阿部さんがプロモーションフィルムを観せてくれたんです。――ノックアウトでした。ただただ「すげえ」としか言えず、「現在には存在しない世界をいったいどうやって作ったの？」っていう状態でした。ミニチュアもあればＣＧで作られているところも、「すべてどうやって作ったの？」としか思えなかったんです。決裁権を持っていた上司も、映画への参画を即決しました。阿部さんが想い描いているもの、山崎さんが想い描いているもの、それを具現化する白組の技術――それのすべてに対してノックアウトでしたね。

――山崎監督は、阿部さんから『三丁目の夕日』の話を初めて聞かされた時、自身が撮るべき企画かどうかを判断できなかったようで、阿部さんから「いい原作だし、山崎のためなんだから絶対にやった方がいい」と言われて、決心したと話されていました。やっているうちにチームの結束も高まり、結果的にはとてもしっかりした仕事となったようですね。

「最新のＶＦＸを使っているって、いったいどこに使ってるの⁉」としかみえない、眼前に本物の昭和三〇年代が広がっているかのような出来映えの映像で、原作のイメージにふさわしいし、本当に山崎さんらしい素晴らしい作品になったと思います。

原作者の想いと映画監督の想い

――『friends　もののけ島のナキ』（二〇一一）に参加された理由は？

公開の四年くらい前ですか、たまたま別件で阿部さんに呼ばれた時、社長室の隣の会議室に東宝の川村元気さんと山崎監督とＲＯＢＯＴの守屋圭一郎さんがいらして、もともと進めていた企画の中身が別の企画に変わっていく過程だったらしく、山崎さんが「名作児童文学の『泣いた赤鬼』でやりませんか？」と話していたところに合流してしまったという感じですね。

『泣いた赤鬼』っていろいろな出版社から出ていて、うちは小学館文庫で出していたんです。『泣いた赤鬼』ってだれもが知っている名作だし、この作品に山崎さんがどういうアレンジを入れて、どんな『泣いた赤鬼』にするのかってことで、とても興味を持ちました。

ただし著作権がある作品なので、権利の確認を含めて映像化権を契約しないといけないと思いました。原作者との権利関係の調整や許諾の申し入れは、私が担当しました。原作者、浜田廣介先生のお嬢様が著作権を管理されていましたが、プロデューサー全員で行って、脚本を読んでいただいて、われわれが描く『泣いた赤鬼』をイメージしてもらったんですね。そうしたら、「この脚本であれば進めてください」となりました。『ALWAYS　三丁目の夕日』もたいへん気に入られていたようで、「あの作品を作った方ならばお任せできる」ということでもあったようです。

これは、山崎さんが『泣いた赤鬼』を完全に理解していたことでもあると思います。作家の神髄というものは、とても深く広いわけです。名作として脈々と語り継がれている理由を理解する――私にとっても、とてもいい勉強になりました。

続編の難しさ

――『ALWAYS　続・三丁目の夕日』の際、原作者の西岸良平先生とはいかがだったのでしょう?

一作目を作る時に西岸先生は山崎監督や阿部さんに全幅の信頼を置いていらっしゃいました。いい作品が完成し、原作者も満足する素晴らしい一作目が出来、興収も三〇億を超えるとなれば、当然、二作目を作ろうということになります。それで二作目ではどういう話を作ろうかとなった時、一作目では昭和三三年を舞台にした〝夕日町三丁目の人々のキャラクター〟が存在感いっぱいに活躍し、観客に愛されたわけですから、阿部さんや山崎さんは彼らのその後を描きたいと考えていらっしゃいました。

つまり二作目は一作目の〝その後〟を描いたもので、スタッフで練りに練ったシナリオを作り上げ、さあ、西岸先生にご覧いただいて、となった時、先生は思わぬ反応を見せられたのです。

「このシナリオでは、いやだ」

阿部さん、山崎監督はじめ、スタッフ一同愕然としました。

実は西岸先生は、二作目がもし実現するのであれば、「一作目とはまったくちがう『三丁目』が観たかった」と思っていらっしゃったのです。なぜ前作のその後を描く内容にしたかったのかをご説明するため、プロデューサーなど製作関係者と担当編集者、そして私で先生の仕事場に慌てておうかがいしました。

そして、本当にドキドキでしたが――「はい、わかりました」という返事をいただけたんです！「自分は新しい『三丁目』が観たかったし、新しいキャスト、新しい別の舞台を観たかったんです。だけど映画を製作されているみなさんの『三丁目』への想いがあるようなので、そこはお任せします」とお話しくださいました。

――原作者への対応は人それぞれだと思います。沢辺さんは特に出版社という立場になりますけど、編集部という作家さんの直接の担当でないこともあり、気の遣い方は他の立場のプロデューサーとはちがってきますよね。

いまだ方程式もなにもないですし、原作の方々は十人十色ですし、映像化には出版社的には〝版元（出版社のこと）の事情〟のようなこともあるので、毎回毎回、失敗の連続です（笑）。私の部門は映像化のお手伝いをすることによって、原作をより世間に知ってもらい、読んでもらう――原作の価値を上げることを目指す部署なんです。原作者の思い描く映像が観客に受け容れられる場合もあるし、映画製作者のアレンジを受け容れて映像化した方が成功することもあるかもしれないし、そこに正解はないと思います。

ないとは思う一方で、出版社としては、原作者がいるからこそ「0から1」のものが生まれているわけです。それはどこまでも尊重しなければならないものだと思います。原作者の気持ちを守るのが出版社です。映像化することで原作者にプラスになることを目指すのが出版社。原作側と制作側とをいい関係に持っていく義務があるんです。いつもそうしたいと思っています。山崎作品はいつも最終的にいい映像化となって、いい原作として広く知られて、両者にいい結果になりますね。

『三丁目』は、三作目も西岸先生には快くご了承いただきました。

――四本目の企画とかは出ないものですか?

話はずっと出てますね。引き続き検討されているようです。

ナショナル・コンテンツへの挑戦

――原作元としておうかがいするのが、『STAND BY ME ドラえもん』（二〇一四）となると大原作が相手ですけど、この企画はどのくらい前から相談があったのでしょうか?

阿部さんとか八木さん、山崎さんとかとはいくどもお話しする機会がありました。『ジュブナイル』公開後、島村社長と山崎監督を藤子プロさんに紹介した時に、「いつかは『ドラえもん』をやりたいね」みたいな話があったんだと思います。

ただ、単なる実写化という話ではなく、『ドラえもん』が好きなことから発して、CGの技術力だったり、白組としての力をいかんなく発揮できる作品として、『ドラえもん』の3DCG化とはよくぞ思いつかれたと思いました。

――沢辺さんのところに企画が届いた時点では、実写ではなくもう３ＤＣＧだったんですね。

私が阿部さんと話した時には、すでにそんな感じでしたね。当初は実写企画で始まったことはうかがいました。

――脚本を書かれる時に、「ドラえもんはこういう感じだ」とか、「どんな内容にしようか」「僕はこう思うよ」というようなことがいくつかあったと思いますが、映画チームと藤子プロさんの連携はいかがでしたか？

八木さんと山崎さんが神経を使って情熱を注ぎ込み、試行錯誤し、キャラクターを作り、作られるたびに藤子プロさんと調整し、また作ってはまた持参してという工程をかなり繰り返されたと聞いています。そばにいる僕らには、ご苦労された素振りはお見せになられませんけどね。

――「八木さん＋山崎さん」という共同作業にはどのような印象をお持ちでしょうか？

作品の話をされている活き活きとした姿を見ていると、「モノ作りの人はすごいな」と感じました。『ドラえもん』に対するこだわりですとか、作られていくものや発想が、八木さんと山崎さんという心の底からクリエイターの方々によって、掛け算でふくらんでいくんです。

――山崎さんと八木さんのお二方に聞くと、「作っていてもストレスを感じない」ということだったんですね。いろんな事情があるなかで、先回りして考えているところがあるようで、そういう意味ではクリエイターとして付き合いやすい人たちなんではないかと思います。

すごくその印象はあります。ただ現場に入られた時に「テコでも動かない人だ」と表した人もいました。

モノを作る人は、人の話ばかり聞いて柔軟に対応すればいいってわけじゃないんです。それなのに、お二人ともそう見えないのがすごくて、完全に柔軟に見えますよね。すごく柔軟だけど結果、どこかで「自分を押し通している頑固者」なんですよ。柔軟に対応しているようで実はしていない。お二人にはそこに底知れぬすごみを感じます。

類い稀なる、素晴らしい方々にお会いできて本当によかったなと思います。

白組への期待

――今後も白組とお付き合いされていくと思いますが、今後、白組にはどうあってほしいとか白組に対する言葉があればお聞きしたいのですが。


それはもう、第二、第三、第四の山崎さん、八木さんにどんどん出てきていただきたい。小学館原作だけを映像化してくれる、白組小学館部を作ってほしいです（笑）。

そして、やはり白組というと島村社長ですね。あの独特の雰囲気。白組社内ではどう振る舞われているかは知る由もないんですが、映画製作委員会や現場でお会いした時の島村社長にはものすごい迫力があるんです。いろんな製作委員会で、島村社長が「これでいいのか⁉」ということをよく言われます。穏やかな語り口に重みがあるんですね。これは社長自らが「白組は、委員会内で、ちゃんとパフォーマンスができているのか?」ということを確認されているわけで、僕らは「島村社長がそう言っているんだからもっとやろうよ！」っていう雰囲気になるんですよ。白組というクリエーター集団のすごみは、この大ボスが率いているからだと感じます。

私は、島村社長のお願いであれば、微力ではありますが、全力でお応えします。現在も、そしてこれからも。

『ジュブナイル』の昔から、白組を見続けてきた企業に小学館がある。特に初期の山崎作品で、白組をしっかりと支えてきたといえる存在である。沢辺は小学館において『ドラえもん』をはじめとした映像コンテンツビジネスの構築者《ビルダー》であり、原作者との調整者《レギュレーター》である。

その作品における貢献度は絶大だ。原作を映像化する際、間に立つ役割を果たす出版社のプロデューサーは、多様な事情を抱える原作者（あるいはその遺族）の人格と向き合い、そしてその意思を制作スタッフに過不足なく伝え、作品に反映させる責任を負う。沢辺にはその能力に高い定評がある。

筆者も多くの作品の原作許諾の現場に立ち会ってきたが、出版社の窓口がなんのためにあるのかわからないケースが実に多かった。原作者不在の場で、窓口担当者が映画製作者側に実現不可能な表現や演出を強いることから始まり、窓口担当者が原作ではなく単にある俳優のファンであって、その俳優を起用したいと考えてキャスティングやスタッフィングに圧力をかけてきたこともあった。「先生の意向」を笠に着た担当の指示するとおり半年かけて脚本を作った挙句、ようやく原作者と話せる機会にたどり着いたら、「ひどい脚本」と言われてしまったなんてこともあった。決算時に「決算なので請求書をお願いします」と依頼すると「決算だとなんで請求書が必要なんですか？」と返されたり――と、さんざんだ。映像業界内で、「出版社の人間はビジネスに関する練度が低い」と揶揄されるゆえんである。

しかし沢辺には、そのようなアマチュアリズムは一切ない。常に作品の成立とヒットのためのマーケティングからブレることがない。ヒューマンワークである映像制作は人間関係が重要であるが、しかし水面下で静かに危機的問題が発生しがちなものである。彼はだれよりも早くそれに気付き、警告できる。そして、もっとも原作に近い位置に立ちながら、決して原作のみに利することなく、事業全体の幸福はなにかを追求できるプロデューサーなのだ。そのうえ常に、なにに対してもだれに対しても真摯でフラット。

島村もかねてより「沢辺氏には迷惑をかけられない。足を向けて寝られない」と気遣いを語る。山崎たち現場スタッフも「いつもの仲間」と言って憚らない。両者には表には決して出ることのない、けれどもかけがえのない強さの絆を感じさせられる。それはまた阿部とは異なる信頼感である。

さまざまな映像企業がパートナーとして求めることからも、彼の力量をうかがい知ることができる。小学館という国内最大のコンテンツ企業はこの画期にあって、明確に次世代への戦略へ舵を切り始めている。実は小学館だけはこの出版不況を「いつか訪れる現実」と見越し、小学館集英社プロダクションのような映像プロデュースや、ライセンス業務機能を五〇年近くも前から立ち上げており、映画会社や地上波、玩具メーカーとの連携によるコンテンツ価値の底上げと拡張を事業化してきた。書籍発のＩＰが会社を支える――その思想のなかにあって沢辺は今後、いかに白組と組んで小学館コンテンツの価値を上げていくのだろうか。

それでも今後も白組の心強い、はるか後方からの長距離支援者であることに変わりはないだろう。それが白組の最大の理解者、沢辺なのである。

川村元気　まったく変わらないでこのままでいてほしい

川村元気（かわむら・げんき）

一九七九年、神奈川県出身。映画プロデューサー、作家。主な作品に『電車男』（二〇〇五）、『デトロイト・メタル・シティ』（二〇〇八）、『告白』（二〇一〇）、『悪人』（二〇一〇）、『モテキ』（二〇一一）、『friends　もののけ島のナキ』（二〇一一）、『寄生獣』（二〇一四）、『バケモノの子』（二〇一五）、『バクマン。』（二〇一五）など。

出会い

——白組のプロジェクト・企画に関わり始めたのはいつごろからですか？

僕は『friends　もののけ島のナキ』（二〇一一）と『寄生獣』（二〇一四）、それから『寄生獣 完結編』（二〇一五）の三本をご一緒させていただいています。『電車男』（二〇〇五）を公開したあとに、白組の３ＤＣＧアニメーションの映画プロジェクトが始まったんです。その後、僕が『ALWAYS　三丁目の夕日』（二〇〇五）を観てすごく感動して、「白組のＣＧアニメだから山崎貴監督に入ってもらえないか？」と打診をしたことがきっかけです。

——白組ＣＧアニメの企画が川村さんの許《もと》にあって、そこへのジョイントを山崎監督に要請したと。

そうですね。ところが、それまでの企画と全然ちがう、『泣いた赤鬼』をベースにしたプロットを山崎さんが突然書いてきて、「こういうのをやりたいんだよ」と会議に持ち込んでこられたんです。でも、とても素晴らしくて、それで始まったプロジェクトが『friends　もののけ島のナキ』です。そこで山崎監督が「八木竜一ってすごい天才がいるから一緒にやりたい」と言って、八木監督も合流しました。二〇〇五、六年ごろの出来事です。公開したのが二〇一一年なので、実に五、六年がかりの大プロジェクトになりましたね。

——確かに『STAND BY ME　ドラえもん』の方が製作期間は短いですね。おそらく『friends　もののけ島のナキ』の時にいろいろと培ったノウハウや組成されたラインが、『ドラえもん』に活かされているんだと思います。

僕はピクサー・アニメーション・スタジオやブルースカイ・スタジオ〔一九八七年設立の米国のCGアニメーション制作会社。『アイス・エイジ』『ロボッツ』〕のCGアニメーションを観て、「同じ土俵で勝負する」ということよりも、「CG表現を使って伝統的な日本のアニメーション映画を作れないかな?」とずっと思っていたんです。

CGアニメーションのいい点とは、実写のノウハウも生かせる世界――つまり「画描きの力に最大限頼る」という従来のアニメではない世界――なので、プロデュースサイドが活躍して作品作りに寄与できる余地が大きい点だと思っているんです。セルアニメの現場って、どうしてもコンテを描く人と、原画を描く人、動画を描く人と、セクションごとにそれぞれが独立完結してしまうので、プロデュースが入りにくいなという印象がありました。「どうしたら内容にコミットできるんだろう?」と、プロデューサーとして関与の難しさを感じていたんです。

一方、実写アプローチと近い感覚で、CGでキャラクターを作り、ビデオコンテを作るところから作品を動かすことを可能にできるのは、間違いなく白組だろうなと思ったんです。『ALWAYS　三丁目の夕日』やそれまでの作品を観ると、白組はキャラクター・アニメーションやエンターテインメントといった方向から、人の感動に深く迫ることができていて、さらに山崎貴監督はCGを手段としてストーリー・テリングに使っているというか、CGを使うための作品というよりも、「ちゃんとCGを使って語りたい物語がある」と感じられたんです。

『friends　もののけ島のナキ』は興行収入が一五億円超のヒットになり、海外でも高い評価をいただけました。セットをミニチュアで作ったり、モーションキャプチャーと手付けを混ぜた処理などいろいろとテストした結果の成功で、白組作品として次の『STAND BY ME　ドラえもん』につながって、本当によかったなと思いましたね。

――八木竜一監督が同じように『ナキ』でいろいろな試行錯誤をして、短い時間で作品をよりよく仕上げるスキルが身についたのだと話していました。

八木監督と巡り合えたのは本当に幸運でした。山崎・八木コンビが『STAND BY ME　ドラえもん』をあれだけの大ヒット作に仕上げたということは必然だったとも思います。

性善説

――『寄生獣』（二〇一五）の企画は山崎さん発ですか？　川村さん発ですか？

『ナキ』のプロジェクトを始めた二〇〇五年くらいのころ、僕はずっとハリウッド側に保持されていた『寄生獣』の権利を、日本に取りもどそうという動きをしていたんです。僕の一番好きなマンガの一つですし、山崎監督とその話をした際にも「取りもどしてくれたら、ぜひ、おれもやりたいよ！」と言ってくれてたんですね。それから一〇年近く経ち、「『寄生獣』の権利が日本にもどってくる」という情報が入ってきて、ようやく山崎さんとの約束が果たせると思いましたね。

――みんなが諦めていた『寄生獣』映画化のチャンスをずっと狙っていたんですね。

『寄生獣』はどうしても自分でやりたい作品だったので、常に講談社さんと話していましたね。ただ、よくよく考えると、一〇年前の技術ではやはりミギーは実現しなかったんじゃないかと思います。山崎監督が『ALWAYS　三丁目の夕日』をやって、『永遠の0』があって、『ナキ』で確立した、キャラクター・アニメーションと実写を混ぜるノウハウがあって、ようやくこの作品にたどり着いていると思いました。ミギーというのは完全に3DCGアニメーションですよね。実写の道とアニメの道を並行に歩んでいて、『寄生獣』は両方のよい部分を合わせた作品に仕上がっているんじゃないかなと思います。

——映画プロデューサーとして川村さんが投げられている企画の球というのは、ど真ん中でありつつ範囲の広いものに感じます。『寄生獣』はスプラッタ的要素もかなり強い作品でしたが、東宝の本番線で投げる球として問題はなかったのでしょうか？

僕は『ナキ』や『バクマン。』（二〇一五）のようにポピュラーなタイトルもやるのですが、一方で、『告白』（二〇一〇）や『悪人』（二〇一〇）のような〝人間の悪意〟というものを突き詰めて〝善意〟を見つけていく作品もやります。『寄生獣』はむしろそっち側のラインナップにあるんです。決してスプラッタがウリではないんです。

『寄生獣』という作品は、パラサイト（寄生生物）の視点で人間を追い詰めていった時、最後の最後にパラサイトに人間性が生まれ、それがミギーというパラサイトに手渡されて終わるSF作品です。SFって人間を描くための装置で、『寄生獣』はSFの要素を使って「人間とはどういう生き物なのか？」ということをもっとも研究している原作（岩明均著、講談社）なんですね。それに、「すごく山崎監督っぽいな」と感じた作品でもあったんです。山崎監督は僕が思うに性善説の人です。

それに寄生獣の主人公はやはりミギーなので、撮影現場にいないものが主人公なんですよ。通常の日本のCGやVFXは撮影した映像にあとからキャラクターを入れるものですけど、『寄生獣』の場合は現場にないものを画面のセンターに入れて芝居を組み立てなければならなかったんですね。つまり、画面に〝見えていないもの〟が〝見えている人〟に監督を頼まなければならないとなった時、山崎貴監督以外の選択肢はなかったんです。

――渋谷紀代子さんも「染谷将太さんが『僕はミギーとこういうふうにお芝居をしていたんですね』と、試写会で初めて認識して喜んでいた」と話してくれました。かなり難しい現場だったと思いますが、白組の力量をフルに見せつけていただいた気がします。

そうですね。実際、リメイクのオファーがすごく来ています。あのレベルに仕上がった作品を観たアメリカのスタジオが、「こうやるのか⁉」とようやく作品と物語の意味がわかった感じです。アメリカがずっとホールドしてもできなかったことを、日本映画として初めてちゃんとアンサーできたわけです。

――あの長い原作のプロットを二本の映画にまとめるのはものすごく大変な作業だったと思うのですが、脚本制作についてはいかがでしたか？

山崎監督とご一緒する仕事の際に感じるのは、「チームを組むのが上手い」ということです。山崎監督自身も脚本を書けるし、僕も割と脚本を得意とするプロデューサーだし、守屋圭一郎さんもいて、阿部秀司さんもいて、そこに脚本家の古沢良太さん〔一九七三年〜、ALWAYS 三丁目の夕日』『相棒』シリーズ『GAMBA ガンバと仲間たち』〕が入って、「どの方向からでも物語が作れる」チームとして脚本を作ったので、そこは大きな武器になったのではないかと思います。

――原作を読んでいる側からしても急いでいる感じもないし、非常に過不足なく二本の映画にていねいにまとめられていたなと感じました。

そうですね。欲を言えば、ハリウッドでリメイクする時には一本にまとめる方法を開発したいなとは考えているのですが、やはり日本における『寄生獣』を再現するにあたっては、前後編の形はマストだったかなと思います。

監督との関係性

――山崎監督とはどのような関係性でお仕事をされているのでしょうか？

僕の方がけっこう年下なのですが、山崎監督とはバラバラで動いているのに同じことを考えていたりします。例えば「ＣＧアニメーションをやってみたい」といったような想いが『friends　もののけ島のナキ』を生み出すきっかけになったり、『寄生獣』映画化を一〇年がかりで実現できたりと、ずっと並走しているわけではないのですが、オリンピックの周期のようにたまに集まってエポックなことをやりたいという戦友のような関係だなと思っています。

――山崎監督とエポック的なタイミングで映画を作られることと同様に、他の監督とも同じような周期でチームを組まれたりしているのでしょうか？

僕の場合は、中島哲也監督〔一九五九年～、映画監督、ＣＭディレクター。『嫌われ松子の一生』『パコと魔法の絵本』『告白』〕や大根仁監督〔一九六八年～、映画監督。『ＴＲＩＣＫ』『モテキ』『バクマン。』〕、李相日監督〔一九七四年～、映画監督。『悪人』『許されざる者』〕と、コンスタントに仕事をしていますが、必ず毎作組むかたちではありません。僕は「タイトルbyタイトル」の企画屋でありプロデューサーなので、「その瞬間瞬間でどの企画をどの監督と組んでやると面白い映画になるのか」という組み合わせを発明したいと思っています。自分の企画を「どういう監督」「どういう俳優」「どういう音楽」「どういうＶＦＸ」を選んで組み合わせたら面白い映画になるかなというのをずっと考えているんです。ですから、「最初に企画ありき」で監督とのマッチをずっと考えています。

――阿部秀司さんがお話しされていましたが、それまでSFをテーマにしてきた山崎監督に対し、「三本目にまったくちがう球を投げられるかどうか？」で世間の評価は大きく変わるので、それまでとはまったくちがう「昭和」がテーマの人間ドラマである『ALWAYS　三丁目の夕日』を振ったんだそうです。阿部さんのプロデューススタイルは、一人のクリエイターとずっと付き合うつもりで育てる過程のなかで、その作品をポジショニングするという感覚なんですよね。

阿部秀司さんは本当にすごくて、山崎監督になにを撮らせたら意外な化け方をするのかということをすごく考えていて、『ALWAYS　三丁目の夕日』を振ったんだと思うんです。『STAND BY ME　ドラえもん』をやるとか僕には到底思いつけないんですけど、それはプロデュースの意識が山崎貴という監督にフォーカスしているからこそ出てくる冒険ですよね。

興行価値を考える監督

――山崎監督と企画のお話をした際に感じたのは、企画の半分は「自分のやりたいこと、面白いと思えること」、そして半分は「興行価値」を常に考えているんです。「これだけ製作費を使ったら、どれだけ稼がなければならないか」「Ｐ＆Ａ（プリント＆アドバタイジング）や宣伝費はいくらなんだ」

ということを懸命に監督が話すんですよ。そんな監督、映画界にはいません（笑）。初めて会いました。

プロデューサーの立場としてはまったくストレスのない会話がその時にできたのですが、川村さんは「興行価値」や「大衆の観る感覚」で山崎監督と合致するところはありましたか？

その点は、山崎監督の方がプロですね。僕はまだまだ子どもで、ヒットするしないよりも、とにかく作りたいという気持ちから始まる。それで後付けで、大衆が観たいと思う映画に一生懸命仕上げていく、というのがプロデュースのスタイルです。僕は『サイコ』（一九六〇、米。ヒッチコック監督のサスペンス映画）や『セブン』（一九九五、米。フィンチャー監督のサスペンス映画）といった後味の悪い作品がすごく好きなんです（笑）。「邪悪なことを突き詰めると、なんか美しいものが出来上がる」という考え方を持っているんです。なのではじめは興行的な勝算なんてなにもない――阿部さんに「そんなのだれも観たくないだろう？」とよく指摘されますよ（笑）。

ただ「一映画ファンの自分がこういう映画も観たい」という感覚をよりどころに、自分と同じ感覚の人が一〇〇万人ぐらい他にいるはずと信じているんです。なので、なんとかしてくれるんじゃないかと思えるチームを集め、キャスティングだったり、ビジュアルだったり、音楽だったりと各要素でギリギリの帳尻を合わせていくという作り方なんです。ですから、僕の作り方はかなり危ういですよね（笑）。

ところが山崎監督は、「これは当たる、当たらない」といった検証をいつもきちんとしていて、マーケティングのことをしっかり考えていますよね。

東宝イレギュラープロデューサーのビジョンと、それを実現する白組監督

――川村さんは『電車男』（二〇〇五）で華々しくデビューを飾られましたが、その作品は東宝のヒットを保証されたプログラム・ピクチャーのラインナップからはかなり離れた場所で製作されているプロデューサーに見えます。ところが成功事例も多いし、東宝社内で大事に育てられているというか、必要とされていますよね（笑）。

ほっとかれているという感じかもしれません（笑）。そういう育て方をしてもらったんです。今の自分の立場から一〇年前の『電車男』を振り返ると、「2ちゃんねる」を題材にした映画を作ろうなんて「どうかしてる！」と思いますよね（笑）。ただ、それを「面白いんじゃないの？」と言ってくれる土壌は東宝にはあるんですよ。

『friends　もののけ島のナキ』の時も、日本では3DCGアニメーションが軒並み惨敗していたのに、「僕は白組で山崎監督とやりたい」と社内で宣言したら「ぜひ、やろう！」という流れがあったんです。その流れがあったから、『STAND BY ME　ドラえもん』までつながっていくんです。そういう意味では。エポック・メイキング的なことに挑戦していこうという考えがベースの会社だと思うんです。

僕に関しては、先ほどのように、ほっといてもらっているというか、好きなことをやらせてもらっていると思います。父親が日活で働いていた人なので、なにかアバンギャルドなことをやりたい気持ちが強いのかもしれません。ただ、それがアバンギャルドなままで終わらずエンターテインメントになると面白い、

というところが精神性として根強くあるんだと思います。

――クリエイターである山崎貴監督とプロデューサーである川村さんが、クリエイティヴの話をする際にぶつかるポイントはありますか？

山崎監督の方がかなり年上というのもありますけど、監督の意見には素直に「そうだなあ」と感じることが多いんですね。僕と山崎監督のコミュニケーションって、「こういうビジョンの映画を作りたい」と僕が大まかなイメージやトーンを伝えて、それを山崎監督が具体化していくというのが大まかな流れなんです。

僕はどの監督に対してもその形です。『バクマン。』の時に大根監督にお願いしたのは、「少年コンビが『ジャンプ』のマンガを描く話なので、お仕事ものとして『マルサの女』（一九八七、伊丹十三監督）のような映画にしたい」ということでした。『マルサの女』ってマルサ（国税局査察部）の仕事をハウツーもののエンターテインメントにしている構成なんです。一方、『バクマン。』は『少年ジャンプ』のマンガ制作のハウツーであって、その舞台裏でなにが起こっているのかにみんな興味がある。だからこれは『少年ジャンプ』版『マルサの女』なんだというわけです。それでエンディングは、『キッズ・リターン』（一九九六、北野武監督）のようにコンビの男の子たちは夢に敗れたのだけれど、ふたたび立ち上がるその瞬間で終わりにしたいんだと伝えました。

あとは「マンガを描くことをそのまま撮ってもビジュアルがすごく地味になるから、脳内で絵が創造されていく様子を After Effect や、プロジェクション・マッピング〔プロジェクター映像を建物や平面に映写する技法〕を使って表現したい」――と、いつもこんなふうにイメージを伝えているだけなんです。当然、大根監督は「やるのはおれなんだけどさ」って文句を言うわけですけど（笑）。

『寄生獣』の時、山崎監督に対しても同じなんですよ。岩明均《いわあきひとし》先生〔一九六〇年～、マンガ家。『寄生獣』『ヒストリエ』〕の面白いところは、一番残酷なシーンで登場人物が面白いことを口にするというハズし方なんです。先ほどあったように『寄生獣』はホラーなところがあるけど、その時ににじみ出てくるセンス・オブ・ユーモアとか人間性が全体の根底にあるというのが基本トーンだということはずっと確認し合っていたんですね。ですから、そういうユーモアが全編にちりばめられた作品にしたいというイメージを山崎監督には伝えていたんです。でも、それをあのスプラッタな世界観で描き続けるのって、とても難しいことだと思うんです。しかし、そこがオリジナリティになるので、だからこそ最後に根の深いテーマが入ってくる映画にしたいと考えていました。

僕は、映画の持っている精神性をビジュアルとかのディテールに込めたりするので、本来なら全体を見るべきプロデューサーとして失格なんじゃないかと最近思っていて……、自分の仕事がなんだかよくわからなくなってきています（笑）。

――これまでの東宝のメカニズムのなかには川村さんのような方はいなかったですよね。でも、そのプランを実現する力も東宝でなければできないのも事実です。

そうなんですよね。『friends　もののけ島のナキ』のプロジェクトも普通に考えれば無理ですよね。だけどやってみたら興行収入が一五億円のヒットになったから、『STAND BY ME　ドラえもん』の企画につながっていった。前段のホップ・ステップのところのホップのところが本当にしんどいんです。山崎監督においても『ALWAYS　三丁目の夕日』での巨大なチャレンジは、『ジュブナイル』の成功がないと成立しなかったと思うんです。あの時点で『ジュブナイル』のような作品を作り上げたのは、大変なことだと思います。『friends　もののけ島のナキ』の時も、一からCGでキャラクターを作るとか、プレスコでやるとか、全部が新しい挑戦だったわけです。

ところが、そういう作業工程がないとつまらなくもあるんです。その点で、新しいチャレンジを、高い技術で実現してくれる白組って会社は本当に突出しているんです。そういう意味では、白組は何年かに一度、「ミッション・インポッシブル（不可能な課題）」を共にする仲間みたいな感じなんですよ。白組となにかやる時は「ひたすら難しいこと」をやる時間なんですね。渋谷さんはいやいや付き合ってくれる感じですけれど（笑）。

――両者で何本もヒット作を撮られていますが、基本的に作品を追求する戦友である、それ以外はドライ――しかし、信頼は厚い関係ということですね。気は合うけれども、毎日一緒に遊んでいるわけではなく一目置きあう関係というか。

そうですね。どの監督とも「友だちになってはいけない」と思っていて、お互いにそれぞれの仕事場でがんばって、また縁があって一緒に仕事した時に「おまえ、また強くなったな」というような感じでいたいんです。いろいろな監督と共に仕事をすることで得るものも大きいですしね。山崎監督はお会いするたびに毎回成長しているというか、「この人はまだ伸びるんだ!?」っていうくらい、新しい技法を手に入れています。本当に教わることの多い監督です。

僕も他でがんばって、一緒の作品の時にもっと注入できることを増やせればいいなと思います。

――山崎貴監督は川村さんのことを〝非常に腕のいい友だち〟のように話されていましたね。

山崎監督は、僕が送るＣＧに関する直しメールのことを「怪文書」って呼ぶんです。わざとバカなふりして送ってくると（笑）。たしかにＣＧの直しの期限や難しさは承知しているけれども、観客にはそんなことは関係ないんですよね（笑）。観客は残酷で、いやなものはいやだし、ヘンなものはヘンだし、合成がアマいものはアマいと思うんですよ。

端的なエピソードですけど、『寄生獣』でミギーの眼の色が緑色で完成した時に、外国人みたいで感情移入できないと感じて、「瞳の色を阿部サダヲさん（ミギーの声を担当）と同じ薄茶色にしてほしい」と言ったんですね。全カットの目の色を薄茶色に変えるとなって、現場は大混乱だったらしいんです。それでも、山崎監督は「理にかなっている」と判断して対応してくれるんです。おかげでミギーへの感情移入は劇的に強くなった。山崎監督は僕のその〝バカ殺法〟を面白がってくれる人でもあって感謝しています。

――山崎監督は川村さんのことを「面白いことや新しいことを見つけたら、最初に話したい相手」と話していましたね。

山崎監督とはこれからも定期的に集って、なにかとんがったことをずっとやっていきたいですね。

信頼の基盤

――『ナキ』や『寄生獣』も原作モノですが、その対応――出版社をはじめとした原作サイドと渉外をする際、川村さんや山崎監督がトラブルにならないように気をつけていることはありますか？

ベースの感情として、「我々に預けたら面白いものを作ってくれるんじゃないの？」と原作サイドに思ってもらえるかどうかがすべてで、その信頼の基盤が疑われると、細かいことすべてが問題になっていくのではないかと思います。

ただ、僕自身が原作者になって思うことなのですが（川村氏は作家としても著書多数。マガジンハウス刊『世界から猫が消えたなら』は映画化されて二〇一六年に公開）、そもそも小説やマンガというメディアと映画というメディアは、媒体としてまったくちがうものなので、表現がまったく異なるのは当然だし、必然です。その必然に対して「危うい」「信頼できない」という状態になること自体が問題になるんだと思います。

そもそも原作のどこが面白くて、どういうところを映画にして伸ばそうとしているのかというハートの部分を掴んでいれば、そういう問題は起きません。原作ものをやる時は「僕ほどあなたの原作を理解している人はいないんだ」と思ってやっていますし、山崎監督も同じだと思います。その観点がズレていれば原作者の方も僕ら製作陣に作品を預けてはくれない。原作の魅力やファンのハートの掴み方を取り入れて、どうやって映画というメディアに落とし込めるか、翻訳できるかということですね。山崎監督との作品でも、今まで原作者の方から細かい注文が入るケースは一度もないですね。

――「もめたらやらないだけだよ！　企画から逃げるだけ！」と、山崎監督も同じようなことを言ってましたね。

そうですね。もめるくらいならその作品はやらないほうがいいです。自分の書いた小説が映画化されるという体験を通して感じたのは、「原作の作家」と「映画の作家」のどちらが偉いかということではなく、どちらもクリエイターであるということです。両者の立場は元来イーブンであり、主張がイーブンであればあるほど、いいものができるんです。これは間違いない。関係性に段差があるとどうしても両者の間に争点が生まれるんです。

僕は原作の作家として「自分の生み出した原作よりいいものが生まれてほしい」という想いで、映画化のオファーを受け入れました。ようやく原作側の気持ちがわかったような気がします。山崎監督もオリジナルの作品も作っているから、そのあたりの関係性も重々承知の作家なんだと思います。

――さまざまなニーズに応えるために社内でさまざまなラインを確保してきた白組は現在、『ナキ』や『ＧＡＭＢＡ』のような作品で自社ＩＰの創造を企図するなど、「曲がり角」「変革」の段階にいます。そんな白組へ期待を込めたアドバイスや、こうなってほしいという要望はありますか？

まったく変わらないでこのままでいてほしい、と切に思います。島村社長のなんにでも挑むチャレンジ精神を継承して、山崎監督、八木監督という方々が白組という旗のもとでがんばっている。つまり、みんなが白組にいるということがすごくいいことだなと思います。その旗のもとで僕と同世代である二、三〇代の監督やクリエイターたちも出てきてほしいと願っています。

――世代に言及されましたが、同世代と企画を動かしたい？

自身が企画屋なので、自分のやりたい企画に賛同者を集めたいんですね（笑）。その監督やクリエイターの映像を観て、「この人といつか仕事をしてみたい」と思える人を探してオファーをしたいんです。白組から新たにそのようなクリエイターが出ることを期待しています。ただ、目の前に山崎監督や八木監督のようなすごい人がいると、なかなか出てこれないかもしれないですよね。

それと、すごいなあと思う三〇代が、アニメやCGの業界に多いんですね。僕がいま一緒にやっているアニメ監督に、三〇歳の女性で本物のド天才がいます。ただまったくノーコントロール（笑）。若いころの宮崎駿監督や細田守監督と同じなんです。東映動画出身の血ですよね。日本アニメーター見本市でも、庵野秀明監督が買っている三〇代の天才監督を見つけました。

彼らのような年下のクリエイターを見渡すと、アニメの人材は豊富ですね。そろそろVFXやCGからポスト山崎貴が出てきてもおかしくないし、それが白組出身だったりするとさらに面白いなあと思っています。

白組の〝好敵手《ライバル》〟といえるかもしれない。いや「〝強敵〟と書いて〝とも〟と呼ぶ」のかもしれない。現在の邦画シーンのなかで、白組や山崎が目指す邦画のありようを、映画会社として目指しているのが川村元気である。

氏は映画会社勤務の父を持ち、映画に触れ続けるように成長してきたと言う。ある種の英才教育である。筆者が知る東宝という会社の経営の堅牢さは、「映画という商品のロマンチックさを信用しない。ゆえに、ヒットさせるために考えうるすべてのことを行う」というモラルにある。

かつての東宝争議時（一九四六〜四八年）、「経営は撮影所と映画館のどちらを取るのか⁉」という労組の問いに、最後まで妥協しなかった会社である。コストリスクの高い映画事業においてキャラクター系の確実性の高いラインナップを組成し、国内最大興収を獲得している東宝。その東宝が、自己資本比率が高くなるであろう内部企画を採用するとは思えなかった。この決して破壊などされないであろう厚い壁を破壊したのが、川村元気である。

二〇〇五年、『電車男』を企画し、川村自らがプロデューサーとなって製作。興収三七億円もの大ヒットを記録する。弱冠二六歳だった。不動の山が動いた瞬間でもあった。長く業界にいる者として心底、驚いた。決してありえないことだったからだ。

川村が『寄生獣』で山崎と組んだ際に、阿部と同じような〝話しやすさ〟の印象を持ったらしい。しかし、その想いの襞は若干異なるだろう。阿部の「プロデューサー×監督」という関係ではなく、それは「クリエイター×クリエイター」、もしくは「新世代人×新世代人」の同胞感覚ではなかったか。

川村は現況の邦画界に対して、主に作家や監督たちに対して「才能がいない」という危機感を持つ。その先へ行こう、先へ行こうとする求道の精神は、山崎の「このままではいけない。もっと面白いものを撮らなければ！」という想いと重なっている。

だから〝好敵手《ライバル》〟であり〝強敵《とも》〟であろう。合流し、またちがうものを目指して別れ、そして結果として邦画界を隆盛にいざなっていく。

二人がまた出会う作品が楽しみである。

第四章　その歴史とイデオロギー

島村達雄（白組社長）

島村達雄（しまむら・たつお）

一九三三年東京生まれ。アニメーションとCMを中心とした映像作家であり映画製作者。東京芸術大学卒。東映動画一期生。七四年に白組を設立した。カンヌ国際広告祭（現・カンヌライオンズ国際クリエイティヴィティ・フェスティバル）の日本人初の入賞者。

詳細は資料「年譜」を参照。

ディズニーと東映

――白組の技術を採り上げた記事はこれまでも世に出ていますが、白組創立の経緯と歴史、映像コンテンツ制作会社としての戦略や展望をまとめたものはありません。そのあたりを社長の言葉でくわしく聞かせてください。

僕は東映動画が業界のスタートなんだけど、一期生なんです。当時、日本では〝アニメーション〟という言葉は存在していなかったし、動画業界なんてものも事実上存在していませんでした。そんな時に東洋一のアニメーションスタジオとなる東映動画を立ち上げたのは、大川博〔一八九六～一九七一年。実業家。東京急行電鉄に入社し、のちに東京映画配給社長就任。経営難に陥っていた同社の建て直しに尽力した〕という経営者だったんです。非常に先見の明のある方でした。彼はオンボロ撮影所で細々と映画を撮っていた東映に乗り込んで、短期間で興行収入日本一の映画会社にしてしまったわけです。松竹、大映は文芸作品、東宝は円谷特撮――というふうに大手の映画会社が興行の覇権を争っていたなかに東映は割り込んでいって、エンターテインメント作品〔片岡千恵蔵、市川右衛門、中村錦之助、美空ひばりなど大スターを生んだ、東映チャンバラ映画の黄金時代〕で他社を圧倒してしまったんです。

映画は大衆娯楽の頂点で、映画館は繁華街の中心にあって観客が殺到していた時代です。動画のコンテンツなんて映画しかなかった。そんな時に大川氏は「実写映画だけでは将来性が危うい」と考えてアニメーションに着目、自ら製作に乗り出すんです。驚異的な先見性、実行力だと思います。円がまだまだ弱かった時代にハリウッドに人を派遣して、ディズニースタジオを研究させて、いきなり日本に最新鋭のアニメーション・スタジオを開設したんですからね。

――当時、ディズニーの長編アニメーション映画は順調だったんですか？

ディズニースタジオの長編製作は低迷期に入ってましたね。

――低迷期ですか。日本での興行はヒットしていたと思いますが。

戦後、日本でのディズニー映画は『白雪姫』（一九五〇）から始まり、『バンビ』（一九五一）『ピノキオ』（一九五二）『ダンボ』（一九五四）『ファンタジア』（一九五五）と次々に公開されて大人気でしたが、実はすべて戦前に製作されたものなんです。戦後、製作が再開され、『シンデレラ』（一九五二）『不思議の国のアリス』（一九五三）『ピーターパン』（一九五五）などで復活しますが……『一〇一匹わんちゃん』（一九六二）を最後に、約三年間新作は二本だけと激減してしまうんです。

第二次世界大戦後のアメリカは空前の好景気に恵まれましたが、アニメーションは労働集約型産業の典型で、労使紛争が頻発してしまうんですね。ウォルト・ディズニー〔一九〇一～一九六六年。米国のアニメーター、実業家。ディズニー社の基礎を築く〕は労働運動にうまく対応できる経営者でもなくて自身もひどく傷ついてしまい、スタジオが荒廃していた時代なんです。晩年のウォルトはアニメーション映画の製作に対する意欲がうすれたとも言われていますが、一方で開拓者魂は衰えず、ディズニーランドやフロリダのディズニーワールドの建設に全力を傾けました。このテーマパーク事業はウォルトが亡くなったのち、大輪の花を咲かせて、ディズニー全体を支えていくんです。

――確かにディズニーの労働問題は有名ですね。現在のアニメーション制作会社に共通する問題でもあります。社長が初めにアニメーションをやりたいと思った動機は、そんなディズニー映画やウォルトの影響だったんでしょうか？

もちろんディズニーは原点です。しかし東京藝大時代、見慣れてしまったディズニーの様式にある種の古さを感じてしまい、興味の対象から消えていました。そんな時出会ったソール・バス〔一九二〇〜九六年、米国のグラフィック・デザイナー、アート・ディレクター。劇映画のタイトルデザインでグラフィカルな表現を確立〕の映画タイトルは衝撃的でした。「グラフィックデザインが動く⁉」――考えもしなかった新しい表現の世界だ！　こんな素晴らしい仕事ができたら」と思ったんです……。でも、そんな就職先なんて日本にあるはずもない（笑）。

――芸術系の求人自体はあったと思いますが。

一応、グラフィックデザイナーとして、ポスターや新聞、雑誌広告のデザインを職業とする企業に就職するものと思い込んでいたんですが、どうもしっくりこない。いつまでもぐずぐずとしていたんです。

そんな時、藝大の一年先輩の坂本雄作さんが、「東映動画という動画スタジオが新設されて新卒求人がある」と教えてくれました。坂本さんはすでに操業準備中の東映動画に籍を置いて、動画の描き方を練習していたんです。先生は東映動画の前身となる日動映画〔一九四八年設立の日本動画から五二年に日動映画に商号変更。五五年、東映に買収〕で原画を描いていた森やすじ氏〔一九二五〜一九九二年。康二とも。アニメーター。『アルプスの少女ハイジ』『未来少年コナン』〕という動画の天才です。この方も東京藝大の先輩で腕も確かな人格者でして、坂本さんは森さんに心酔していました。「森さんが創る動画の世界は素晴らしい、島村君は藝大の後輩として当然東映動画に入るべきだ！　迷っている場合などではない。動画スタジオの新社屋が完成したばかりだから、見学に来なさい！」と言われたんです。

東映動画一期生

真夏の強烈な日差しが照りつける西武池袋線大泉学園駅前まで迎えてくれた坂本さんは麦わら帽子に下駄履きで、「こんな格好で会社に通勤!?」と驚いたもんです（笑）。武蔵野の雑木林を抜けると、やがて畑のなかにポツンと白い鉄筋コンクリート三階建てのスタジオが現れました。なかなか近くならないそのスタジオまで炎天下の農道を歩き続け、ようやく足を踏み入れると、心地よいそよ風に包まれているんです。「なんだ!?」と思ったら全館冷房！『ALWAYS　三丁目の夕日』の昭和三二（一九五二）年当時、東京の街では冷暖房完備はほとんどありません。撮影機材がいかに優れているかの説明を聞く前に、その涼しさに入社希望を決めていました（笑）。

――その時は『白蛇伝』〔一九五八年、東映動画初・日本初の劇場用アニメーション映画〕の話は出なかったんですか？

出たはずだけど冷房に感動していて（笑）。実は入社したらなにをやらされるのかも知らず、深く考えていなかったんです。

――のんびりですねえ（笑）。

しかもスタジオは本格稼働前なので、人もほとんどいなくて静かで清潔！

――環境抜群、楽な職場なんて甘く考えちゃったんじゃないですか？（笑）

「ここしかない！」と思ったのは確かだね（笑）。しかし秋になると、坂本さんに呼び出されてのんびりムードは一変するんです。『白蛇伝』の完成が一年後に決まったそうで、緊急に動画スタッフ募集が始まり、試験に合格した人間は養成講座を受け、順次作画現場に配属されていきました。年末になると、緊迫感はさらに増し、年が明けると、僕は卒業前だったけど毎日出社して、何度目かの緊急募集に応募した人たちと机を並べて養成講座を受けることになりました。

ところが、緊急募集で集まった人たちは当然動画のことなどなにも知らないはずなのに、課題の絵を鉛筆のキレイな線でサクサク描いてしまう。僕は藝大で人体デッサンを勉強してきたはずなのに、まったく歯が立たないんですよ！　日本人はすごいね、マンガ家志望の一〇代の子が「いじめたらオカアチャンに言いつけるから！」なんて可愛いことを言いながら、私なんかより見事な線で動画を描きまくっているんです。

――ははあ、マンガとアニメーションがきわめて近い位置にあった時代ですね。

当時、手塚治虫さん〔一九二八～一九八九年、マンガの神様。代表作多数〕、やなせたかしさん〔一九一九～二〇一三年、マンガ家。『アンパンマン』の生みの親〕は東映動画の顧問だったと思いますね。

――タツノコプロの吉田竜夫さん〔一九三二～一九七七年、マンガ家、アニメ原作・製作者。竜の子プロダクションを設立〕もマンガ家ですよね。

そうそう。横山隆一さん〔一九〇九～二〇〇一年、マンガ家。代表作に早稲田大学のマスコットキャラクターでもある『フクちゃん』〕がおとぎプロというアニメーションスタジオを造って、名作を生みだしています。最近、鈴木伸一さん〔一九三三～、アニメーション作家、マンガ家藤子不二雄のマンガのキャラクター「小池さん」のモデル〕に教えてもらったんだけど、東映動画がスタートする前にアニメーション映画を制作しているんですね。

CM課へ

——そんなに大変だった『白蛇伝』のあとはなにをされたんですか？

『白蛇伝』の大ヒットでスタジオは盛り上がりました。すぐに続くラインナップが発表されてタイトルがずらりと並びました。でも僕はマンガのキャラクターを描く力は一〇代の新人に敵わなかったから、これ以上は長編アニメに携わることができないと感じていたんです。それでCM課からスカウトしてもらって、ようやくマンガ映画から脱出しました。

——昭和三〇年代当時はテレビ放送の幕開けでもあって、ちょうど民放が出そろってきた時期ですね。日本テレビ（4チャンネル）、TBS（6チャンネル）、フジテレビ（8チャンネル）と、次々に放送開始してたなあ。

——10チャンネルは教育専門テレビ（NET）としてスタートしましたが、紆余曲折で総合放送局のテレビ朝日（10チャンネル）に落ち着いた。12チャンネルはさらに複雑な経緯を経てテレビ東京になったんですよね。それで民放五局。動画CMを流していく土壌は出来上がった感じです。

CM課に移籍したタイミングはCMがテレビで本格稼働する元年でした。その次の年から広告代理店や制作プロダクションにCMを目指す優秀な人材の卵——大学新卒が続々入社してきたんです。この一年の差は大きく、僕は逸材たちの先輩格として一目置かれて仕事ができたのが幸運でしたね（笑）。

——東映動画にも新卒者が入ってきましたか？

そうなんです。『白蛇伝』成功の翌年だから、長編映画部門に大勢、新人が入社しました。ＣＭ課にも東京藝大、多摩美大、武蔵野美大から入ってきました。僕は一年前に入社して『白蛇伝』の動画のアシスタントを務めただけなのに、武蔵野美大と女子美大卒の二人の新卒を部下につけてもらって、「島村チーム」が新設されたんです。ＣＭの作り方もまだ知らない入社二年目のリーダーが通用したのは、スポンサーも広告代理店も新人ばかりで、ゼロから勉強するしかない時代だったからです。

当時のＣＭは生ＣＭが主流でフィルムＣＭは少数派ですね（当時は映像の記録媒体がフィルムしかなく、オンエアは生放送とフィルムを放送用の電波信号に変換することで行われていた）。先行していたラジオＣＭから引き継いだ〝コマーシャル・ソング〟は広く認知されていて、この音楽に画をつける〝単純なアニメＣＭ〟が多かった。音楽でＣＭの構成の骨格が出来ているので、僕のような新人でもなんとか映像作品が作れたのだと思います。

――ＣＭソングから発していないＣＭはなかったんでしょうか？

もちろん、ＣＭの需要は急激に伸びていたので、新しい表現の企画競争が始まりました。また当時は映画館にかける劇場ＣＭというのがあり、数は多くありませんでしたがおおらかなスポンサーが多く、これはテレビＣＭに比べてけた違いに企画の自由度が高くて、短編アニメーションを作らせてもらっている気分でした。とにかく、マンガ映画ではないグラフィカルな映像が意外なほど受け容れられたんです。気が付くと、「一年目で売れっ子ＣＭクリエーターに大化けしたな！」と言われるようになっちゃっていました。

――日本が戦後の貧しい時期を乗り越え、高度経済成長期に入り始める時代のエネルギーが、ＣＭの表現自由度にも反映されていたんでしょうね。

　アニメーション映像を作る基礎知識、技術をまったく持たないままCM課に移って、すぐに作ることになってしまったんです。だけどCM課のなかには作り方の教えを乞える人がだれもおらず、切羽詰まって映像化の方法論を——なんと撮影部に相談に行ったんです（笑）。恐る恐る訪ねると、「CM課のディレクターが撮影部に教えを乞いにきたのなんて初めてだ！」と意外にも大歓迎されちゃいましたね（笑）。彼らに言わせると「東映動画の撮影設備は最新鋭機がそろっているし、アニメーターは画を描く腕力に自信を持っているので、キャメラワークに頼らずになんでも手で描いてしまう傾向がある」という話でした。

——画が達者な人たちばかりを集めた東映動画ならではの話ですね。社長としてはマンガのキャラクターを描くのが得意でなかったことが幸いした感じですね。

　まったくね（笑）。『白蛇伝』のアシスタントをしていて、アニメーション映画はひたすら動画の枚数を上げることと思い込んでいましたが、撮影部のおかげでキャメラワークという広大な表現分野と技術があることに気付けたんです。ここでコマ撮りだけでなく、実写を含めた映画撮影全般、フィルムの特性、現像、プリントについて多くのことを学べました。「映像は技術」なんですよ。

　撮影部と一緒に考え出した「キャメラの正逆回転コマ送りを連続させ、シャッター開角度を同期させて、ズーム（正確にはトラックアップ）をしながら連続コマ撮りする方法＝六〇秒ＣＭのほとんど全編を短いディゾルブでアニメーションする」という幻想的な映像で、日本のＣＭとして初めてカンヌのＣＭフェスティバル入選を果たしました（「サントリーの赤玉ポートワイン」第一回ＡＣＣフェスティバルでも金賞やアニメーション賞受賞）。

労働争議

——キャメラワークの研究と研鑽が実ったわけですね。先輩もいなくて新人状態、しかも敵もいなくて順風満帆じゃないですか。

ところがＣＭ界のスターになったと思ったら、今度は労働運動で地獄を見ることになりました。労働集約産業典型のアニメ制作は宿命的に労使紛争問題を抱えるものなんですが、東映動画も例外ではなく、会社を出し抜いて労働組合が結成されてしまったんです。組合員の大半が二〇歳代で独身だから強硬姿勢一点張り。僕は執行委員に選ばれてしまい、会社側との団体交渉、上部団体との戦術会議、支援団体への挨拶回り——などなど、作品そっちのけで経験したことのないことばかりやる羽目になっちゃいました。一方で僕宛てのＣＭの仕事注文は殺到し、本当ににっちもさっちもいかなくなっていたんです。ここまでが地獄の一丁目かな。

団体交渉が行き詰まって組合側はスト権をふりかざし、「徹底抗戦！」と妥結の糸口も見えなくなっていたある日、いつものように出勤するとスタジオの正門が封鎖され、多数の動画机や椅子などが積み上げられたバリケードが築かれていて、正面に「ロックアウト宣言」と書かれた看板が立っているんです。

茫然と立ち尽くしていると他の社員も続々と出勤してきました。組合幹部としてなにか指示を出さなきゃいけないんだけど、頭のなかは真っ白のまま。そこに上部団体のオルグ（労働組合を組織する活動員）が駆けつけてきました。

彼が言うには「バリケードを壊したり、乗り越えてはダメ。器物損壊や不法侵入で現行犯逮捕される恐れがある。またスタジオに入れないからといって、社員が家に帰ってしまうのもダメ。欠勤扱いで給与が支払われない、職場放棄で解雇される恐れすらある。働く意思表示のため始業定時から終業定時までスタジオの近くで待機せよ！」とのこと。

スタジオの近くにある雑木林に社員全員を誘導し、上部団体の指示をいろいろ伝えなければならなくなりました。「幹部といっても入社二年目の平社員の言うことを、三〇〇人もの組合員が素直に聞き入れてくれるだろうか？」と泣きたい気持ちでしたが、大声で訴えました。すると──奇跡！　一人の離反者も出なかったんです。その日から、来る日も来る日もみんなで雑木林出勤を続けることとなりますが、ここまでが地獄の二丁目です。

無我夢中のままロックアウト初日が終わりましたが、当然、自宅に帰れないんです。スタジオ近くのボロアパートの四畳半ひと間に住む同僚の部屋に泊めてもらうことになりました。季節は木枯らしが吹きはじめる一二月上旬。会社と組合のにらみ合いはその後一週間も続くんですが、野外出勤は限界が近づいていました。結局、帰宅できないし、着替えもないし、風呂にも入っていない。ほぼ路上生活者の状態です。でも不思議なことに、「とことんやってやる！」という心持ちになっていました。

突然、上部団体から僕ともう一人の幹部が池袋に午後八時に来るよう呼び出されました。古びた旅館の細長い畳敷の大広間。僕たち二人を取り囲むように三〇人くらいの男性群が座っていました。国会議員、某労働団体の委員長、それからいろいろな支援団体の幹部たちです。中央に座る偉そうな人物が話し出しました。

「本日、動画スタジオ争議の収束について大川社長と交渉、組合員に犠牲者を一人も出さない案で決着した。この案を受け入れなさい」

「いやあ、急に言われましても自分たち二人だけでは決められません」

「ここに並んでいる支援団体の全員が会社側と交渉して決めたベストの案だから今すぐ決断し、この場で受諾のサインをしなさい！」

「……とは言うものの、案を持ち帰り、みんなと相談しなくては――」

「ここで争議を終結しなければ、君たちは労働者の敵だぞ！　妥結しなければ君たちは全員解雇で路頭に迷うんだぞ！」

「……」

――なんていう会話が続き、偉い人たちが席を立って帰ってしまった午前三時ごろ、僕たち二人はついに追い詰められて「わかりました。組合員を説得してみます」と震える手でサインし、旅館を出たんです。これが地獄の三丁目でした。

西武池袋線の始発に乗って大泉学園にもどり、社員の出勤してきた雑木林の広場でみんなに報告しました。どんな段取りで顛末を話したのかまったく覚えていません（笑）。大きな拍手の音があったのはよく覚えているんですけど、そのあとで自宅にどうやって帰ったのかの記憶もなく、風呂に入るとそれまでの汚れでいきなり浴槽が真っ黒になって、まるで下水に浸かっていたかのような光景が想い出されます。僕宛てに配達されていた懲戒解雇通知の内容証明は母が握りつぶしてくれていて、おかげで気の小さい父は発狂しないですんでましたね（笑）。

制作が止まってしまっていた僕が担当していた三本のCMは、スポンサーがキャンセルしないで待っていてくれました。しかも、なんともありがたいことに「島村が解雇処分になった」と聞いて、大川社長に対して助命嘆願書まで出してくれてたんです。

――制作を待っていてくれるなんてずいぶん優しいというか、気持ちの豊かな時代だったんですね。今では考えられないことですよね。

――大争議が終わって、すぐに制作に励む日常にもどれましたか？

当時は若かったんでね（笑）。すぐにCM制作にもどれました。忙しかったけどCM制作は今のようにピリピリしていなかったと思います。僕の周りでは昼休みはもとより、暇さえあれば、哲学や文学、現代美術、音楽について議論する習慣があったんです。僕のアシスタントについた武蔵野美大卒の水上君は頭がよく、ちょっと手が空くと、哲学や文学について話しかけてくるんですよ。サルトルの『存在と無』など難解な本を読破する。彼の影響で、僕も花田清輝、安倍公房、埴谷雄高……なんかを読むようになりました。

もう一人の東京藝大の同期で油絵科出身の高松次郎君の存在も大きかったです。入社も一緒で彼も『白蛇伝』にも関わっていて、僕の移籍後も映画部門に残っていましたが、「アニメーターはお金のため、画家になるために東映動画からお給料をもらっているんだ」と徹底的に割り切っていて、昼休みや休日は猛烈な勉強をしていました。彼は東映動画を四年で退社、やがて日本の現代アートを代表する作家になります。彼を通して、アクション・ペインティング、アンフォルメル、コンセプチャル・アート、ミニマル・アート、インスタレーションなど、二〇世紀アートの潮流を垣間《かいま》見ることができました。

――先ほどの撮影部の話もそうですが、同僚たちからも学べるとは東映動画は学校のようですね。

前衛、反体制、破壊と創造……部課長を除く社員の九九パーセントは二〇代という会社だから、学校的気分があふれていたんでしょうね。

――それほど恵まれていたのに一九六二年に島村社長は東映動画を退社されてしまう。入社してわずか四年です。

組合委員長にさせられそうになって、泣く泣く退社したんですよ。もうさすがにイヤだった（笑）。当時の労働組合は日本共産党か社会党左派系列が多く、東映動画労働組合の上部団体の人たちは「今の日本は資本家に搾取され、労働者は酷い目にあっているが、あと一〇年がんばれば、やがて、北朝鮮のような労働者の天国になる――」なんて真面目に語っていて、労働運動にはこれ以上付き合えないと思いました。一方で、東映動画の設備は日本国内で突出して優れていたので、これが使えなくなると思うと絶望的な気持ちにもなりました。でも委員長なんか絶対にできっこないし。

東映動画退社、学研へ

――あちらを立てればこちらが立たずですね。退社後のビジョンはあったんでしょうか？　どちらに移られたのですか？

学習研究社（学研）です。当時の学研は学校教材専門の出版社から総合的な大出版社になろうとしている急成長期でした。将来を見据えて映像部門を強化する方針の一環としてＣＭ制作部門を新設するという時期でしたね。

――学研と東映では社風がちがうでしょう。

まったくちがって戸惑うことが多かったですね。映像部門はすでにあって、科学映画や人形アニメーションを制作していました。

――教育映画や学術映画とＣＭでは作り方というか制作イデオロギーもずいぶんちがうように思えますが。

学研の現場スタッフはＣＭに手を出す会社の方針に疑問を持ってたんですね。僕たちのスカウトの条件に、会社が「最新のアニメーション撮影システム導入」を約束したことが知られると猛反発！

――それはまた経営サイドも大胆ですね。バレますよね（笑）。

僕たちが出勤すると「新しい機材の導入を凍結する」と宣言されてしまい、今度は僕たちが怒り狂います。「しばらく今ある機材を共用するように」と言われても、ＣＭの受注なんで計画的にシェアできるわけがありません。

――機材がなくて作れないとはスト以来の事件ですね。

そうなんです。移籍したばかりで退社しても路頭に迷うだけだし、苦渋の選択で撮影してもらえるところを探すことにしました。

――アニメ制作の裾野がまだまだ狭い時代に撮影を受けてくれるところなんてあったんですか？

血眼になって探すと東京に一カ所だけあったんです。

――東映動画に比べて設備は劣っていると思いますが。ＣＭ制作に耐えられるレベルだったんですか？

東映動画に比べたら比較にならないほど設備機材は劣悪です。東映動画時代のようなキャメラワークを駆使する方法を封印し、ひたすら手で動画を描きまくる作風に変えました。

――作風を変えてしまうと代理店やスポンサーからのオーダーに応えられなくて苦情が来たり、結果的に仕事が来なくなるようなことにはならなかったんですか？

必死で新境地開拓に努めましたね。一応ＣＭアニメの大御所という評判があったので、切り抜けられたんだと思います。それとは別に、この苦境は僕にとって、かけがえのない体験をもたらしました。撮影してくれる会社を探した時に、東映動画設立以前の日本の動画映画制作の草創期の現場を実地に訪ねながら追体験することができたことです。東京大空襲の戦災を免れた木造住宅を動画制作所に改造した零細プロダクションが、細々と制作を続けていたのには驚きました。

――絶滅寸前のかろうじて稼働している戦前のプロダクションを訪ねて、さらにそこで実際の撮影

をしたということですか……、それはかなり貴重な経験ですね。

アニメの撮影は、外から光が少しでも差し込む部屋はダメ。黒紙や黒布で部屋のなかを遮蔽して暗室にする必要があります。狭い密室で撮影用の照明を点灯すると熱がこもる。貧乏でエアコンがないから室内は蒸し風呂化してしまいます。動画用紙やセルが飛んでしまうので扇風機も使えない。夏の撮影は、海水パンツ一枚で裸になり、氷をいれたバケツを二個用意して両足をバケツに入れたり、氷を頭上に吊るし、頭や首すじを冷やしながら撮影をしたんです。

――まるで罰ゲームか我慢大会ですね……、アニメ石器時代の体験です。学研では結局、機材導入にこぎ着けられましたか？

条件だった最新鋭撮影機材が三年目にやっと設置されました。東映動画にあった撮影機と同タイプのものに新機能を加えた当時の最高級機です。ところが、こちらは三年間キャメラなしの過酷な制作環境を強いられたわけで、会社に対して修復困難なほどの不信感を抱いてしまい、退社を決心してしまっていたんです。

――なんともタイミングが悪いのですが……、我慢を続けた人間の心理ではありますよね。

「自分で設計した最新鋭機を置き土産にして退社か……」と悲しい気持ちでいた時、教育映画部の神保まつえさん〔一九二八年〜、教員を経て一九五三年、絵本制作のために学研入社。同社のアニメーション・プロデューサーとして人形アニメーションを含む短編を製作〕から呼び出されて「第一回草月実験映画祭（一九九五年、日本で初めて若い映像作家を生むための機会となった映画祭）のコンペに学研も応募するんで、企画脚本監督を任せるから作品を作り上げてから退社しなさい」と話してくれ、耳を疑いました。

――ありがたい、暖かい話ですね。神保さんは六〇年代の人形アニメーションの功労者ですね。

締め切りまで五カ月。原作を探し、画のイメージ、テーマなどなど……「お金を出してあげるから、自由に短編映画を作ってよい！」という夢のような話に平常心を失なっていました（笑）。話が長くなるので制作裏話は省略しますけど、作品は完成。学研社内の試写会では「ストーリーが理解できない！　映画になっていない！」と酷評されましたが、神保さんがとりなしてくれて、予定どおり退社できました。

――草月実験映画祭への応募はどうなったんですか？

退社して一カ月くらいのち、新しいプロダクションを立ち上げるために走り回っている時、ふと目にした新聞記事で、草月実験映画祭で奨励賞を受賞したことを知ったんです。授賞式やパーティにも呼ばれなかったけど、僕のことをかばってくれた神保さんには少しだけ恩返しをできたと思いましたよ。

独　立

――そして東京コマーシャルフィルムを設立するんですね。

学研で経営に振り回されたのを教訓にして、自分たちだけの力でプロダクションを作ろうと決めたんです。

場所の選定にはこだわりました。CMのような先端映像を手掛けるためには、エッジの効いた仕事をしているミュージシャン、アートディレクター、イラストレーター、ファッションデザイナーたちが集まる立地がいいんだけど、広告代理店が集積する銀座や日比谷は繁華街の喧騒がよくない。テレビ局や映画会社、芸能事務所が集積する赤坂、六本木は風俗店過多で環境が悪い。青山はキラー通りあたりが最先端のファッションの街になる兆しがあって、イラストレーター、キャメラマン、音楽プロダクションの事務所がぽつぽつと進出し始めていたということで、東京コマーシャルは南青山に本社を構えることにしました。

――一等地ですね！

今はね。当時は銀座や赤坂にくらべたら家賃は半分以下、お店も少なくてオフィス向け賃貸ビルもほとんどなかった時代だったんです。一〇年後くらいからかな、青山・表参道・原宿はようやく流行の発信地になっていきました。

――東コマ時代のCM以外の仕事はどうだったんですか？

草月会館を中心に実験映画運動が盛んで、CMで超多忙のくせに短編映画の『幻影都市』『透明人間』を制作していました。世界的にもアメリカを中心にカウンター・カルチャーの全盛期でしたね。

――反体制運動の一方で、高度経済成長期の象徴のように大阪万博が開かれました。

大阪万博は「映像とその技術の博覧会」という一面があり、会場には大型映像、ドームスクリーン、マルチスクリーン、サークルスクリーンなど、テレビや映画とちがった映写方法、特殊大型スクリーンが出現しました。これらの担い手となったのは、実験映画系の若い映像作家たちだったんです。僕もワコールリッカーミシン館の映像企画演出を担当しました。円錐形のパビリオン内部にアブストラクトのオブジェが林立する空間に、一六台の一六ミリ映写機を不規則に配置、映写スクリーンが演出空間いっぱいにちりばめ、これにプラスしてフランスで活躍中の女性照明デザイナーがサイケデリックな色彩と光の演出を加え、アナーキーな前衛アート空間を現出させました。

——奔放な演出が許されていたイベントだったんですね。この時期は映像のデジタル化元年だと思いますが。

コンピュータ・テクノロジーがいよいよ映像の世界と結びつく革命期の始まりです。一九七〇年公開の『二〇〇一年宇宙の旅』のスターゲートの光と色彩が渦まく長い主観移動は、フィルムを一秒間に二四コマ前進させ、同時に二四回同期させシャッターを切る映画撮影機のメカニズムを根本から覆す仕組みから生まれたものでした。映画撮影用のキャメラ、三脚、クレーン、移動車などの駆動部分をコンピュータで制御するものなんです。キャメラワークのコンピュータ制御は「モーションコントロール」と呼ばれて、映画撮影技術の進化に大きく貢献し、現在でも大いに活用されています。白組の調布スタジオにもあります。

ちなみに「スターゲイトの色彩と光のトンネル」を実現した技法はモーションコントロールを利用したスリット・スキャンと呼ばれて一時代を築きましたが、現在では３ＤＣＧに置き換わっていますね。

白組と当時の映像技術

——万博終了と同じころにせっかく立ち上げられた東京コマーシャルを辞められますが、白組はこういったデジタル時代に対応するための最新鋭のスタジオを目指して設立したんですか？

そんな格好いいものではありません。東映動画以来、学研、東コマと、あまりにも過激に寝る間も惜しんで突っ走ってきたために精神異常をきたしてしまい、東コマを辞め、十年ぶりに休養をとりました。山登りをしたり、哲学の本を読んだり、美術館めぐりをしたり、将来を見つめ直す良い機会になりました。

――充電時期を設けていたんですか。

短い充電期間でした。東コマの若い人たち、英才といわれた谷本満由美さん、中村美枝子さんたちが、早く復活しろと引っ張り出しにきて、事務能力に優れた山内鶴子さんが段取り、島村企画室が立ち上がりました。仕事部屋が出来ると、貧乏性だから、すぐに仕事の鬼にもどっちゃった。山内さんが会社設立の手続きをして、同級生で公認会計士の溝口先生を連れてきて顧問になってもらい、会計処理の基盤を作りました。小さい会社でよくある、領収書を袋に入れておいて月末に税理士の先生に処理してもらう方式ではなく、社内で元帳、補助簿を記帳、月次試算表まで作成する。社員三人の会社とは思えない本格的なもので、初めは馬鹿げた重装備と思っていましたが、十年後大きな資金を動かすことになった時、威力を発揮し白組の成長の礎になりました。

こうして、幼稚園のウサギ組のようなかわいい名前の白組が誕生しました。仕事の鬼復活ですが、二年目にいきなり危機が！　谷本と山内の二人がそろって結婚退社。あわてて社員募集。面接に大遅刻した島田泰子（坂本泰子）が入社すると、一人三役の大活躍。ここが事実上の創業となりました。

仕事はセルアニメの技法が基本、CMは実写とアニメの合成が多いのでオプチカルプリンタ（光学利用の合成機）が大活躍してて、設備のある東洋現像所（現イマジカ）に頻繁に通ってたね。光学合成では旭プロダクションにあったエリアルイメージ合成機なんかもよく使わせてもらいました。ロッテのキャンディ

「小梅」のＣＭなんかがたくさんの賞をもらえたのはエリ合成のおかげですね。

――そのあたりの技術は全部アナログですね。

目先はアナログ一〇〇パーセントの技術で稼ぎながら、頭のなかの半分はデジタルの研究でいっぱいという状態が続いてたんですね。モーションコントロールは『スター・ウォーズ』で大活躍する一方、ユタ大学にエヴァンスとサザーランド博士を中心とした優秀な研究者、学生が集結して３Ｄコンピュータアニメーションの原型を完成させていたころです。映像のデジタル革命はひたひたと迫っていることは感じていました。

――当時の日本映像業界としては、デジタル革命に対して危機感みたいなものはなかったんですか？既得権益の破壊というか、アナログ商品の市場破壊になりかねない。

なかったと思いますね。テレビアニメ、番組、ＣＭ、映画、どこも現場は忙しく、デジタル化について考える暇なんかなかったと思いますよ。むしろノーマーク（笑）。

――アナログ技術の追求が本流だったんですね。

そんななかで白組はハードを持たず設備投資が必要ないので、事業利益率は非常に高かったんですよ。

――とはいえ、白組はデジタル革命の旗手です。どこかでインフラ投資を含むデジタル化に舵を切らざるを得なかったはずですが。

きっかけは、ハリウッドの制作会社ロバート・エイブル＆アソシエイツの活躍ですね。７UPやリーバイスのＣＭなどで、モーションコントロールのスリットスキャン、ストリーク、ワイヤーフレームの３ＤＣＧモデルに対して、多数の実写特撮などの素材をオプチカルプリンタ合成で混ぜ合わせ〝斬新で美しい映像〟を次々に発表して、世界中をあっといわせたんですよ。やがて日本にもデモテープが出回り、電通がロバート・エイブル〔一九三七～二〇〇一年。米国の映像作家。制作会社〝Robert Abel and Associates〟で制作したCFで多くの視覚効果クリエイターを育成〕を招いて講演会を開くほどの事態になっていましたね。

日本でもCMからデジタル革命に巻き込まれることは必至で、白組もハードを持たずに高い利益率を誇るなんて言っている場合ではなくなりそうで、デジタル技術の開発に本格的に取り組むことを決意しました。

――白組創業何年目の決心でしょうか？

創業三年目ですね。創業時は「自社では撮影機材などは持たない」「自分は頭脳で勝負する！」なんて生意気に宣言していましたが、朝令暮改で方針転換しました。

――創業直後に未開地へ足を踏み入れるのには度胸がいると思いますが。

資金の問題もあるので、リスクを伴う決断ですよ。決めてすぐに行動を起こしました。一九七七年に杉並スタジオの建物を完成させましたが、会社としての信用力がまだないので島村の自宅として住宅ローンを使って建てたんです（笑）。

――荒技ですね！

鉄筋コンクリート地上二階、地下一階です。一階が水平移動型モーションコントロールシステム＋実写撮影ミニステージ、地下はセルアニメーション撮影機をベースにした垂直移動型モーションコントロールシステム＋エリアルイメージ合成機、地上二階はCGルーム＋作画室。身の丈をはるかに超えた壮大な構想で、今考えても血気盛んすぎて冷や汗が出ます（笑）。建物が出来ても、機材の開発が大変で、曲がりなりにも構想が完全に現実化したのは一〇年後でしたかね。

――資金調達が大変だったと思いますが。

創業間もない零細企業には、銀行はやっぱり一切お金を貸してくれませんね。国民金融公庫（現日本政策金融公庫）だけが頼りでしたが、融資の上限が一〇〇万円なので、資金不足は深刻でしたよ。お金はひたすらＣＭで稼がせていただきました。島村が自分で、企画、演出、アニメ作画、合成設計、編集、音楽打合せ、ナレーション原稿まで書き、最終納品に立ち合い、見積もりを自分で作るから、恐いくらい利益率を高くできました。

――儲けたお金を設備費と開発費につぎ込む……、ある意味、自転車操業です。

小さい会社なのに経理を担当する坂本泰子が几帳面、正確無比だったので、資金繰りにつまづかなかった。数年後に始まるデジタル化投資の借金地獄に耐える原動力にもなりました。それをいいことに、ペダルを踏み続けなくては倒れてしまうくせに、道楽にも手を出しましたよ（笑）。

――え！　忙しすぎてどうかしちゃいましたか!?（笑）

実験映画時代からの同志、大林宣彦さんが東宝映画『ＨＯＵＳＥ　ハウス』（一九七七）でメジャー映画監督デビューすることになってＶＦＸを担当したり、ポスターをデザインしたりしたんです。この作品が成功して大林さんが次々にＶＦＸを売りものにした映画を作れるようになり、白組も映画のＶＦＸ担当チームを新設するくらいの勢いを得られたんです。

――映画は赤字だとしてもそれが楽しかったというか、やり甲斐があったわけですね。

戦線拡大——そしてＣＧ

会社に泊まり込むのが日常化してさすがに精神異常を再発する危険を感じ、外部から経験豊かな人材をスカウトすることにしました。そのころに合流してくれたのが、小川洋一＝ＣＭ担当、月岡英生＝撮影とモーションコントロール開発担当、粟《あ》飯《い》原《はら》君江＝映画合成担当——の三人です。とは言え、この三人こそ仕事の鬼でしたよ（笑）。おかげで白組はぐんと仕事の幅がひろがり、島村の個人商店から脱皮できたんです。

——よかったですね。デジタルの開発はどう進捗されていましたか？

プロ三人の参加で日常のＣＭや映画の仕事は充実したんですが、実はデジタル化の開発は難航が続いていました。杉並スタジオの床にレールを敷いてキャメラを走らせた水平移動型のモーションコントロール・キャメラは日本で初めてだし、設計の段階で問題が噴出して前に進めません。担当の月岡も私も頭を抱える毎日でしたよ。

——精密機械の設計としては素人ですもんね。

モーションコントロールでつまずいている時、もう一つの柱である３ＤＣＧで動きがありました。一九八〇年、ＮＨＫ技研のデモ映像制作を手伝う機会に恵まれたんです。世田谷のＮＨＫ技術研究所にあるＣＧ開発室が３ＤＣＧのデモ映像を制作することになり、その支援を依頼されたんです。開発室では一億円以上の予算で機材をそろえ、四人の研究員で開発を進めていましたが、突然、四カ月の制作期間で三分のデモ映像を作ることになり、困っていたところでした。

開発室には白組では絶対に買うことができない数千万円もするDECのミニコンピュータVAX11があったんですが、四人の研究者がこの一台にぶらさがる体制なので、作業が順番待ちとなってしまって効率が悪く、さらに当時は非常に高価だったデータを保存するハードディスクの容量は不足してしまっているし、フレーム単位に収録できる最新の一インチVTRは代々木の放送センターまで行かないとない。結局、レンダリング上がりのデータはMT（磁気テープ）に入れて放送センターに持ち込むという世田谷と代々木をピストン輸送して、VTRに少しずつCG映像を溜めていったんです。このペースでは絶対に納期に間に合わないことがすぐに判明しました（笑）。

VAXはすでに昼夜を問わずフル回転しているので打つ手がなく、非常手段として3DCGは静止画だけを出力して白組で加工し、さらに東洋現像所のオプチカルプリンタで加工して、ついに三分の映像作品『日本の四季』を完成させたわけです。この制作は、3DCGの開発はあまりにも壁は高く厚いという現実を実感する貴重な経験となりましたね。

——大きい資本力のNHKでさえ、3DCGの開発は容易ではなかったわけですね。一方でアメリカでは研究が進んでいたんでしょうか？

北米には「軍事」と「宇宙」という大国家プロジェクトがあり、これがCGに隣接しているんです。技術開発に人材、機材、研究機関の厚みがすごい。3DCGの分野ではユタ大学の次を担うCGプロダクションの原型となるトリプルアイ社、MAGI社などが出現し、フォトリアルへの研究を始めていました。

一方『スター・ウォーズ』の成功でハリウッドは特撮特殊効果の新時代が始まって、一九七〇年代の終りにはモーションコントロールの技術は普通に使われるレベルに到達していました。それに比べて日本の

映像制作現場では、アナログの伝統技術で充分仕事ができ、お金を稼ぐことができていたんです。白組は水平移動型のモーションコントロールの開発に手こずっていましたが、それほど追い詰められたものではありませんでしたね。

――地道に本業に精を出すのは基本です。無駄な動きをして体力を消耗したら元も子もないのが経営です。

ところが一九八二年にいきなり打ちのめされる事態が起きました。

「開業準備中の大型のCGプロダクションに見学に行くので一緒に来ないか？」とNHKのプロデューサーに誘われ、「NHKの技研より進んでいるのかな？」程度に出かけていった時のことです。渋谷駅から徒歩一〇分、南平台の丘に建つアメリカンスタイルのお洒落な白い木造の住宅（？）に連れていかれました。「カッコいいだけで、たいしたことないな」なんて思いながら玄関に入ると、なかは意外に広く、階段を下りていくつかのドアを通り抜けると――いきなり宇宙船の内部のような広い部屋が現れたんです！

巨大なスーパーミニコンをはじめとしたDECのミニコンがズラリと並び、大きな洗濯機のような多数のハードディスク群が完備され、フィルムレコーダーまでありました。一台数千万～一億円はするはずの機器が林立しているんです。床にはカラフルな無数のケーブルが這い回っていて、大勢のアメリカ人スタッフがセットアップの作業のために忙しく動き回っていました。

このマシンルームを見ただけで腰を抜かしてたんですが、そのあとでＣＧデザイナー、ディレクターなどの仕事場を見ると曲面の壁に囲まれていて、まさに宇宙船の内部。試写室、ミーティングルームなど……、白組の一〇〇倍の規模のプロダクションでしたよ。

気絶寸前の夢遊病者状態で説明を聞いたところによれば、当時世界最大規模の設備を備えたニューヨーク工科大学のＣＧシステム〝ＣＧＬ〟をまるごとコピーしたラボを日本に持ち込み、頭にJapanを付けて〝ＪＣＧＬ〟と呼んでいました。設備投資と運転資金で二〇～三〇億円をかけた巨大ＣＧプロダクションが突如出現したのです。〝白組はトップランナー〟どころではない、〝倒産〟の文字が頭に浮かんだ瞬間でした。

――高度経済成長後の安定の時代とはいえ、日本のマーケットは北米よりはるかに小さいから、巨大なＣＧプロダクションが出来たら仕事は全部もっていかれてしまう……と。

そう。さらに追い打ちをかけるように、同じ一九八二年にもう一つの巨大ＣＧプロダクションが出現しました。こちらは大阪大学が開発した巨大システムです。ハードは並列処理（多数のマイクロプロセッサーを連結して高速演算を実現）、ソフトは自社開発した〝メタボール〟というユニークなモデリングツールとレイトレーシングで美しい質感表現が売り物のレンダラーです。小型で安価なマイクロプロセッサーを必要に応じて増設可能で、理論的には無制限に演算能力を向上できるというシロモノだったんです。

例えば長編映画制作が決まった場合、徐々にマシーンパワーを増強できるわけ。事業主体は山本又一郎氏〔一九四七年～、映画プロデューサー、脚本家、トライストーン・エンタテイメント代表。『あずみ』〕と東洋現像所、社名はトーヨーリンクス。バックに大企業が何社もついているそうです。白組は巨象にふみつぶされ、ライオンに噛み殺される——そんな危機感を持ちました。

——近くに大型スーパーが二つも出来て、古い小売り店がバタバタ倒産した、というような印象ですね。

本当に倒産の夢を何度も見たねえ（笑）。

——無事だったわけですよね。

命拾いしました。今思えば、当時の３ＤＣＧは表現力がまだ貧弱だったんです。手描きの表現力の豊かさに気が付き、セルアニメ系技術の幅を拡げるため、一九八三年、セルアニメ狂の高橋尚登《なおと》と光岡成一（のちにフリーになって白組の仕事を続ける）、細かい作業が得意の鎌倉和久の三人が入社し、ＣＭアニメの受注能力が大幅に増強されました。とはいえ安心していられる状況ではありませんでした。ＪＣＧＬやトーヨーリンクスのデモリールを見ると、白組では作れないＣＧ映像が出揃っていました。ヨーロッパのＣＧプロダクションのデモリールも日本に持ち込まれていたころです。

——ＣＧ危機がなくなったわけではなかった。

ＪＣＧＬショックの翌一九八三年、ようやく白組も３ＤＣＧ制作部署をスタートさせました。システムエンジニアは東大と早稲田を中退した二名です。当時の日本の名門大学にはＣＧの研究環境はなくて、学位論文も受け付けておらず、最先端のコンピュータ・テクノロジーを目指す学生が多数スピンアウトしていた時代だったんです。

ハードはミニコンの最下位機種ＰＤＰ11／23、ベンチャー企業のサイラックが開発したグラフィックディスプレイ、電子のキャンバス、フレームバッファは個人に安く開発してもらいました。あとはＸＹペンプロッターと、ソフトは二人のシステムエンジニアがフォートランで書いたんです。

最初のうちは、ＸＹプロッターで紙に出力した〝ワイヤーフレームの絵〟をセルアニメーションの撮影台で撮影し、着色はオプチカルプリンタで行っていました、当時はワイヤーフレームの絵は新鮮で、需要がけっこうありましたね。

――ＣＧシステムの初期投資はどのくらいでしたか？

ハードだけで約二〇〇〇万円程度ですね。

――先に話に出た超大型プロダクションの二〇億円に比べて一〇〇分の一くらいですか。それでも３ＤＣＧとして商売ができたんですね。

当時を想い出すと冷や汗が出ます。白組は単純な３ＤＣＧを最終的にアナログで加工し、「ＣＧ制作費」としてお金をいただいていました。実際は〝デジアナ〟ですよね。とはいえ、二〇億円のシステムで作った３ＤＣＧも、今思えば未熟で単純なものだったのだから、高額な見積や請求が褒められたものでもなかったんです。

――ＮＨＫ技研の話にもあったように一九八〇年代初期は、ＣＧは不安定で信頼性も乏しかったのでやむをえないというか、ニーズに応えるにはそれが精いっぱいだった気もしますけど。

同じころに、〝スキャニメート〟というビデオエフェクト発生システムが登場、一大ブームを巻き起こしました。ビデオ・シンセサイザーというべきもので、図形や動画を伸ばしたり縮めたり、回転させたり、円筒状、円錐状にしたりをアナログコンピュータで制御するんです。リアルタイムでＣＲＴ（ブラウン管ディスプレイ）上の画像をチェックできるので、いろいろなヴァリエーションが試せるのが魅力でしたよ。デジタルではないけれども、手描きでは絶対できない今までに見たことがない動きの変化、アナログからデジタルへの転換期の便利屋さんマシンなのですが、システム一式は何億円という高価なものなので、日本では東洋現像所だけが導入していました。白組も大いに使わせてもらいましたね。助けられた、と言ってもよいくらいのインフラでした。

――そんな高価な先端システムも、デジタルインフラは短命ですよね。

そうなんです。はじめは新鮮でも、みんなが使うと飽きられてしまいますしね。

――その当時、白組はつくば科学万博のＩＢＭ館の映像の企画演出制作という大きな仕事を受注したそうですが。

小規模なプロダクションながら、デジタル革命に精いっぱい取り組んできたことが報いられたゆえの発注だったんだと思います。

調布スタジオと山崎貴

――創業一〇年目の成果。石の上にも三年……結果的に一〇年かかったんですね。

そうです。一九八五年は白組にとって大きな転換点となりました。政府系の東京中小企業投資育成会社の出資が決まり、その信用力で中小企業金融公庫から億単位の融資を受けられるようになりました。土地購入も支援してもらい、調布スタジオが完成しました。調布スタジオは日本で最初の現代的ＶＦＸスタジオというコンセプトで建設したんです。

一階は厚い鉄筋コンクリート床で、中央に側溝付きのレールを敷設しました。このレールの上でモーションコントロール撮影システムの開発が加速します。月岡の下に、菅波純、細山正幸が入社して撮影部が充実し、この二人はモーションコントロール撮影のエキスパートになります。二階に各種工作室、ＣＧルーム、ミーティングルーム兼試写室。建物が竣工した翌年の八六年に山崎貴が正式に入社して、スタジオに魂を注入することになりました。八五年に手塚治虫さんがグランプリを獲った第一回広島国際アニメーションフェスティバルでは、私は『花鳥風月』で二位を受賞しました。

——大変ななか、自主制作も続けられていたんですね。山崎さんは入社前から活躍されていたそうですが。

白組は次々に大きな作品を手掛けます。伊丹十三監督の『マルサの女』（一九八七）のＶＦＸ、横浜みなとみらい博「東京ガス・パビリオン」の大型マジックビジョン、北九州市のスペースワールドの「ステラファンタジア館」のプラネタリウム映像、富山県立山博物館「新・立山曼荼羅絵図」の三面マルチ襖スクリーン……特に「新・立山曼荼羅絵図」では山崎＋渋谷のミニチュアセット＋スペシャルメイク＋ＣＧという新世代白組ＶＦＸの基盤が出来たと思います。

——懸案のデジタル化の状況はいかがでしたか？

調布ではむしろこの時期、アナログ系の技術の習得に熱が入っていましたね。渋谷がスペシャルメイクに凝っていて、調布スタジオのスタッフ全員が顔の石膏マスクをとられ、立山地獄の閻魔大王や鬼や亡者にされてしまったり、大量のプラモデル・キットを買い占めてミニチュアセットを組み立てていたり（笑）、

『スター・ウォーズ』や『ブレードランナー』（一九八二）を教科書にしていました。

山崎のすごいところは、デジタルに対する好奇心も旺盛で研究熱心なところです。伊丹十三監督の映画『大病人』（一九九三）で実写撮影現場を学ぶと同時に、伊丹氏の特撮や合成に対する注文は、オプチカルプリンタの光学合成では不可能であることを察知し、なんと発売されたばかりのマックを使ってPhoto Shop 1.0、After Effects 1.0をマスターして、エフェクトとコンポジットをやり遂げてしまっています。日本で初めての三五ミリ映画フィルムのデジタル合成をパソコン――マックでやってしまった（笑）。

――ＶＦＸ史上の大快挙ですね。

天才としか言いようがないね。もう一つ快挙があって、一九九三年白組社内で自主制作映画の開発を始めることになり、私がパブリックドメインとなっている候補一〇作品――竹取物語や古事記などなどを選んで社員を対象に公募を行ったんです。一カ月後の締め切りに応募してきたのは山崎一人で、候補リストから選択したのが謡曲の「鵺《ぬえ》」でした。それを『鵺／ＮＵＥ』という映画企画にしてきた。

――応募が一人きり……って社長の気持ちとしてはどうでしたか（笑）。

当時、白組は仕事が殺到していて全員多忙な日々が続いていて、日常の仕事に追いまくられてはいたんですよ。山崎は人一倍多くの仕事を抱えながら、それでも原作を読み込んで応募してくる……超人ですよ。

――それで山崎さんが採用と。

もちろん内容もよかったんです。プロットが素晴らしかった。即パイロット映像の制作を決定しました。

――意思決定の速さは白組らしいです。

いま振り返ると、この『鵺／ＮＵＥ』は大映画監督、山崎貴誕生の原点でしたね。

――白組が本格的なVFXプロダクションになる原点でもあったと思われますが。

『鵺／NUE』のパイロット制作は三年に及びましたが、あまりにも壮大な世界観で、開発費も積み上がってしまい、白組単独事業では無理があるので、親しい間柄のROBOTの阿部社長に相談したところ企画を評価してくれ、共同開発がスタートしたんです。

――当時、ROBOTはすでに長編映画制作とヒット作の経験値がありましたね。

新しいタイプの映画制作プロダクションとして頭角を現していました、共同開発のパートナーとしては最高の相手です。しかしやはり、開発を続けて作品を完成させるためには莫大な費用がかかり、日本国内の市場には収まらない映画であるとの結論に追い込まれます。その時に山崎が、もっと軽量級で実現可能な考えで作成したプロットを提案してきたんです。これが面白かった！　阿部社長も気に入り、あっという間にテレビ局、出版社などに認められ、製作委員会の組成に成功したんです。こうして『ジュブナイル』（二〇〇〇）が誕生することになりました。

――いきなりのメジャー映画監督デビューでした。開発状態の『鵺／NUE』から転じて新世代のVFX作品が誕生した。しかも東宝本番線……、奇跡ですね。

実力はもちろん、強運なんだと思いますよ。自分が書き下ろしたプロットでメジャーデビューできたなんて奇跡みたいなもんです。しかも白組にとっても本格的な長編映画の新世代VFXは初体験ですから。この時、山崎VFXを支えるCGチーム、渋谷紀世子、早川嗣男、高橋正紀、平昌都がスタートし、少人数で長編映画を作ってしまう魔法を蓄積してゆきます。

デジタル化の波と経費の圧迫

時期が前後しますが、一九九六年に白組本社は南青山から現在地の表参道に移りました。南青山のスタジオが手狭になったこともありますが、デジタル中心の制作体制に切り替えるために設備機材の大幅な更新が必要だったのです。創業以来使用してきた、セル絵の具、絵筆、トレスマシーン、乾燥棚、トレースコープなどが消え、コンピュータがずらりと並ぶことになりました。

――ようやく社長が企図したデジタル革命ですね。映像制作現場にデジタルの波が押し寄せているかのような光景だったんでしょう。

白組創業二〇年目のこの時期、ビデオ編集に「ハリー」「ヘンリー」と呼ばれる、エフェクト・合成・ノンリニア編集をワンストップで行なってしまうシステムがリリースされました。ビデオ編集室がスーパーポストプロダクションに変身し、白組＋イマジカ（オプチカル合成）の仕事を奪っていくことになります。

――デジタル革命は思わぬところに新しいライバルを生み出しますね。

オプチカル合成自体は『スター・ウォーズ』の新世代VFXを支えたアナログ系技術ですが、それが「フレーム」「インフェルノ」などのデジタル合成に駆逐されてゆくことになるんです。特に単価が高いCMの仕事は高価なデジタル系編集室をどんどん使えるので、熟練した人の手で作るマスクを使い、多重合成に弱いオプチカルプリンタの出番がなくなってしまいました。

――熟練技術者の仕事がなくなるのは人間の体感技術の退化にも感じます。

デジタル革命はコンピュータ・テクノロジーの新産業革命が生んだ「機械文明を駆逐する革命」と言うこともできます。

鉄や銅、合金で作られたキャメラや撮影スタンドは、油を注《さ》したりピカピカに磨いたりと、時には技術者の手垢で黒光りがするまで使い込むと一〇年目、二〇年目でも絶好調。購入した時は高価であっても、一〇年かけて減価償却したあとは資産上は無料で使えます。

一方で、何千万円もする高価なコンピュータが、三年で使いものにならなくなるんです。そのうえに保守料金もランニングでかかります。しかもコンピュータは突然動かなくなることがあり、その場合は一般のユーザーの力では復帰できないことをだれもが知っています。保守契約をせずにメンテナンスを頼んだら目の玉が飛び出るほど高い料金を請求されたりします。これって考えようによっては、悪徳商法じゃないのかなあ（笑）。もう一つあって、人間の健康のことなど考えずガンガン冷房しとかないと故障しますよ（笑）。とにかく、「ミニコン」や「ワークステーション」の頃は大変でした。

――コンピュータは恐ろしいですよね。目で見ても不調の原因はわかんないですから。といっても白組としては、それから逃げていたらトップランナーでいられないという。

採算ラインを掴んでいくのは極度にきつかったですね。当時は倒産や撤退するプロダクションがあとを絶ちませんでした。ここまではハードの話ですが、コンピュータで映像制作する場合、〝ソフト〟も大問題です。

――ソフトも金食い虫ですね。

白組は最初は自社内でソフトを開発していましたが、プロ用が市販されるようになると、いち早くインハウスソフトをやめました。白組のような小さいプロダクションでは、開発コストの負担に耐えられないと考えたのです。この判断を即決したのはよかった。その後、開発と制作の両方を続けたCGプロダクションは、大部分が経営破たんに追い込まれました。とはいえ、市販のソフト開発会社も本命不在で、販売不振のために開発をやめてしまうところが現れたり、CGの世界はリスクだらけだったんです。

——トップ集団に踏みとどまるには、リスクを恐れていられませんものね。

ビジネスモデルとしてはリスクが大きすぎますが、コンピュータ・グラフィックスの可能性はあまりに大きいんです！　無限の可能性すら感じていました。ましてや天才の山崎の映像イマジネーションを実現するためには、一台何千万円のシリコングラフィックスのワークステーションを次々に投入しなくてはなりません。山崎のVFXは日本の水準から抜きん出ていなくてはならないし、それは白組の生命線でもあるんです。

——重大な決断ですね。

CMの受注が好調で、アナログであるハンドメイド部門の採算がよく、高収益体質となっていて会社全体としては黒字でした。問題はワークステーションとCGソフトの購入がリースを組み合わせても借入金残高をジリジリ増大させていることでしたね。銀行からは「もう限界だ」と再三警告されました。

経営危機

——決算は黒字でも、資金繰りがつかなくなる黒字倒産ということですね。

『ジュブナイル』『リターナー』（二〇〇二）と山崎映画が続き、コンピュータ関連設備投資が膨れ上がり、二〇〇二年に白組は資金繰りが危機的状況に陥りました。すべての金融機関に借り入れを断られ経営破綻の覚悟をしましたね。

――創業二〇年目で最大の危機……、でも業界内では「白組が危ない」という噂は特に聞こえてこなかったですよ。

仕事自体は充実していましたよ。二〇〇〇年、ＳＯＮＹがプレイステーション２を発売して、映画のようなオープニング映像を売りものにした大作ゲーム『鬼武者２』『３』で白組は当時最高の３ＤＣＧ映像を作ったと評判になりました。また第一次電子出版ブームでは『生態系デジタル図鑑』（二〇〇一）が学校図書館メディア大賞を受賞しています。続いて『デジタル昆虫図鑑』（二〇〇二）も刊行しました。白組史上もっとも多忙な時期で、表参道本社の地下は毛布や寝袋が二四時間敷き詰められた状態になってしまい、家に帰れないで会社に泊まりこむスタッフが続出してしまいました。

――業界で一番忙しいプロダクションが、注目される作品をさんざん制作しているわけで、倒産の危機だなんてだれも思いません（笑）。

もちろん創業以来、社員の給料、外注先への支払いなどで一日たりとも遅配をしたことはありませんよ。税務調査でも不正を指摘されたことは一度もありません。信用第一でやってきたこともよかったのかな。

――資金繰りの危機自体はどうやって回避したんですか？

社内では経理部長の坂本以外、倒産の危機だとはだれも知りませんからね。精緻な資金繰りで持ちこたえていたんです。僕は眠れない夜が続いていたのですが、朝になって出社すると山のように仕事が待っていて、格闘技のようにその仕事に没入して、仕事をとりまくり借金を返そうと思って死に物狂いで仕事をこなしました。

――攻めに傾注して守りがおろそかに……、戦国時代だったら国を亡ぼす武将ですね（笑）。

まったく。確かに僕の弱点かもしれません（笑）。ところが奇跡が起こったんです。

白組創立と同時に顧問になっていただいていた公認会計士の溝口先生の知人の画商の方が、「財界の大物を紹介するからダメモトで会ってみたら？」と、野村証券の副社長まで務められた平和不動産の社長の井坂（健一）さん（当時）を紹介してくれることになりました。平和不動産は東京証券取引所の大家ですね。社長室で井坂さんに白組の社歴、業務内容、コンピュータのインフラ投資による資金繰りの危機を説明しました。野村証券時代からだれからも人格者として認められていた井坂さんは、約一時間黙って僕の話を聞いてくださったのち、「事情はよくわかりました。私が手を貸しましょう」と言ってくれたんです。夢にも思っていなかった言葉を聞きながら、僕は卒倒しそうになりました。

「緊急にお金を集める必要がある」

「なにも言わずにお金を即決で出してくれる人を集めましょう」

と、僕の目の前で、心当たりの方に電話をかけ始めたんです。

「これって、現実なのだろうか？　あまりの急展開！」――そんな状況だったんですよ！

――井坂さんとは初対面でいらしたんですよね。白組の信用調査をさせたりしたうえで手を貸してくれるならわかりますけど。信じられないですね（笑）。

夢に決まっている――そう思いましたが、次の日から井坂さんが私を連れて友人の財界人挨拶回りを始めてくれたんです。驚くべき行動力、三日前までは縁もゆかりもなかった私と白組のために、貴重な時間を割いてくださったんです。思いもかけない〝財界人の挨拶回り〟はもちろん勉強になりました。みなさん自分一代で大会社を築きあげた創業者ばかりでした。二〇分くらいの面接で、白組というちっぽけな会社に何千万円のお金を貸してやろうと即決してくれるんです。

——白組が資金繰り危機に陥っていて、お金を貸しても、倒産されたら一銭ももどらないという前提ですよね。

無論、会社経営に厳しい方々であることは間違いありません。家に帰り一人になってから考えましたが、白組の仕事の将来性を「面白い、意義がある」と直感されたんだ、と考えるしかありませんでした。

——財界人の応援を受け、これで白組は一段と成長する責任を負ってしまいました。

天命を実感しました。天に生かされているのだと。天佑というやつです。井坂さんは、白組がコンピュータ・テクノロジーという未知の分野を基盤にした事業を進めるのだから、より一層大きな規模の資金調達が必要である。それには株式公開を前提に無利子でまとまった資金を調達する方法以外ない。こうして白組はＩＰＯ（株式上場）を目指すことになりました。

——社長は株式公開の知識なんてゼロですよね。なんの知識もないままＩＰＯを目指すとはなかなか危なっかしいですね（笑）。

井坂さんが指南役のベンチャーキャピタルを紹介してくれました。そこの社長が「なにも知らなくてよい、自分のところがすべて段取るから」と言ってくれ、資金を出すベンチャーキャピタルに向けた事業説明会を開きました。

——株式市場取引のプロの前で「お金を出してください」とプレゼンするのだから、これまた社長的には冷や汗ものですね（笑）。

これで失敗したら、井坂さんの救済も無駄になってしまいます。予断を許さない厳しい状況の連続でしたが、世界最大級の証券会社、モルガン・スタンレー証券（現三菱UFJモルガン・スタンレー証券）が日本に進出していて、初めてベンチャー企業投資に参入したタイミングで、白組の説明会に出席、投資を決めてくれました。世界のモルガン・スタンレーが投資を決めたことで、日本の主要なベンチャーキャピタルがこぞって手を挙げ、予定していた募集金額五億円が調達できたんです！

現在の白組と、その思想

——綱渡りの連続ですが、さすがの強運ですね。危機を乗り越えるたびに、会社が大きくなっています。

気が小さくて心配性なくせに、ここが勝負と思うと死んでもいいと突撃してしまう。先端を目指す以上、成長が止まったら、会社は存続できないですからね。座右の銘は広岡浅子の「九転十起生《きゅうてんじつきせい》」です。

二〇〇五年、『ALWAYS　三丁目の夕日』が公開されました。このころからフル３ＤＣＧ長編アニメーション映画『ＧＡＭＢＡ　ガンバと仲間たち』の開発に着手します。またコンピュータ・テクノロジー偏重になりすぎないよう、伝統的なハンドメイドの技術にも目くばせして、『ALWAYS——』の大規模なミニチュアセット、ドイツ・シュタイフ社が世界で初めて公認したぬいぐるみの立体モデルアニメーション（短編）を制作しています。

――最先端のＣＧアニメ、ＶＦＸから伝統的なハンドメイド技術部門までを社内に持つ、世界的に見ても例のない〝白組スタイル〟がようやく出来上がるわけですね。

二〇〇六年、三軒茶屋スタジオが新設されました。これは白組の企業規模が一段とスケールアップする契機になりました。二つの部門の充実、一つはＣＧアニメーション制作の環境。システム部（鈴木勝部長）の充実で、膨大なデータ量をあつかう長編フル３ＤＣＧアニメ制作の体制が整ったこと。もう一つは新規コンテンツ事業部（井出和哉部長）が長期計画でキャラクターを中心に多メディア展開する新しいコンテンツの開発に向けて、本格的に始動したことです。二〇一六年現在、新規ＩＰビジネスに向けて実績を積み重ねています。

もう一つ、白組にとっては第三世代ともいえる、新しいリーダー格の人材の成長です。制作一部（佐々木悟）、制作二部（小池学）、制作三部（鈴木健也）、制作四部（小森啓祐）、営業部（井上浩正）、以上は部長職になりますが、部長職と同等の実力者として、竹内義、勝又典子、加藤未起子、杉山隆志、奥口美奈子、黒河十茂博、黒崎尚之、小島宣利、坂典明、塩谷大輔、鈴木由衣、矢野剛、小野航、高橋正紀、平昌都など、在籍十五年くらいを目安に列記してみました。十年選手まで入れると、誌面が足りません。

――白組がどんな会社なのかを、代表の言葉として話していただきました。手描きのアニメーションから発し、ＣＭを制作し、ＶＦＸのスタジオでありながら大型映画（製作委員会出資）、ＩＰビジネスに挑戦するまでたどり着きました。やはり、こんなに守備範囲が広い、先鋭的な制作会社はなかなかありません。

このインタビューの資料性として大事な点ですね。私なりの言い方になってしまいますが、アナログ一二〇％の時代のころから、本当のデジタルのソースステージを少しずつ構築していたのは白組という会社だけであったという点です。そこから徐々に映像業界全体がデジタルの時代になっていったんです。そのような変革期というのは二度とないと思うんですね。ある意味、今の映像業界を築く一つの柱になっていると思います。

そういうのはイデオロギーがあってやったとかではなく、結果論で目の前の課題をいろいろこなしていくうちに「自然とこうなってしまった」という感じです。

——白組の名前は社長が自らお考えになったのですか？

「白」というのはアニメーションを描く紙も、映画を上映する際のスクリーンも白色光の三原色を全部まぜ合わせると白色となるので、そこから取りました。「組」とくくったのは、〝株式会社〟というような呼び方よりは、初期のころは三〜四人くらいで和気あいあいと仕事をするのが楽しいかなと思って付けたわけです。幼稚園や保育園ってクラス分けが「〜組」というような呼び方をするじゃないですか。

経営コンサルタントからは、「白組とは企業名にふさわしくない。国際的な大企業になった『ＳＯＮＹ』とか『ＨＯＮＤＡ』とかみたいな名前に変えろ」と言われましたね。「こんな名前じゃ、将来思いやられる」と言われ続けましたが（笑）。

終章 白組 過去・現在・未来

本書では白組の歴史や、その映像界における数々の証言、そして表現の体現に立ち会うことができた。その映像技法や制作技術そのものについては他の専門誌に譲るとして、この章では白組の稀有な成長過程や現在の業界におけるステイタス、そして彼らに託されている未来の映像エポックの可能性を論じたい。

胎動

一九七三年、島村企画室がのちの白組に先行して設立される。これは所属組織における既存の映像事業環境にある種のフラストレーションを感じていた島村達雄の、発作的で必然的なクリエイターの代謝として行われたことだった。

日本アニメーション史のなかで伝説として知られる初の長編アニメーション劇場映画『白蛇伝』に参加ののち、東映動画（現東映アニメーション）のCM課でTV、劇場CMのアニメーション制作業務（グラフィカルなアニメ、スチールアニメ、切り絵、影絵、ギャグアニメ……）を仕切っていた島村にとって、単純に自分という作家の価値のみで部門が回転していた状況も、独立という意識を芽生えさせるのに十分だった。ただ理由はそれだけには留まらない。マンガ出身者でキャラクター描画に長けたスタッフや物語アニメーションのスタッフが有象無象といる大泉のスタジオにあって、島村は他のクリエイターには負けることのできない、自分だけが見出せる制作体制と技法の創出に専念したかったと見るのが正しい。

東映動画を退社した島村は、映像事業に強い意欲を持っていた学研のＣＭ制作部門立ち上げに参画する。ここで島村は、クリエイティヴィティとはインフラに担保される側面の強いことを、改めて自覚することになった。入社時点で線画台をはじめとした諸所の機材が最初から備わっていた東映動画の制作環境とちがい、年間の予算のなかで設備計画を自身で行ううちに、組織と資本の関係性を強く体感することになる。後年の株式会社設立に先立ち、ゼロからインフラを整備していくことの大変さを思い知ったわけだ。

その経験のあと、満を持して最初の株式会社である東京コマーシャルフィルムを立ち上げるが、それぞれが経営資源を持つ者たちにより組成されたその組織は、島村自身が領域外の職分を管掌しえなかったことから、自らのスピンオフを企図することとなり、その結果に生まれたのが島村企画室であった。この時点で島村が学んだことは二点。一つは設備投資と売り上げという事業計画における資本の重要性、そしてもう一つは、組織を組成するのであればすべてのプロジェクトと庶務を自分が把握・管掌しておかなければ、緊急時にはその保全が利かないということだった。

旗揚げ

一九七四年、島村企画室はついに白組に改組される。資本や経営体制が整い、島村自身がクリエイティヴィティを経営資源として会社をやっていけると踏んだからだ。たった一年で経営の見込がつくこともすごいが、なによりも特筆すべきはその時代に多様なスタイルのアニメや特殊撮影の需要が大量に発生すると見抜いた、その島村の感覚である。恐らくは経営感覚ではなく、どっぷりと全身で映像業界に浸かっていた体感により潮の流れを知り、「映像に時代がくる」と読んだのだ。それが結果的に白組独自の経営感覚となっていく。

その当時、いく人かの経営者がそれに気付き、傷を負いながらも実業化に成功している。例えば東北新社の植村伴次郎がそうであり、ナムコの中村雅哉がそうである。しかし島村は飽くまで当時から「クリエイターとしての感覚」をその目利きの中心に置いていた。無論、自身のクリエイティヴィティの追求を休ませることもなく、学研時代の一九六五年には脚本・監督をした短編アニメーション『月夜とめがね』で第一回草月実験映画祭奨励賞を受賞している。

時は大阪万博を終えて高度経済成長期真っただ中だ。現代からその時代を眺めると、国外の戦争に依存したその好景気は日本の独力とは言いがたい成果ではあったものの、経済と人的なダイナミズムが戦後は初めて最大化していった時期でもある。日本人は本当によく働いた。さまざまな事業が資本を得、そして市場が育っていた時代、島村は自身のクリエイティヴィティの環境を整備しようとしたのではなく、あくまでもクリエイティヴィティを資本と捉え、それを経営資源とすることに気付き、白組を設立したのである。

人材とその守備範囲

東映動画を出身母体とする島村にとって、アニメーションというジャンルそのものは自らのクリエイティヴィティを表現する場としては本領だった。しかし、「クリエイティヴィティ＝資本」という思想を持つに至っていた彼にとって、決してその場所のみに安穏としていたくはなかったようだ。島村はストップモーション・アニメーションや実写特撮と呼ばれる特殊撮影の領域へも静かに、そして確実かつ貪欲に歩を進めていった。それは人材《タレント》の獲得という戦略を基軸に行われていくことになる。

いくつもの実験的な先端映像の制作を行い、映画祭でも作品の評価を受けていた島村だったが、その時期からは自己の研鑽に留まらず、現在の白組へと連なるクリエイティヴ・キー・タレントの獲得・育成に砕身している。

七九年、セルアニメ業界に幅広い人脈を持つ粟飯原君江、八〇年、実写ＣＭの最前線を知る小川洋一、八二年、アニメ撮影の達人月岡英生、八三年、美大卒でＣＧの草分けとなる高橋尚登の入社を嚆矢として、その後、日本映像界の先端に立ち、現在の映画界を支えるような人材が、ぞくぞくと入社し始めるのだ。

さらにその後、八五年には独立後に数々のキャラクターを創出する伊藤有一。

八六年には、調布スタジオの開所を学生身分ながらも担い、現在の邦画界でなくてはならない存在となった山崎貴。

同じく八六年には、撮影の現場から現在のワークステーションによるレンダリングシステムを整備することになる早川胤男《つぐお》。

八七年には、山崎とＣＧ映画でタッグを組むことになる八木竜一。

九一年には、テレビで通年のＶＦＸシリーズを成立させた岩本晶。『ＧＡＭＢＡ』で監督デビューした河村友宏。

九二年には、アートディレクターの花房真。

九三年には、VFXディレクターの職掌を女性として初めて完成させることになる渋谷紀世子。

——代表的なクリエイターを並べただけで、そのすごさがわかろうというものである。まさに梁山泊だ。

しかし、ここまでわずか一五年だと言いつつも、むしろ一五年もかけて兵站を築き、覇を完成させた忍耐力と資本維持力、そのクリエイティヴィティ精神には感嘆せざるをえない。多くのプロダクションがヒットによりコンセプトがブレてしまい、水平展開に失敗して資本の持ち出しや借り入れを増やして倒産してしまうなか、堅実に白組は傭兵としての戦闘力増強に邁進してきた。

彼らの領域を見ればわかるように、時代はアナログな撮影環境から、デジタルの制作環境へと変遷していっている。しかし、七〇年代の手で描画されるアニメーションや、肉眼での実写撮影技術など、アナログな映像技術の蓄積が基点となって、彼らの才能を担保していることも間違いないのである。

生活財であるインフラと投資

さらに特筆すべきはそのインフラ整備の先見の明と、躊躇《ため》《ら》いのない投資の姿勢である。東北新社も最先端機器をかなりの速度で導入することで有名だが、白組もそれに負けていない。それはCGのレンダリングのためのワークステーションやソフト、サーバのことだけではない。

白組の調布スタジオにはインハウスでのモーションコントロールキャメラや合成用スクリーンが常備されている。一口にモーションコントロールキャメラと言っても、単に買ってくれればよいというものではない。自動車や家電の購入とはまったく意味がちがう。強靭なコンクリート土台の基礎工事から、正確な軌道を保証する緻密に組み上げられたレールの敷設、さらには繰り返しの同期アクションを制御するモーターとPCの設置、季節によらず安定した撮影環境を保全する空調など、さまざまなセンシティヴな作業が必要なわけで、ハウスプロダクション単体が持ちうるインフラとは言いがたい（円谷プロでさえオプチカル合成用の線画台しかなかった）。

さらにはテストピースの現像用の暗室まで隣接させ、すべての映像を出力するためのインフラが備わっているのである。スタジオを案内してくれたVFXディレクター渋谷紀世子は「建て増し、建て増しで歴史があるスタジオなんです」と語ってくれたが、これは一つの映像課題に直面するごとに現行の手持ちの機材のなかで試行錯誤し、利益を得て設備投資を繰り返してきた結果である。それは個人の収入で賄うのと同様の感覚で、自分たちの稼ぎで構築してきた、愛すべき自宅の内装のような語り口だった。

VFXの旗手

白組は、決してCGやアニメーションのみを領域としているわけではない。彼らに「なんの会社なのか?」と問うと、みな誇らしげに「VFXの会社だ」と言ってはばからない。一般の人間にはわかりがたい感覚かもしれないが、これは彼らスタッフにとっても会社にとっても重要なことである。

例えば円谷プロダクションでは、自らの会社を「特撮の会社」と言い続ける。その先に進化した映像体系であるSFXや、それをさらに包括するVFXという表現を使うよりも、「世界で初めて特殊撮影を体系化した円谷」という自意識によって、彼らは今でも（実際はその系譜が断絶していても）「特撮の会社」と言い続けているのと同様だ。日本でさまざまな角度と技術を混交させ、組み上げることによって誕生した「ＶＦＸの旗手」であること、そしてその産業の牽引者であることの自負が、彼らをそう言わしめている。

また「ＶＦＸのトップランナー」であることが組織としてのイデオロギーでもあり、それがさまざまなスタッフを連環させ、高性能な作品を、画期的な表現を生み出させている。会社の経営は難しいもので、「その商品が好き」でないとスタッフはいつかないし、またロイヤリティ（忠誠心）も上がらない。その商品を愛するスタッフでなければ商品力も上げることがかなわず、資本も不安定になっていく。その点、白組は「なによりも最先端の映像をクリエイションし続ける」「クリエイティヴィティ＝資本」という島村の思想のもと、「ＶＦＸのトップランナー」であることを自認し、会社を大学の研究室のように捉え、常駐し、アイディアを闘わせ、フィールドデータを採り、機材を試作して数々の作品を世に送り出しているのである。まさに日本のＩＬＭである。

映画

その白組が戦略的に捉えているコンテンツ領域が二つある。まず一つは先から出ているアニメーション（とその技法であるＣＧ）。そしてもう一つが映画である。映画は今や白組にとって本領とも言える領域となっているが、現在では山崎貴をはじめとして八木竜一、渋谷紀世子らが映画界で名を馳せていることから、二〇〇〇年代になってからの白組の顔のようにも思われている。しかし実際は、白組が映画に足を踏み入れたのは創業からわずか三年後の一九七七年。コマーシャル制作で島村が懇意としていた大林宣彦の初めての商業映画、東宝配給の『ＨＯＵＳＥ　ハウス』からである（ポスターも島村自ら手がけた）。

その具体的な映像表現についてはあえてここで言及しないが、むしろ邦画が斜陽となり始めた八〇年代にあって、その収益性の悪いであろう映画に足を踏み入れることを決断していた島村の眼力に着目するべきであろう。結果、島村が参画した映画は、斜陽の邦画界にあっていずれも大ヒットとなった。

通常、博覧会用展示映像（通称・博展）やコマーシャル映像の制作単価は、映画と比較してかなり高額である。約一一〇分の映画と、一五秒（同一撮影素材から三〇秒、六〇秒のバージョンちがいもの）のコマーシャルフィルムが同じ程度の制作費というケースがあることなど、業界では普通のことだ。邦画本番線の作品はだいたい一〜三億程度の制作費を使うが、単純に自動車のコマーシャルフィルムなども二億円程度の制作費があったりもする。

両コンテンツの制作費を仮に二億として一秒当たりの制作費に割り落としてみよう。そうすると「映画一秒当≒三〇、三〇三円」「ＣＭ一秒当≒一三、三三三、三三三円」で、約四四〇倍も制作費の差異があることがわかる。仮に同じ機材やスタッフを使って同様のロケーションやセットで撮影したとして、なぜ価格にこれほどの差が出てしまうのだろうか。これはどういうことか？

まったく別の観点からの説明になるが、大企業のマーケティング費用は広告代理店を経由して、プラットフォーム費用としてさまざまな媒体を購入することに使用され、その後、宣伝映像制作費を受託する制作プロダクションや、そこから先の機材会社、キャスティング会社、仕上げ会社、制作関係スタッフなどなどと業界の隅々にまで行き渡ることになる。巨大な経済循環を組成しているなか、恐らくは代理店の努

【コンテンツ制作費概算比較】

種別	詳目	額面	備考
アニメーション	TV シリーズ 1 話分 25min's	￥13,000,000 ～	総制作額を全 12 話で平均したとして
	劇場用映画 90min's 以上	￥150,000,000 ～	
ドラマ	TV シリーズ 1 話分 25min's	￥20,000,000 ～	
	劇場用映画	￥200,000,000 ～	
特撮	TV シリーズ 1 話分 25min's	￥16,000,000 ～	
	劇場用映画 90min's 以上	￥20,000,000 ～	
CG アニメーション	TV シリーズ 1 話分 25min's	￥15,000,000 ～	
	劇場用映画 90min's 以上	￥250,000,000 ～	
CM	15min's、30min's	￥20,000,000 ～	代理店からの発注。キャスト費代理店負担
博覧会展示映像	10 ～ 20min's	￥20,000,000 ～	

※あくまで基準値であり、内容によって制作費の多寡は発生する。
（公野研究室調べ）

力と実際のマーケティング費用を支払う企業の経営努力で、その適値が確定されてきた歴史がある。

　つまり、それだけの従事者を抱える広告業界を活かすだけのマーケティング費用の価値や人件費の価値を企業が合理的だと認めており、さらにそれだけの数の産業従事者を雇用し続ける生産力もあるわけだ。

　極端な話、映画が三万円で「我慢」して制作しているのに対して、同じ成果を一三〇〇万円をかけて余裕のある制作体制を敷き、さらには間接費を受益可能にしているのが広告業界といえる。これは搾取や節約だとかの話ではない。経済循環と産業サイズの問題である。

そうすると映画は、それだけの生産性しか持ちえない狭小な産業というわけだ。

「映画は儲からない」という映像産業界の常識のなか、それでも白組は映画に邁進する。インフラ整備と技術研鑽のため、そして技力のパフォーマンスのため、短期間で回せて利益率の高いＣＭや博展映像、あるいは高額制作費のゲーム映像（これも市場規模が巨大だった）などの事業群を請けて、その余力と成果を映像業界ではもっとも歴史があって権威の強い映画事業へ投入し、業界からではなく、一般大衆からのレピュテーション（評価）を実際に獲得してきたのである。静かにそして確実に。確かに映画は、すべてのクリエイターのたどり着きたい最終的な高みなのかもしれない。

島村も自から映画の作業に関わり、さらに若いスタッフにも積極的に映画作品への参加を奨励していた。

【制作会社の理想的な経営モデル】

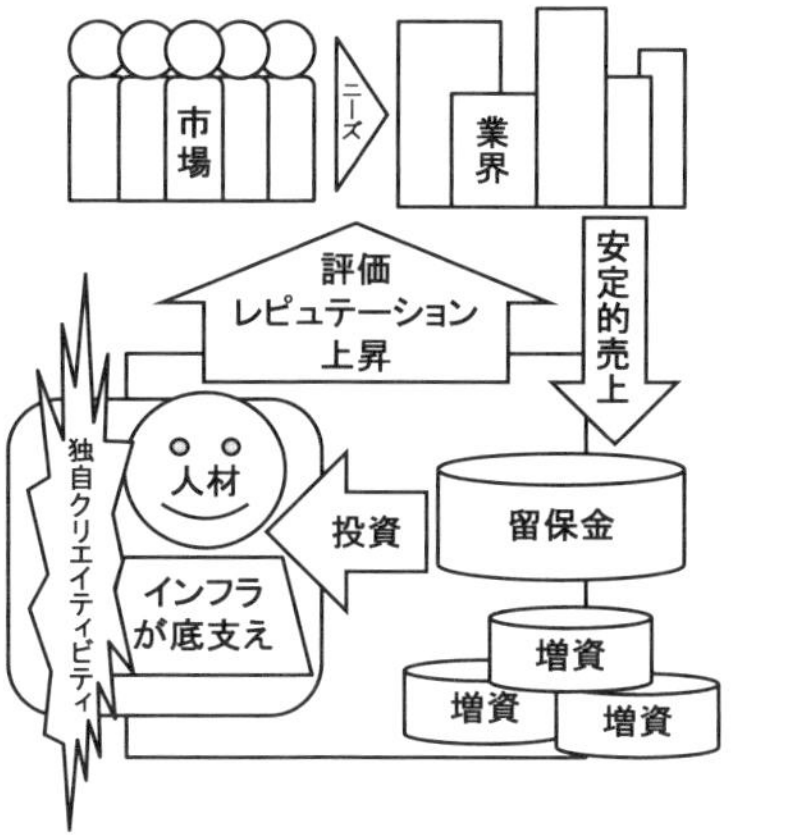

同社の調布スタジオは、もともと、邦画メジャーのスタジオ基幹用地が調布でもあったことから、一九八五年に開所されている。山崎が「電話の手続きを自身でするほど最初はなにもなく、かつ入社前のアルバイトの自分にすべての準備を任せてくれた」と語ったように、島村の頭のなかにはすでにそのころから、映画が白組のメインのソリューションになることを見越していたのだ。さらに、山崎がその中核となることを見抜いていたと思える。

先見の明と執念深さ、そして創業よりブレない経営戦略とクリエイティヴ至上の思想が島村にはある。同様の思想の会社に先に例示した東北新社がある。創業者、植村伴次郎の思想は「情熱、技術、創造力」だと語り、その実践により制作会社初といえる株式上場を果たした。はからずも別の立場と道から、島村率いる白組も同様のファクターを思想の中心に置くに至っている。よるべなき制作会社が拠るべきもの、それはやはり「情熱、技術、創造力」なのだろう。

元々、白組における映画事業は最初に島村がそうだったように、SFX、VFXパートの受託から始まっていた。山崎貴も監督として立つより先に、伊丹十三の映画作品においてSFXや合成を担当した。インタビューにもあるように、山崎の作風というより撮影現場での監督としての姿勢は、伊丹十三の「決して怒らない」というスタイルを継いだものだという（渋谷紀世子談）。「百の現場には百のやり方がある」と言われる映画界にあって、さまざまな組のさまざまな方法論をVFXというパートから真摯に学び取っていたのだろう。けだし、その山崎の学究的姿勢は島村のそれと同じであり、我々が白組を好む、そして白組自身が誇るべき特質でもある。

そんな山崎の初監督作品に、初めて白組は資本参加する。二〇〇〇年の『ジュブナイル』だ。

HUBと傭兵

それまで、作品におけるパート参加でしかなかった白組にとって、初めて制作主体となる時がやってきた。しかも制作会社は阿部秀司率いるROBOT。これも島村と阿部という、CM制作における長い盟友関係ゆえの協力であり、以降、ROBOTは白組が映画事業を行う時のプロデュース担当という、替えがたいメインのパートナーを担い続けることになる。

藤本賞を三つも獲ったプロデューサーは日本映画史上、彼一人だろう。その阿部秀司が語る。「後半生の半分の作品は山崎に撮らせる」――すごいプロデューサーの、すごい言葉、そしてそれは白組にとってはなによりも頼もしい言葉にちがいない。白組はＶＦＸという狭域で深いソリューションを持つ会社であるために、事業化という点においては、映画プロデューサーが不在であるという特徴もある。もちろん、テレビシリーズやテレビ局映画へ積極的に企画の展開を図る田中尚美のようなプロデューサーも健在だが、山崎は大型予算が必要なタイプの映画監督である。その予算に見合った資本構築と事業設計ができるプロデューサーが求められた。

二〇〇五年東宝配給の『ALWAYS　三丁目の夕日』で、興行収入三〇億を超す作品を生み出したのが阿部である。邦画作品のメジャー本番線というプロジェクトを通して、阿部はそれまで裏方だった白組を一気に表舞台へと押し上げた。白組にはこのように内在する人的インフラのみならず、ＨＵＢ（結節点）として白組の作品自体に強力なプレイヤーを連結するソリューションも持つ。

また白組の深い理解者に小学館の沢辺伸政がいる。上司であった『ポケットモンスター』のプロデューサーである久保雅一とともに『ジュブナイル』に小学館を資本参加させる。それどころか、『ポケットモンスター』と『ジュブナイル』という出資両作を、同じ時期の東宝系本番線にかけてしまった同社プロデュースチームの中心人物だ。

いまでも筆者はよく覚えているが、二〇〇〇年の夏、有楽町マリオンに観劇に行った際、当時の日劇プラザに『ポケットモンスター』、日劇2に『ジュブナイル』がかかっており、その劇場前の作品スタンディのスタッフ欄の両方に「小学館」の文字が……。目が丸くなったが、「こんなことやっていいのか？」と劇場前でえも言われぬ感慨にふけったものである。

『ジュブナイル』以降、沢辺は白組の強力な味方となり、『三丁目の夕日』、二〇一四年の『STAND BY ME ドラえもん』など、小学館原作の作品における調整役として白組を支援し続けている。彼もまた白組を通じて阿部などとつながった日本の代表的なヒットプロデューサーであり、特に出版という狭窄な産業からの強力な援護射撃力を担当する稀有な人物といえる。

二〇一一年の『friends もののけ島のナキ』、二〇一四年の『寄生獣』で東宝のプロデューサーを務めた川村元気も、白組の理解者だ。川村自身も映画という産業の最前線で「新しいもの」「面白いもの」「感動するもの」を開拓し続けている。そのなかで、映像表現が先端でありつつも、スタンダードな感動を真っ直ぐに描ける白組の映画企画は、相性がいいのかもしれない。

「発行部数の多い有名原作でなければ企画が通らない」という映画業界において、名作児童文学ではあっても当時のトレンドを無視した『friends もののけ島のナキ』という作品を、最大の保守本流企業である東宝のなかで完遂するには、相当な苦労があったはずだ。しかし川村はそんなことは意に介さず、「白組のクリエイティヴィティにつきあっただけだ」と言い放つ。

また、〝変化球に見えながらも実はど真ん中を突き刺す剛速球〟という作品をプロデュースし続ける川村は、山崎との制作的な会話でストレスを感じたことはない、とも話す。プロデューサーと監督の制作的打ち合わせには、自然にというか当然のごとく駆け引きが発生する。しかし、山崎相手にはそれを感じない、ということだ。純粋に双方の事情を飲みながら、共通のゴールを目指せる仕事仲間ということである。

東宝本番線という大舞台で大型作品を撮る際に、山崎や白組が制作領域においてプロデューサーの精神的な負荷が少ないという点は特筆に値する。作品制作において自然と白組が選択されていく、ということだ。これも白組の経営的にはアドヴァンテージであろう。

アドヴァンテージであるとは、白組が、作品の主体というよりは最強の武器であり、傭兵として存在しているということだ。悪路であろうが悪天候であろうが、期待されたミッションを過不足なくこなす百戦錬磨の傭兵。「ＶＦＸと言えば白組」「ＣＧと言えば白組」と、まるで戦場における工兵のように、どんな難所にも穴を穿つスペシャリストとして、尊敬をもって呼ばれている。その姿は本当にかつての〝特撮請負人〟円谷プロに似ている。ちがうのは、従事するスタッフたちのビジネス意識の高さだ。

エンジニアとマーケティングの視点

本書では、多くの白組のクリエイターの話を聞くことができた。その大きな特徴に、「映画なら配給」「ＴＶシリーズならマーチャンダイジング」を大事にする意識の高さである。筆者は映画が本来の活動領域だが、元々はテレビ局での助監督経験のあと、円谷プロダクションから正式なキャリアを発した。そこでは商品と直結するコンテンツを制作していたわけであるが、当時から必ずしも在籍スタッフたちはそれをよしとはしていなかった。売るための行為を非難し、映像をアートと捉え、貴重な資本を投入するスポンサーに対して悪しざまな批判を蔭に日なたに投げつけていた。

また、「自分たちで好きなものを作る」というアート然とした思想は、「事業やライセンスをていねいに監修する」ということともちがっている。往々にして、ライセンシーにしかわかりえない、そのライセンス商品の市場でのさまざまなルールや癖がある。これを監督やデザイナーが一つひとつ監修していたのでは、とても作品や商品を市場に届けられるスピードを持てない。クリエイターたちはライセンシーにそれを信託しなければ――特にイニシャル作品の場合は――作品が市場からテイクオフすることはない。細々とした趣味的な、クリエイターの自意識による監修を始められてしまうと「そんなヒマはない、機会損失だ。勝手にやっていろ」となる。

円谷プロダクションが凋落してしまった要因はおそらくここにもあった(他にもあるが)。作品のクオリティは高いが、市場に望まれるレベル以上のものを提供してしまったり、ディレクターのみが満足して他者に触らせることをきらうコンテンツ作りを続けてしまったりした結果、採算やスケジュールが合わなくなった。

なによりも、貴重なマーチャンダイジングや宣伝の担当の話に耳を傾けられなかった。彼らはクオリティにかかわらず、作品を愛して売ってくれているスタッフだ。そしていつも市場と向き合っている。自分の趣味ではなく、市場で「なにが求められるか」「なにが喜ばれるか」を熟知しているスタッフなのである。その意見を軽視してしまった結果、プロジェクト収支とマーケティングの最大化という、今やどんなクリエイターにとっても必要不可欠な視点を見失ってしまった。

現在のコンテンツ事業では、マーケティングにはクリエイターとは別のエキスパートを参加させなければ作品は展開できない。また、ヒットさせるためには、商品化や監修を信頼するスタッフに信託する度量と諦観を持たなければ、決して当たることはない。もしくはアヴィ・アラッドのように、製作費と配給宣伝費をすべて負担できる、あるいは無条件に信託される会社の社長になることである。

昭和の『仮面ライダー』も『ウルトラマン』も、そして『ポケモン』や『エヴァンゲリオン』、ディズニーやPIXARでさえ、最初はそうだった。少しずつ実績を積み上げ、市場を構築してからしっかりとていねいな監修に切り替えていったのだ。なんの実績も持たない者が、最初から全事業のクリエイティヴを監修しようなどとは愚の骨頂である。それで成功した者など世界中のどこにもいないのだ。

ところが平成の『ウルトラマン』シリーズを作った円谷プロの若いスタッフたちは、「創る」プライドからこれをやろうとした。自分たちだけのクリエイティヴィティのみで作り上げてしまい、大切な仲間と観客を置き去りにしたのだ。そのゆえの採算度外視と、市場軽視であり、結果として、債務超過で会社売却となってしまったわけである。彼らは二度と作品を撮れない。そんな心根ではもうどんな場所でも撮ることはできないのだ。

「作品は関わったスタッフ全員のものだ。それは製作スタッフだけではない。配給や宣伝、そして投資してくれた企業の人々、全員のものだ」とは山崎貴の言葉である。この言葉を聞いた時、胸に疼痛のように切なく、けれど温かくあふれるものを止めることはできなかった。

岩本晶は「みんなで一年間を乗り越えるテレビシリーズが大好きなんだ。一年間やると、現場スタッフもスポンサーのおもちゃ会社もキャストも、そして観客もみんな家族になるんだ」と話した。

「勝手に作って、喜んでもらえるはずがない。当てるためにはみんなの話を聞かないと作ることはできない」と語ったのは八木竜一だ。

白組は素晴らしい。

川村元気が体験した「ストレスを感じたことはない」とは、こういうことである。資本の責任など取れないクリエイターが、意見を押し切って自身の思うままに撮った作品がコケたあとに、「悪いのは当てられなかった宣伝のせい」「作品を理解しない世間のせい」とうそぶく姿はいやというほど見てきたが、資本責任をプロデューサーに連動して背負おうとするクリエイターにはついぞ会ったことはない。家屋敷や家族を失うプロデューサーや、クリエイターに言われるまま子どもの学資保険まで作品に投資するプロデューサーはたくさんいて、彼らのほとんどが当然ながら短命である。

白組と仕事をすると、そんな被害者は出ないということだ。彼らは、出資者の戦略・戦術を理解して、その展開に最善で最適な方法論を案出し、そして最短距離で実行できる映像のシェルパでもある。

「エンジニアを大切にしない国は亡ぶ」とは台湾初のダムを造り上げた八田輿一の言葉だ。クリエイターも同じである。若いクリエイターの才能と、その若さゆえの驚異の感覚を、島村は無条件に愛し、育てる。かつての円谷英二がそうだったように。クリエイターは次の世代に夢を、同じ世代に愛を、そして先人の世代に希望を与える、ロマンと人類の進化の要でもある。『鉄人28号』や『ガンダム』を愛した世代が、現在のロボット工学にどれほど貢献しているだろうか。調査なぞしなくとも容易に想像できる。

無論、若い才能やライバルに嫉妬するクリエイターは白組にだっているだろう。先述のトップクリエイターたちでさえそうかもしれない。しかし彼らは自分を律し、「最善の方法を採って、最善の方法を生み出せる人間がこれを行うべきである」ということを知っている。また、「当てるためにはマーケティングが作品と同じだけ重要」であり、「関係者の言葉や思いは自分のそれと同じ重たさである」ことを知っている。

「絶対に当てなければ次は撮れない」山崎はそう語る。彼によって作品を撮り続ける阿部も、「一本目、二本目は同じでも客は文句は言わない。けれども三本目が同じ方向の作品だと〝あいつはあれしか撮れないやつだ〟となる。三本目でちがうジャンルで当てて、それで初めて本物なんだ」と述べている。この監督の思いとプロデューサーの思いの結合のなんと強いことか。〝いつも組んでいるコンビ〟と言われる有名監督と有名プロデューサーの欺瞞的で騙し合いの姿を見るにつけ、ここまで互いに嘘を言わず、正面から信頼し合える関係性のコンビはいないと痛感する。そしてそんな稀有な人材が集まっているのが白組である。それは決してクリエイターにとってのではない。資本を背負い、ヒット作を生み出そうとするプロデューサーにとってのであり、宝島なのだ。

ファンタジーとリアリティ

二〇〇六年に邦画と洋画の興行収入が逆転して久しい。

いくつか理由はあるのだが、その大きなものに洋画の魅力の減少がある。九〇年代までの洋画には〝豪勢感〟があった。スペクタクルなシーン、オプチカルでの合成シーン、群衆のモブシーン、本物の戦車や戦闘機、巨大なセット——など、市場が国内だけの邦画にはとても真似のできない高額な制作費のかけ方だった。それがいつしか費用効率のためCGに取って代わられていく。それまで実際の美術や特撮によって収録されてきた映像に対して、白組のクリエイターたちも愛する『ジュラシック・パーク』や『ターミネーター2』など、ハリウッドではそれ以上に高額な制作費がCGに注ぎ込まれたやはり「高額な映画」が登場した。世界は熱狂する。「ハリウッド映画はこんなにおカネをかけて、本物と見まがうばかりの映像を作っているんだ!」とだれもが感じた。

それがやがて、公園の水道水のように、だれもが使えるツールとして（決してそうではないのだが）、生活のなかにある普通の風景となっていく。今やゴジラがサンフランシスコに現れようが、ガンダムが大地に立っていようが、それが本物でもＣＧでもヒトは感動しなくなってしまったのだ。テレビやネットには常にＣＧがあふれているという現在、映像の感動は安くなり、そしてそれに合わせて「製作費も安い」と一般に思われるようになってしまった。

〝お金がかかっている豪勢感〟を喪失した洋画は、脚本の同一モデル化や物語理解の容易性を長く重視していたがゆえに、我々には食い足りなくなったのかもしれない。ファンタジーとリアリティに垣根がなくなり、我々は今や「同時性」「瞬間性」のライブ・エンタテイメントに回帰しつつある。

しかし、映画の本当の魅力はそうではないはずだ。

『ALWAYS　三丁目の夕日』の東京タワーや０系新幹線に過ぎ去った時代の愛おしさを感じ、『永遠の０』の空母赤城が洋上を走る姿に戦争を生き残れた感謝と死んだ者への哀悼に涙し、『ジュブナイル』の祐介とテトラに友情と約束の大切さと少年の夏の日の狂おしさを想い出させられ、『STAND BY ME　ドラえもん』ののび太の純粋さに小学生時分の自分がどれほど周りに愛されていたかを知る――これが映像の力である。

我々はこれまでたくさんの白組の映像に感動してきた。

それはファンタジーだったり、リアリティだったりという映像訴求力ではない。人間とドラマを真摯に深く強く描くために白組のＶＦＸはあった、ということを思い知らされるのである。

忘れられない出来事がある。

岩本晶の演出した『レスキューファイアー』が放映されていた当時、私が在籍していたその製作元の会社宛てに、重篤な病気を持つ少年の母親から手紙が届いた。「ずっと小児病棟に入院している息子のために、『レスキューファイアー』からの励ましの手紙をもらえないか」という内容だったように思う。鈴木祐治プロデューサーがすぐに現場へ話し、ヒーローたちが少年を励ます、それだけのための特別な映像が撮影され、本人に届けられた。

その後のことは怖くて聞けてはいないのだが、少年の病気がどうあれ、少年にとってその映像はなによりもうれしい宝物となったにちがいない。『レスキューファイアー』はとても人気の高い作品だったのだが、それはＶＦＸやヒーローのガジェットという映像の部分だけが理由ではない、ＶＦＸを熟知したうえでていねいに、ていねいに人間と物語を描いた岩本晶をはじめとする、関係者たちの想いの結晶だったからだ。

我々がかつて『仮面ライダー』や『ウルトラマン』を観、〝世界の平和を守るヒトになろう！〟と決心したのは、これと同様の作り手の想いがあったからではないか。

その先に

白組の責務は大きい。映像の魔法と光がなくなってしまった現在、ＣＧで描かれる体毛や毛髪、雲や霧雨やほこり、この世の中にあるはずのないなにか――を描くだけでは、ＶＦＸのその先にあるものにはたどり着けないかもしれない。

しかし、ＶＦＸ映像の先になにかがあるとして、それにたどり着けるのは白組だけではないだろうか。

筆者の前著（『コンテンツ製造論』風塵社）からの引用になるが、東映の大泉撮影所の所長を務め、「平成ライダー」を軌道に乗せた立役者である東映の白倉伸一郎は、映像の将来についてこう語っていた（文意のみ）。「今の映像が完成形と確定しているわけでもない。これまでにない映像の体験を見出し、次のメディアのありようを模索していきたい」

けだし、プロデューサーとしてというよりも、時代を拓こうとする人間の言葉である。これと同じことを島村もよく話す。「全力を出し切るのは当たり前。その先のもうひと押しが未来につながる」。同時代に、同じ映像の世界で感動を生み出すために考え抜いた人間特有の共通の考え方であり、意志であり、情熱である。

これまで繰り返し名前を出している円谷プロダクションも、その敬愛する創業者である円谷英二はこう述べている。

「ないものは作ればよい」

これもまた、島村がよく話す「ギリギリまでねばって、ひねり出す力」と同じだ。白組と島村は映像の最前線で「0→1《ゼロイチ》」を生み出し、戦い続けているのだ。

仁義に厚く、礼儀正しく、若い人材を大切にし、挑戦を奨励してまったく新しい物を生み出す「0→1」の感覚。時代を切り拓いてきた人間たちに共通する、センスと想い。

島村から発した白組の系譜は、ここからまた未来へ紡がれていくはずだ。すでに白組は〝VFXの会社〟ではない。現在は、そこに留まらずにさらに進化を続ける、〝映像プロダクションの完成型〟なのだ。

資料

島村達雄と白組・略年譜

西暦	和暦	企業年数	島村年齢	島村達雄と白組の出来事／作品	世界・日本の出来事	メディア・他社作品等	機材、技術、コンピュータ、ハード&ソフト
1926年	昭和元年				日本放送協会設立	ハリー・O・ホイト『ロストワールド』	Bell & Howell、「Eyemo71」発表 スペシャルメイク（オペラ座の怪人）
27年	2年				立憲民政党結成		「Parvo L」登場 日本ビクター設立 エルモ社16㎜映写機国産化
28年	3年				満州某重大事件		トーキー実用化（蒸気船ウイリー）
29年	4年				世界恐慌10・24NY証取大暴落		
30年	5年				昭和恐慌、中小企業倒産、失業者あふれ、農業壊滅	フライシャー『ポパイ』『ベティブーブ』シリーズ	
31年	6年				満州事変（32～45年満州国）	『マダムと女房』（日本初トーキー映画）	
32年	7年				日本景気回復42年まで景気拡大続く	ディズニー『花と木』（初カラー作品）	Mitchell、BNC型撮影機発表 Kodak、8㎜システム映画発売
33年	8年		0	島村達雄、9月29日誕生	ナチス・ドイツ正式スタート	アレクサンドル・アレクセイエフ『禿山の一夜』 『キングコング』	

34年	9年		1				富士フイルム設立、白黒ポジフィルム発売
35年	10年		2		日本国際連盟正式脱退		Kodak、カラーフィルム発売
36年	11年		3		二・二六事件		松竹、鎌田から大船撮影所へ
37年	12年		4		日中戦争	東宝映画 設立 ディズニー『白雪姫』（3色テクニカラー）	
38年	13年		5	島村、桑都幼稚園入園（4月）	第一次近衛声明		
39年	14年		6		ノモンハン事件	NHKテレビ実験放送開始	
40年	15年		7	島村、桑都幼稚園卒園（3月）、八王子市立第三小学校入学（4月）	大政翼賛会発会	ディズニー『ファンタジア』 『トムとジェリー』	小西六、国産カラーフイルム開発 モトローラ製「Walkie Talkie」
41年	16年		8		ハワイ真珠湾攻撃 マレー半島上陸作戦		3D映画の偏光方式発明
42年	17年		9		ミッドウェー海戦	ディズニー『バンビ』	
43年	18年		10		ガタルカナル島撤退	東宝株式会社 発足 政岡憲三『くもとちゅうりっぷ』	
44年	19年		11		B29の日本本土空爆開始		
45年	20年		12		東京大空襲（3・10）八王子空襲（8・2）広島長崎原爆 日本敗戦（8・15）		Bell & Howell、「Eyemo A-J」発表

西暦	和暦	企業年数	島村年齢	島村達雄と白組の出来事／作品	世界・日本の出来事	メディア・他社作品等	機材、技術、コンピュータ、ハード&ソフト
46年	21年		13	島村、八王子第3小学校卒業、都立2中入学（4月）			「Pathe Webo M」発表 新型35㎜映写機（ニュースター）の製造
47年	22年		14		日本国憲法施行		ENIAC（真空管式汎用）コンピュータ本格運用
48年	23年		15		東宝争議（撮影所労働争議）警視庁予備隊創設	カレル・ゼマン『水玉の幻想』	
49年	24年		16	島村、都立2中卒業、都立2高入学（4月）	1ドル360円の単一為替レート設定		株式会社エルモ社 設立（16㎜映写機販売）
50年	25年		17	島村、制度改正により都立2高から都立立川高校に変わる	朝鮮戦争（50～53）立川米軍基地、横田基地		フジタックのセル、セルロイドからアセテートへ
51年	26年		18		対日講和条約日米安保条約調印	日本初カラー長編映画『カルメン故郷に帰る』 民放ラジオ放送開始 有線ラジオ法の施行	
52年	27年		19	島村、都立立川高校卒業（3月）東京芸術大受験（1次に落ちる）	血のメーデー事件		IBM、メインフレーム「IBM701」発表
53年	28年		20	島村、東京芸術大受験（2次に落ちる）、阿佐谷美術研究所（2浪目）	三井三池闘争（第1次）炭鉱労功争議 水俣病の発見 ネコの狂死	ディズニー『プカドン交響曲』 NHK、日本テレビ放送開始	Panavision 設立 シームレススクリーン登場
54年	29年		21	島村、東京芸術大学入学	ビキニ水爆実験	ノーマン・マクラーレン『線と色の即興詩』 TBS（KRT）テレビ放送開始	横走り8Pビスタビジョン IBM、高級言語「フォートラン」開発

55年	30年		22		砂川事件（学生運動の原点）立川米軍基地		
56年	31年		23		科学技術庁設置		AMPEX　世界初2インチVTR発表
57年	32年		24		警視庁機動隊（予備隊が改称）		デジタルイクイップメント（DEC）社設立
58年	33年		25	島村、東京芸術大卒業（3月）東映動画スタジオ入社	東京タワー完成 東京大阪間、こだま号運転開始	東映『白蛇伝』	レイ・ハリーハウゼン、「ダイナメーション」開発
59年	34年		26	島村、東映動画CM課に移る	第一次安保闘争 三井・三池闘争 シンガポール独立 水俣病 原因究明	フジテレビ、日本教育テレビ（のちにテレビ朝日）放送開始 東京タワー放送開始	モーションコントロール発明（John Whitney）
60年	35年		27	TVCM「サントリー赤玉ポートワイン」カンヌ国際広告祭＝ファイナリスト、第1回ACC＝アニメーション賞	ベトナム戦争 新安保条約承認	カラーテレビ放送開始 イジー・トルンカ『真夏の夜の夢』	映写機はカーボンアークからキセノンへ DEC社PDPシリーズ発売
61年	36年		28	東映動画労働組合結成島村、執行委員になる。〈大争議・ロックアウト〉	ソ連有人宇宙衛星打ち上げ ベルリンの壁建設	虫プロダクション設立	
62年	37年		29	島村、東映動画退社学習研究社（映画局）入社	YS―11誕生 キューバ危機		Sony　世界初トランジスタ式VTR発表 アメリカ、産業用ロボット発売
63年	38年		30		ケネディ暗殺	テレビ衛星中継放送開始（ケネディ暗殺中継） 『鉄腕アトム』TVアニメ放送開始	フィリップス社、プランビコン開発 アイバン・サザーランド、「スケッチ・パッド」発明

西暦	和暦	企業年数	島村年齢	島村達雄と白組の出来事／作品	世界・日本の出来事	メディア・他社作品等	機材、技術、コンピュータ、ハード&ソフト
64年	39年		31	劇場ＣＭ「森永ハイクラウンチョコレート」＝ＡＤＣ銀賞 ＴＶＣＭ「不二家パラソルチョコレート」＝ＩＢＡファイナリスト	東京オリンピック 新幹線開業 ニューヨーク万博		円谷プロ、3ヘッドオプチカルプリンター導入 Sony、オープンリール　1／2ＶＴＲ開発 コンピュータ言語 BASIC（ダートマス大学） ダグラス・トランブル、「スリットスキャン」開発
65年	40年		32	短編アニメ『月夜とめがね』＝草月アニメーション・フェス奨励賞	朝永振一郎ノーベル物理学賞	「コンピュータアルゴリズムアート」台頭	ＣＤ、コンパクトデスク音楽用メディアとして発明
66年	41年		33	島村、学習研究社退社、東京コマーシャル創設に参加	トヨタカローラ発売 ビートルズ来日	『LAPIS』世界初ＣＧアニメ	レトラセット・ジャパン設立
67年	42年		34	短編アニメ『幻影都市』＝草月実験映画祭日本ＡＴＧ賞	サルトル来日 ＥＣ発足	『風雅の技法』日本初ＣＧアニメ	ドルビーシステムの発明 マウス発明 自動車電話 開発
68年	43年		35	短編アニメ『透明人間』＝フィルムアート・フェス東京奨励賞	東大紛争 川端康成ノーベル文学賞	『2001年宇宙の旅』 ＵＨＦアナログ放送盛んになる	ＴＩ、大規模集積回路ＬＳＩ完成 塗料「リキテックス」発売 ポケットベル、サービス開始
69年	44年		36	ＴＶＣＭ「不二家ルックチョコレート」＝クリオ賞、アニメーション賞	東名高速道路全通 アポロ11号月面着陸 大学紛争	『チェブラーシカ』 ProjectionMaping、米・ディズニーランドで実用化 ラジオＦＭ放送開始	インターネットの前身「ARPANET」構築 OS Unix（ベル研究所）

70年	45年		37	島村、東京コマーシャル退社 「マルチスクリーン映像・ＬＯＶＥ」＝大阪万博ワコール・リッカーミシン館	大阪万国博覧会 よど号ハイジャック	IMAXシステム登場	撮像管から半導体ＣＣＤへ スクリーントーン普及 大阪万博でワイヤレスホン登場
71年	46年		38		沖縄返還協定調印	ＮＨＫ日テレ全番組カラー放送 冨田勲、日本で初めてシンセサイザーを輸入	Sony、民生用３／４インチＶＴＲ（Ｕマチック）登場 インテル、「i4004」完成
72年	47年		39	ＴＶＣＭ「国鉄Ｌ特急」ＡＣＣ秀作賞	あさま山荘事件 日中国交樹立		Panavision、「Panaflex」発表 ユタ大学、ＣＧ開発のメッカとなる
73年	48年		40	島村企画室開設 ＴＶＣＭ「キリンビール・チェスタ」＝ＡＣＣ秀作賞	円変動相場制移行 江崎玲於奈ノーベル物理学賞 石油ショック		コンピュータＣ言語（ベル研究所） ゼロックスPARC、世界初GUIコンピュータ「Alto」
74年	49年	8月28日創立	41	株式会社白組創立（南青山３－14－26）資本１００万円	小野田寛郎さんルバング島から帰国 戦後初のマイナス成長	ロバート・エイブル　７upＣＭ「Bubbles」 冨田勲、シンセサイザー音楽デビューアルバム『月の光』	クレイメーション開発（Will Vinton） モトローラー、「MC6800」完成 インテル、「i8080」完成
75年	50年	1	42	本社移転（北青山３－11－16－10号室） ＴＶＣＭ「ロッテ小梅」＝ベニス国際ＣＭフェス・銀賞、クリオ賞アニメーション賞	ベトナム戦争終結	ユーリー・ノルシュテイン『霧につつまれたハリネズミ』 マイクロソフト創業	ILM第一世代の確立 Sony、１／２ＶＴＲ民生用ベーターマックス発売 マイクロソフト設立 「CRAY-1」発表

西暦	和暦	企業年数	島村年齢	島村達雄と白組の出来事／作品	世界・日本の出来事	メディア・他社作品等	機材、技術、コンピュータ、ハード&ソフト
76年	51年	2	43	TVCM「キャタピラー三菱」＝クリオ賞・グラフィックアニメーション賞 TVCM「オーツタイヤ」＝クリオ賞・アニメーション賞	ロッキード事件 熊本地裁、水俣病チッソに有罪判決		日本ビクター、1／2VTR民生用VHS発売 Sony、1インチVTR（Cフォーマット）発表 アップル設立、APPLE-I発売 「ダイクストラフレックス」開発
77年	52年	3	44	杉並スタジオの建物完成（兼島村自宅） TVCM「セイコーブレスレット」＝広告電通賞、ACCフェス・ACC賞 長編映画『HOUSE　ハウス』SFX	静止衛星「きく2号」成功	コ・ホードマン『砂の城』 チャールズ&レイ・イームズ『Powers of Ten』 ロバート・エイブル『光と色彩のイルミナテック・エフェクト』	アップル法人化、「APPLE-II」発売 ランクシンテル Atari2600発売
78年	53年	4	45	TVCM「日立冷蔵庫トム・ジェリー」＝ACC・秀作賞 TVCM「国鉄春のひかり」＝クリオ賞、広告電通賞	日中平和友好条約調印 成田新国際空港開港	タイトー『スペースインベーダー』発表 『未知との遭遇』 『スター・ウォーズ』 YMO結成	
79年	54年	5	46	TVCM「ロッテ小梅」＝ACC賞、クリオ賞、広告電通賞	サッチャー英首相誕生 第2次石油ショック	ニューヨーク工科大、短編CG『Sunstone』 ピンク・フロイド、アルバム『ザ・ウォール』	Sony、「ウォークマン」発売 本格的な自動車電話サービス開始
80年	55年	6	47	南青山に作画スタジオ新設（千成ビル）資本金３００万円 NHKCG映像『日本の四季』	モスクワ五輪（日本不参加）	ナムコ『パックマン』発表	イーサネット・カード発売

81年	56年	7	48	TVCM「日本航空　北海道」＝ACC・ACC賞 長編映画『ねらわれた学園』SFX 長編アニメ日中合作『シュンマオ物語タオタオ』	福井謙一ノーベル化学賞 スペースシャトル「コロンビア」初飛行 日米自動車摩擦		「トレスコープ」「ペーパーセメント」普及 Wavefront、Alies、3D Studio発売 AT&Tとモトローラ、携帯電話実用化
82年	57年	8	49	本社を南青山に移転（千成ビル） 資本金700万円 TVCM「日立マクセル　岡本太郎・芸術は爆発だ！」	東北・上越新幹線開業 日航機墜落事故 ディズニーワールド「エプコットセンター」開園	『スノーマン』 『トロン』	Sony、業務用カメラ「BATACAM」発売 「アクリルガッシュ」登場 NEC PC-9801発売 シリコングラフィックス設立 リンクス1開発 東洋現像所、スキャニメイト導入 ナック、「クィックアクションレコーダー」発売
83年	58年	9	50	資本金1000万円 長編映画『時をかける少女』SFX	東京ディズニーランド開園	任天堂「ファミコン」発売、光栄マイコンシステム『信長の野望』	アップル、GUI搭載「Lisa」発売 MSX仕様制定
84年	59年	10	51	第1回新卒定期採用 TVCM「明星チャルメラ」＝宮沢りえCM初出演	ロス五輪 日本、世界一の長寿国へ	『ピアノ弾きトニー』CGアニメ Apple、マックの3DCGシステムフルカラー出力、 パーソナルリンクス	スペシャルメイク黄金期（デック・スミス）アプライアンス・メイク IBM、PC/AT発売（PC/AT互換機の始まり） アップル、Macintosh発売 坂村氏、TRON開発

西暦	和暦	企業年数	島村年齢	島村達雄と白組の出来事／作品	世界・日本の出来事	メディア・他社作品等	機材、技術、コンピュータ、ハード&ソフト
85年	60年	11	52	調布スタジオ（建物完成）、東京中小企業投資育成、資本金4000万円 第一回広島国際アニメフェスティバル『花鳥風月』2位受賞 つくば科学万博「日本ＩＢＭ館・科学と人間の叙事詩」	つくば万博 プラザ合意でバブル景気へ	3Dゲーム立体版「遊撃王」発売 任天堂『スーパーマリオブラザーズ』 文字多重放送開始	Sony、8㎜ビデオテープ発表 3DCGソフトAmiga1000発売 AppleがPostScriptを導入、Macintosh II発売 マイクロソフト、Windows 1.0リリース IRIS2000発売
86年	61年	12	53	「ハリウッド・アポジ社」業務提携交渉・島村、月岡渡米 調布スタジオ・内装工事、機材搬入、設置など TVCM「任天堂・スーパーマリオブラザース」	チェルノブイリ事故 チャレンジャー爆発事故	BS放送開始 AVAグランプリ 『ファミコン通信』創刊、エニックス『ドラゴンクエスト』 倒産連鎖、デジタルプロダクション・エイブルデジタル・MAGI・クランストンスーリー 『天空の城ラピュタ』 『バック・トゥ・ザ・フューチャー』	「DTP」革命 Sony、VTR方式「D-1」発表 アップル、クワドラ発売
87年	62年	13	54	調布スタジオ・本格稼働開始	国鉄民営化、JR発足 携帯電話開始 バブル経済始まる 利根川進ノーベル医学生理学賞	スクウェア『ファイナルファンタジー』	「ハリー」（ノンリニア合成編集システム） Sony、ワークステーションNEWS発売 NIFTY-Serve開始 NTT、ハンディタイプ携帯電話サービス開始

88年	63年	14	55	長編映画『マルサの女2』VFX 長編映画『ピラミッドの彼方に―ホワイト・ライオン伝説―』SFX TVCM「レナウン・IN　EXPRESS」	ペレストロイカ 青函トンネル開業 リクルート事件	『となりのトトロ』	Sony、VTR方式「D-2」発表 Pixar、Renderman 公開 ISDN サービス開始
89年	平成元年	15	56	横浜みなとみらい博「東京ガス館・ガスマジックビジョン」 TVCM「野村証券企業広告」 長編映画『スウィートホーム』VFX	横浜「みなとみらい博覧会」 消費税スタート ベルリンの壁崩壊	『インディ・ジョーンズ最後の聖戦』 任天堂、「ゲームボーイ」発売	「CIS」（ノンリニア合成編集システム） 「ARRIFLEX 765」 VR用データグローブ発表 「Avid/1」発売 「Photoshop」発売
90年	2年	16	57	調布スタジオ・大増、改築 スペースワールド「ステラファンタジア館」空間演出 大阪国際花と緑の博覧会「三菱未来館」VFX	東西ドイツ統一 大学入試センター試験導入 水族館開館ラッシュ	『トータルリコール』	「ARRIFLEX 535」 PHS 携帯電話普及 「LightWave 3D」 LAN 機能の充実
91年	3年	17	58	TVCM「ハウスバーモンドカレー」立体モデルアニメVFX	バブル崩壊 ソ連解体 湾岸戦争勃発	『ターミネーター2』 BS、CSラジオ放送開局 アナログハイビジョンBS試験放送開始	MPEG-1 制定 「ストラタ」 「Real 3D」 WorldWideWeb サービス開始 アップル、QuickTime 発表
92年	4年	18	59	富山県立山博物館「新・立山曼荼羅絵図」3面マルチ映像	山形新幹線「つばさ」開業 ハウステンボス開園	ディズニー『アラジン』 アトラス『真・女神転生』 ARの研究、開発始まる 石岡瑛子、アカデミー衣裳デザイン賞受賞	「ヘンリー」（ノンリニア合成編集システム）

西暦	和暦	企業年数	島村年齢	島村達雄と白組の出来事／作品	世界・日本の出来事	メディア・他社作品等	機材、技術、コンピュータ、ハード&ソフト
93年	5年	19	60	長編映画『大病人』ＶＦＸ	ＥＵ発足	シネマコンプレックスの始まり 『ナイトメアー・ビフォア・クリスマス』 『ジュラシック・パーク』	「フレーム」（ノンリニア合成編集システム） Sony「Digital BETACAM」発売 AfterEffects1.0 発売 PDC 方式「デジタル mova」の登場 インテル CPU Pentium 発売 NVIDIA 設立
94年	6年	20	61	本社（千成ビル）作画室を増設	英仏海峡トンネル開通	Sony「プレイステーション」	PC/XT 互換携帯型「HP200LX」発売
95年	7年	21	62	本社（千成ビル）ＣＧルーム増設 長編映画『静かな生活』ＶＦＸ	阪神淡路大震災 地下鉄サリン事件	『トイ・ストーリー』 『新世紀エヴァンゲリオン』放送開始 Amazon.com 設立 Yahoo! Inc. 設立	Alias Wavefront の誕生 PHS サービス開始 マイクロソフト Direct X1.0 発表
96年	8年	22	63	本社移転・渋谷区神宮前5―2―18 新里スタジオ開設・群馬県勢多郡新里村 長編映画『スーパーの女』ＶＦＸ	英、狂牛病騒動 スターバックス銀座一号店開店	『ミッション：インポッシブル』 劇場、ＤＬＰシネマ導入開始 Yahoo Japan 設立	Google 設立 3D Studio MAX リリース
97年	9年	23	64	長編映画『マルタイの女』ＶＦＸ	東京湾アクアライン開通	『もののけ姫』 『タイタニック』	Sony、HD-ＶＴＲフォーマット「HDCAM」発表 Linux の台頭 セルシス、（レタス）発売 Nothing Real Shake 1.0 リリース

98年	10年	24	65	TVCM「ハウスバーモンドカレー」 TVCM「シルバニアファミリー」	ダイオキシン汚染問題 明石海峡大橋開通	『バグズ・ライフ』	ノンリニア合成編集機、インフェルノ発表 Alias、IRIX上でのMayaをリリース アップル、「iMac」発売
99年	11年	25	66	短編アニメ『水の精　河童百図』＝毎日映画コンクール大藤賞 TVCM「ベネッセ・たまひよシリーズ」	欧州通貨統合ユーロ誕生	『スター・ウォーズ エピソード1』世界初デジタルシネマ Yahoo!ショッピングオープン iモードが日本でスタート	Sony、トリニトロン方式マスターモニター発売 アップル、「Final Cut Pro」発売 Wi-Fi規格スタート IBMとモトローラ「PowerPC7400」出荷 アップル、「PowerMac G4」「iBook」発売 NVIDIA、ジオメトリエンジン搭載「Ge Force256」発売
2000年	12年	26	67	長編映画『ジュブナイル』 TVCM「任天堂動物番長」	シドニー五輪高橋尚子金メダル	『トイ・ストーリー2』日本初、DLP上映 NHK、BSデジタル（テレビ及びラジオ）放送開始 Sony、「プレイステーション2」発売 Amazon.co.jp 設立	第三世代携帯電話が登場
01年	13年	27	68	新株引受権付社債1億円発行 電子出版『生態系デジタル図鑑』＝第3回学校図書館メディア大賞 TVCM「ハウスシチュー」2001年秋冬	米国同時多発テロ事件 東京ディズニーシー開園 ユニバーサル・スタジオ・ジャパン開園	『千と千尋の神隠し』 『A.I.』 Wikipedia 日本語版設立	Sony、「CINEALTA」(HDW-F900)発売 富士フイルム、「REAL A500D」発売 3Ds Max向けVR構築環境VR4MAXをリリース アップル、「iPod（初代）」発売

西暦	和暦	企業年数	島村年齢	島村達雄と白組の出来事／作品	世界・日本の出来事	メディア・他社作品等	機材、技術、コンピュータ、ハード&ソフト
02年	14年	28	69	白組ヒューマンスタジオ開設 長編映画『リターナー』 電子出版『デジタル昆虫図鑑』 ゲーム・オープニングムービー『カプコン鬼武者2』	田中耕一ノーベル化学賞 スイス国連加盟	『ハリー・ポッターと賢者の石』 『モンスターズ・インク』	Panasonic、バリカム発売 35mm3パーフォレーションカメラ発表 D2ソフトウェアNuke発売
03年	15年	29	70	TVCM「任天堂スーパーマリオ」 TVCM「KDDI・DION」 ゲーム・ムービー『真・女神転生』 ゲーム・ムービー『D3パブリッシャー・プロジェクトミネルヴァ』	コロンビア墜落事故 イラク戦争 六本木ヒルズオープン	『マトリックス　リローデッド』 『ファインディング・ニモ』 IP電話サービス開始	大型シネマデジタルカメラ（バイパー）の発表 IBMとモトローラ「PowerPC970」出荷 アップル、「PowerMac G5」発売 NHK、HDスーパーハープカメラ開発
04年	16年	30	71	ベンチャーキャピタルに向け「投資説明会」5億円調達 ゲームムービー『カプコン鬼武者3』 TVCM「関西テレビ・カンテーレ」	スマトラ沖地震 樋口一葉5千円札発行	『ロード・オブ・ザ・リング／王の帰還』 Skaype 通信用ソフト公開 「プレイステーション・ポータブル」発売	DVD規格制定 「ARRIFLEX235」発表 Google Map 開発
05年	17年	31	72	長編映画『ALWAYS　3丁目の夕日』 短編アニメ『テディの窓辺のお話』 TVCM「任天度スーパーマリオ」	中部国際空港開港 JR宝塚線脱線事故	『スター・ウォーズ　エピソード3／シスの復讐』 Youtube、アメリカ国内で開始 マイクロソフト、ゲーム機「Xbox 360」発売	Blu-ray 規格制定 Sony、4Kプロジェクター「SXRD」発表 富士フイルムとKODAK、映画用生フィルム発売 Canon、HDビデオカメラ「XL H1」発売 アップル、「Mac mini」発売

06年	18年	32	73	三軒茶屋スタジオ新設　世田谷区三軒茶屋3−11−22　サンタワーズセンタービル3F TVシリーズ『魔弾戦記リューケンドー』 TVアニメ『うっかりペネロペ』	日本郵政株式会社発足 トリノ冬季五輪荒川静香金メダル	『パイレーツ・オブ・カリビアン／デッドマンズ・チェスト』 Sony、「プレイステーション3」発売	「RED ONE」輸入販売開始 インテル、CPU Core Soro/Core 2
07年	19年	33	74	長編映画『ALWAYS　続・三丁目の夕日』	台湾新幹線開業 郵政民営化 国立新美術館開館	『スパイダーマン3』 携帯情報端末（PDA）進化し、スマートフォンが普及	Sony、液晶マスモニ（BVM-L230）発表 アップル、iPhone（初代）発売
08年	20年	34	75	長編映画『K−20 怪人二十面相・伝』 TVシリーズ『トミカヒーローレスキューフォース』 みんなのうた「手紙～拝啓　十五の君へ～」	リーマン・ショック	『インディ・ジョーンズ／クリスタル・スカルの王国』 ニコニコ動画配信開始	3Dプリンター基本特許切れ、普及期に入る インテル、CPU Core i3/i5/i7シリーズ Google社、Android OSを発表 Googleストリートビュー、国内で閲覧可能に
09年	21年	35	76	長編映画『BALLAD　名もなき恋のうた』 TV番組『うっかりペネロペ』第2シリーズ TVCM「ヤクルト新ミルミル」クレイアニメーション TVCM「ノーベルはちみつキンカンのど飴」	オバマ米大統領就任 裁判員制度スタート 豚インフルエンザ発生		GPS利用のARアプリ「セカイカメラ」リリース レイ・フロンティア、iPhone向けARアプリ「Live Scopar」リリース

西暦	和暦	企業年数	島村年齢	島村達雄と白組の出来事／作品	世界・日本の出来事	メディア・他社作品等	機材、技術、コンピュータ、ハード&ソフト
10年	22年	36	77	三軒茶屋第2スタジオ開設（期間限定） 長編映画『SPACE BATTLESHIP ヤマト』 TVドラマ『もやしもん』 TVCM「NEC企業広告クラウド」 TVCM「三菱電機企業広告・楽々アシスト」 シネアド『よつばと！』コミックス10巻発売記念	尖閣諸島問題浮上 羽田空港、32年ぶり国際定期便再開	『アバター』 『アリス・イン・ワンダーランド』 『トイ・ストーリー3』 ProjectionMaping、ライゾマティクスによる武道館ライブ	アップル、「iPad」（初代）発売 Android搭載のスマートフォン、続々発売
11年	23年	37	78	長編アニメ『friends もののけ島のナキ』 TVアニメ『戦国乙女～桃色パラドックス～』 TVCM「任天堂マリオパーティ9」 TVCM「東ハト あみじゃが」	東京スカイツリー完成 東日本大震災 福島第一原発炉心溶融	Youtube、ライブストリーミング公開 Amazon、「クラウドドライブ」を開始 有線一般放送法に統合	Sony、有機ELマスモニ(BVM-E250)発売
12年	24年	38	79	三軒茶屋スタジオ増床、サンタワーズビル13階 長編映画『ALWAYS 三丁目の夕日'64』 TVアニメ『もやしもんリターンズ』 TVCM「神撃のバハムート」	山中伸弥ノーベル医学生理学賞 ロンドン五輪 吉田沙保里三連覇 衆院選、自由党圧勝	電子書籍サービ「Kindleストア」オープン 「Oculus Rift」発売 Projection Maping、JR東京駅の丸の内駅舎 富士フイルム、映画用フィルム販売終了	スーパーコンピュータ「京」稼働

13年	25年	39	80	長編映画『永遠の０』 ＴＶドラマＮＨＫ『東京が戦場になった日』 ＴＶＣＭ「ＡＧＦティーハート・フルーツティー」 ＴＶＣＭ「パナソニックオリンピック Wonders!」	東証と大証が経営統合 富士山、世界文化遺産登録	『ライフ・オブ・パイ／トラと漂流した２２７日』 Amazon、動画配信サービス 東京スカイツリー、テレビ本放送	Blackmagic、シネマカメラ４Ｋ発表
14年	26年	40	81	長編映画『STAND BY ME ドラえもん』 ＴＶ番組ＮＨＫスペシャル「戦後70年　ニッポンの肖像」 みんなのうた「ムクロジの木」 ＴＶＣＭ「任天堂 NEW 3DS　着せ替えちゃお」	赤崎勇、天野浩、中村修二、ノーベル物理学賞受賞 富岡製糸場、世界文化遺産登録	『アナと雪の女王』 理研・藤井氏、ハコスコ発売 Sony、「プレイステーション４」発売 『妖怪ウォッチ』、大ブレーク	Mozilla、WebVRの開発 アップル、「Apple Watch」発売 ASTORO、AH-4800（８Ｋ）カメラ発表
15年	27年	41	82	三軒茶屋スタジオ増床、サンタワーズビル14階 長編映画『ＧＡＭＢＡ　ガンバと仲間たち』 ＴＶドラマＮＨＫ『紅白が生まれた日』 ＴＶＣＭ「ミツカン　酢の力」	北陸新幹線開業 18歳選挙権成立 大村智ノーベル生理学・医学賞 梶田隆章ノーベル物理学賞 原子番号１１３の元素、日本に命名権	『ジュラシック・ワールド』 Youtube、VR ３Ｄ動画再生可能になる Youtube.HTML5での再生標準化 ４Ｋ放送開始 ネットフリックス日本進出	ASTORO、DM-3814（8K）モニター発売 IMAGICA、フィルム事業すべてをIMAGICAウェストに集約

西暦	和暦	企業年数	島村年齢	島村達雄と白組の出来事／作品	世界・日本の出来事	メディア・他社作品等	機材、技術、コンピュータ、ハード＆ソフト
16年	28年	42	83	島村達雄、東京アニメアワード功労賞受賞 長編映画『海賊とよばれた男』 アヌシー国際アニメーション映画祭『ＧＡＭＢＡ　ガンバと仲間たち』上映 長編映画『シン・ゴジラ』ＶＦＸ	北海道新幹線開業 熊本地震 英国、国民投票でＥＵ離脱	『ファインディング・ドリー』 ポケモンＧＯ配信開始 Youtube、アメリカ国内で８Ｋ動画をアップロード Sony、「プレイステーションＶＲ」発売	業務用４Ｋ有機ＥＬマスターモニター「PVM-X550」 Sony、F65RS（８Ｋ）カメラ発売 ASTORO、AH-4801-B（８Ｋ）カメラ発売

白組参加作品一覧

【映画】

1977年　HOUSE　ハウス（ポスターデザイン・ピクトリアルデザイン）
1981年　ねらわれた学園（ピクトリアルデザイン）
　　　　シュンマオ物語　タオタオ（アニメーション制作）
1982年　男はつらいよ　寅次郎あじさいの恋（冒頭シーンアニメーション制作）
1983年　時をかける少女（SFX）
1984年　少年ケニア
1985年　CHECKERS IN TAN TAN　たぬき（SFX・タイトル）
1986年　彼のオートバイ、彼女の島（タイトル）
1987年　漂流教室（SFX）
　　　　マルサの女2（SFX）
1988年　グリーン・レクイエム（SFX）
　　　　ピラミッドの彼方に―ホワイト・ライオン伝説―
　　　　ふ・し・ぎ・なBABY（特殊合成）
1989年　スウィートホーム（SFX）
　　　　どっちにするの。（SFX）
1990年　香港パラダイス
1992年　エンジェル　僕の歌は君の歌（SFX）
1993年　大病人（デジタル合成）

1993年	水の旅人　侍KIDS（SFX）
1994年	怖がる人々（SFX）
	シュート！（SFX）
1995年	エコエコアザラク　WIZARD OF DARKNESS（SFX）
1996年	スーパーの女（デジタル合成）
1997年	パラサイト・イヴ（SFX）
	マルタイの女（デジタル合成）
1999年	催眠
2000年	ジュブナイル（監督・VFX）
	平和の時代　AGE OF PEACE（韓国映画）
	世にも奇妙な物語　映画の特別編（VFX）
2001年	サトラレ　TRIBUTE to a SAD GENIUS（VFXユニット）
2002年	Laundry　ランドリー（SFX）
	リターナー（監督・VFX）
2003年	踊る大捜査線 THE MOVIE 2 レインボーブリッジを封鎖せよ！（VFX）
	雨鱒の川
2005年	ALWAYS　三丁目の夕日（監督・VFX）
	死者の書（VFX）
2007年	ALWAYS　続・三丁目の夕日（監督・VFX）
	ピアノの森（CG）
2008年	母べえ（VFX）
	KIDS（VFX）

２００９年
相棒―劇場版　絶体絶命！ 42.195km 東京ビッグシティマラソン（ＶＦＸ）
Ｋ‐20　怪人二十面相・伝（ＶＦＸ）
トミカヒーロー　レスキューフォース　爆裂 MOVIE　マッハトレインをレスキューせよ！（ＶＦＸ）
釣りキチ三平（ＶＦＸ）
ＭＷ―ムウ―（ＶＦＸ）

２０１０年
BALLAD　名もなき恋のうた（監督・ＶＦＸ）
火天の城（ＶＦＸ）
秘密結社鷹の爪　THE MOVIE 3 ～ http:／／鷹の爪.jp は永遠に～（ＣＧ制作）
プランゼット（ＣＧアニメーション制作）
劇場版 DIR EN GREY―UROBOROS―（企画・制作・製作）

２０１１年
SPACE BATTLESHIP　ヤマト（監督・ＶＦＸ）
奇跡（制作プロダクション）

２０１２年
Friends　もののけ島のナキ（監督・ＣＧ制作）
ALWAYS　三丁目の夕日'64（監督・ＶＦＸ）
ウルトラマンサーガ（ＶＦＸ）

２０１３年
BRAVE HEARTS　海猿（ＶＦＸ）
ガッチャマン（ＶＦＸ）
すべては君に逢えたから（制作プロダクション）
永遠の０（監督・ＶＦＸ）

２０１４年
STAND BY ME　ドラえもん（監督・ＣＧ制作）
リトル・フォレスト　夏・秋

２０１５年　寄生獣（監督・ＶＦＸ）
寄生獣　完結編（監督・ＶＦＸ）
リトル・フォレスト　冬・春
天才バカヴォン〜蘇るフランダースの犬〜（オープニング演出）
進撃の巨人　ATTACK ON TITAN（ＶＦＸ・ＣＧ制作）
進撃の巨人　ATTACK ON TITAN　エンド オブ ザ ワールド（ＶＦＸ・ＣＧ制作）
ＧＡＭＢＡ　ガンバと仲間たち（監督・ＣＧ制作）
２０１６年　植物図鑑　運命の恋、拾いました
珍遊記
シン・ゴジラ（ＶＦＸ・ＣＧ制作）
CUTIE HONEY―TEARS―
海賊とよばれた男（監督・ＶＦＸ）

【テレビ】（ドラマ、スペシャル番組）
２００３年　太閤記　サルと呼ばれた男
動物のお医者さん
２００４年　南くんの恋人
２００５年　終りに見た街
零のかなたへ〜THE WINDS OF GOD〜
恍惚の人（三國連太郎版）
２００６年　ザ・ヒットパレード〜芸能界を変えた男・渡辺晋物語〜
ブスの瞳に恋してる

2007年　魔弾戦記リュウケンドー
東京タワー～オカンとボクと、時々、オトン～
相棒　Seazon 5　第11話「バベルの塔～史上最悪のカウントダウン！」
点と線
2008年　トミカヒーロー　レスキューフォース
2009年　トミカヒーロー　レスキューファイアー
2010年　ドラマ　もやしもん
2011年　NHKスペシャル「日本人はなぜ戦争へと向かったのか」
2012年　れんまん！
2013年　東京が戦場になった日
放送博物館危機一髪
2014年　弾神オドロッカー
2015年　NHKスペシャル「戦後70年　ニッポンの肖像」
紅白が生まれた日
世にも奇妙な物語『バツ』
2016年　真田丸
百合子さんの絵本～陸軍武官・小野寺夫婦の戦争～

【テレビ】（アニメ）
1977年　みんなのうた「ぼくのプルー」
2006年　うっかりペネロペ　Pénélope tête en l'air　第1シリーズ
2007年　もやしもん

２００８年　のらみみ（エンディング）
　星新一　ショートショート
　西洋骨董洋菓子店～アンティーク～
　みんなのうた「手紙～拝啓　十五の君へ～」
２００９年　探偵Xからの挑戦状！　Seazon 1　第8回「靴の中の死体」
２０１１年　うっかりペネロペ　Pénélope tête en l'air　第2シリーズ
　戦国乙女～桃色パラドックス～（キャラクターデザイン原案）
２０１２年　プリティーリズム　オーロラドリーム
２０１３年　もやしもん　リターンズ
　うっかりペネロペ　Pénélope tête en l'air　第3シリーズ
２０１４年　みんなのうた「ムクロジの木」
２０１５年　BABY GAMBA
　えとたま（原作・製作）
２０１６年　にゃんぼー！
　みんなのうた「フルーツ5姉妹」ももいろクローバーZ

【博展映像】
１９７０年　日本万国博覧会　ワコールリッカーミシン館16面マルチ映像「ＬＯＶＥ」
１９８５年　科学万博‐つくば'85　日本アイ・ビー・エム館全天周映像「科学と人間の叙事詩」
１９８８年　奈良　シルクロード博
　長野オリンピック　大会イメージマスコット「スノーレッツ」アニメーション
１９８９年　横浜博覧会　東京ガス館ガスマックスシアター、松下館

1990年　スペースワールド「ステラファンタジア」「シャトルツアー」
1992年　国際花と緑の博覧会　三菱未来館、いちょう館（大阪府）
1994年　富山県立山博物館「新・立山曼荼羅絵図」
2001年　けんじワールド　プラネタリウム映像「銀河鉄道の夜」
2014年　あすたむらんど徳島　四季彩館　カレイドシアター映像
2016年　沖縄海洋文化館プラネタリウム『ロイと仲間の大航海』
　　　　リオ・オリンピック閉会式　東京大会セレモニー映像「ドラえもんと土管のマリオ」

【短編アニメ】
1966年　月夜とめがね
1967年　幻影都市
1968年　透明人間
1980年　ＮＨＫ　ＣＧ映像「日本の四季」
1984年　ＮＨＫスペシャル「21世紀は警告する」オープニング
1985年　花鳥風月
1987年　生々流転
1999年　水の精　河童百図
2000年　イーティング
2005年　テディの窓辺のお話
　　　　G9+1 TOKYO ファンタジア
2007年　満月の夜に

２００９年　メガロポリスの黙示録
２０１０年　「よつばと！」コミックス10巻発売記念30秒シネアド
２０１３年　HEART OF TAP
　　　　　　七匹のこやぎ
２０１６年　G9+1　ナントカ天国

【ゲーム】
１９９８年　ゼノギアス
　　　　　　パラサイトイブ
１９９９年　ファイナルファンタジーⅧ
２００２年　鬼武者2
２００２年　バイオハザード0
　　　　　　CLOCK TOWER 3
　　　　　　バテン・カイトス　終わらない翼と失われた海
２００３年　鬼武者3
２００４年　グランディアⅢ
２００５年　デス バイ ディグリーズ
　　　　　　GENJI
　　　　　　ソウルキャリバーⅢ
　　　　　　RULE of ROSE
２００６年　ダージュ　オブ　ケルベロス　ファイナルファンタジーⅦ
　　　　　　デビルサマナー　葛葉ライドウ対超力兵団

２００７年

テイルズ　オブ　デスティニー（リメイク版）
SONIC THE HEDGEHOG
ブルードラゴン
Folk Soul—失われた伝承—
ASH—ARCHAIC SEALED HEAT—
ソニックと秘密のリング
ファイナルファンタジー　クリスタルクロニクル　リング・オブ・フェイト
THE EYE OF JUDGMENT
NO MORE HEROES

２００８年

大乱闘スマッシュブラザーズX
ポイズンピンク
ARMORED CORE for Answer
零　月蝕の仮面
テイルズ　オブ　ハーツ
インフィニット アンディスカバリー

２００９年

Demon's Souls
モンスターハンター3
無限航路
王様物語

２０１０年

BIOHAZARD THE DARKSIDE CHRONICLES
METROID Other M
NO MORE HEROES 2 DESPERRATE STRUGGLE

２０１１年

QUANTUM THEORY
魔界戦記ディスガイア4
El Shaddai ASCENSION THE METATRON
BIOHAZARD THE MERCENARIES 3D
DARK SOULS
RISE OF NIGHTMARES
Shadows of the Damned
無双ＯＲＯＣＨＩ　２
BIOHAZARD REVELATIONS
ARMORED CORE V

２０１２年

Never Dead
ねんどろいど　じぇねれ～しょん
Dark Summoner
新・剣と魔法と学園モノ。刻の学園　ＯＰ
DEAD OR ALIVE 5シリーズ
BIOHAZARD 6
BIOHAZARD　オペレーション・ラクーンシティ
LOLLIPOP CHAINSAW
ワンピース 海賊無双
龍が如く5　夢、叶えし者
零　眞紅の蝶

２０１３年

Dark Labyrinth

2014年

バイナリードメイン
龍が如く　OF THE END
The Wonderful 101
KILLER IS DEAD
メタルギア ライジング リベンジェンス
ワンピース　海賊無双2
KNACK
METAL GEAR SOLID V: GROUND ZEROES
ベヨネッタ2
ファンタシースター ノヴァ
牧場物語 つながる新天地

2015年

BIOHAZARD REVELATIONS 2
零　濡鴉ノ巫女
フリーダムウォーズ
ワンピース　海賊無双3

2016年

龍が如く　極
ペルソナ5
スターオーシャン5
Teenage Mutant Ninja Turtles
牧場物語　3つの里の大切な友だち

白組　スタジオ床面積の拡大と職種の変遷

新里スタジオ　　三軒茶屋スタジオ

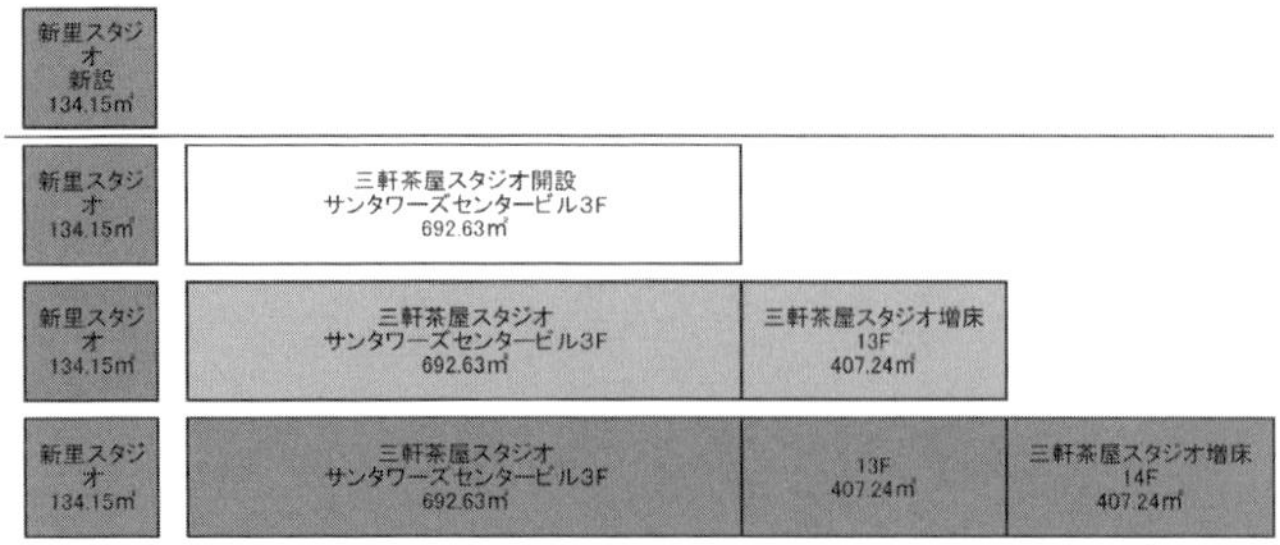

白組 スタジオ床面積の拡大

年	青山本社・スタジオ				杉並スタジオ	調布スタジオ
1974（昭和49）	白組創立 橋本マンション 201号					
1975（昭和50）	本社移転 羽山レジデンス 201号 42㎡					
1977（昭和52）	本社 羽山レジデンス 201号 42㎡				杉並スタジオ竣工 388.9㎡	
1979（昭和54）	本社 羽山レジデンス 201号 42㎡	増床 101号 30㎡			杉並スタジオ 388.9㎡	
1980（昭和55）	本社 羽山レジデンス 201号 42㎡	101号 30㎡	作画スタジオ新設 千成ビル201号 90.09㎡		杉並スタジオ 388.9㎡	
1981（昭和56）	本社 羽山レジデンス 201号 42㎡	101号 30㎡	作画スタジオ 千成ビル201号 90.09㎡	フィルム編集室 増設 305号 51.48㎡	杉並スタジオ 388.9㎡	
1982（昭和57）	本社移転 千成ビルへ　→	本社・試写室 千成ビル201号 90.09㎡	作画室 305号 51.48㎡	増床 506号 44.55㎡	杉並スタジオ 388.9㎡	
1985（昭和60）	本社・試写室 千成ビル201号 90.09㎡	本社作画室増床 701号 123㎡			杉並スタジオ増床 418.9㎡	
1986（昭和61）	本社・試写室 千成ビル201号 90.09㎡	本社作画室 701号 123㎡			杉並スタジオ 418.9㎡	調布スタジオ新設 556㎡
1990（平成2）	本社・試写室 千成ビル201号 90.09㎡	本社作画室 701号 123㎡			杉並スタジオ 418.9㎡	調布スタジオ大増改築 772.85㎡
1993（平成5）	本社・試写室 千成ビル201号 90.09㎡	本社作画室 701号 123㎡	増床 206号 51.48㎡		杉並スタジオ 418.9㎡	調布スタジオ 772.85㎡
1995（平成7）	本社・試写室 千成ビル201号 90.09㎡	本社作画室 701号 123㎡	206号 51.48㎡	増床 205号 42.9㎡	杉並スタジオ 418.9㎡	調布スタジオ 772.85㎡
1996（平成8）	本社移転　→	本社移転 青山スタジオ 543.9㎡			杉並スタジオ 418.9㎡	調布スタジオ 772.85㎡
2006（平成18）	本社 青山スタジオ 543.9㎡				杉並スタジオ 418.9㎡	調布スタジオ 772.85㎡
2012（平成24）	本社 青山スタジオ 543.9㎡				杉並スタジオ 418.9㎡	調布スタジオ 772.85㎡
2015（平成27）	本社 青山スタジオ 543.9㎡				杉並スタジオ 418.9㎡	調布スタジオ 772.85㎡

職種と業務内容の変遷

1974(昭和49)
[企画・演出]ディレクター
[総務]経理(制作事務)

1975(昭和50)
[企画・演出]ディレクター
[2Dセルアニメ]原・動画、トレス、彩色
[総務]経理(制作事務)

1977(昭和52)
[企画・演出]ディレクター
[2Dセルアニメ]原・動画、トレス、彩色、背景美術
[VFX]オプチカル合成 設計、トラベリングマット、エリ合成 設計
[総務]経理(制作事務)

1980(昭和55)
[企画・演出]ディレクター、テクニカルディレクター
[2Dセルアニメ]原・動画、トレス、彩色、背景美術
[VFX]オプチカル合成 設計、トラベリングマット、エリ合成 設計
[総務]経理(制作事務)

1981(昭和56)
[企画・演出]ディレクター、テクニカルディレクター
[2Dセルアニメ]原・動画、トレス、彩色、背景美術、アニメ撮影
[VFX]オプチカル合成 設計、トラベリングマット、エリ合成 設計、生合成 作画
[3DCG開発]システムエンジニア
[総務]経理(制作事務)

1982(昭和57)
[企画・演出]ディレクター、テクニカルディレクター
[制作]制作進行
[2Dセルアニメ]原・動画、トレス、彩色、背景美術、アニメ撮影
[VFX]オプチカル合成 設計、トラベリングマット、エリ合成 設計、生合成 作画
[3DCG開発]システムエンジニア、オペレータ、ワイヤーフレームモデル
[モーションコントロール開発]システムエンジニア
[総務]経理部長、経理、制作サポート

1990(平成2)
[企画・演出]ディレクター、テクニカルディレクター
[プロデューサー]プロデューサー、プロダクションマネージャー
[2Dセルアニメ]原・動画、トレス、彩色、背景美術、エアーブラシ、アニメ撮影
[VFX]オプチカル合成 設計、トラベリングマット、エリ合成 設計、マットペインティング、スペシャルメイク
[3DCGアニメ]システムエンジニア、CGデザイナー、ビデオ収録(1インチ、Uマチック、ベーカム)
[モーションコントロール]立体コマ撮り、スリットスキャン、ストリーク
[管理部門]総務、経理、人事(リクルート)

1996(平成8)
[企画・演出]ディレクター、テクニカルディレクター、アートディレクター
[プロデューサー]プロデューサー、ラインプロデューサー、プロダクションマネージャー
[2Dチーム]手描き(原・動画、背景)素材スキャニング→2DCG、ビデオ収録(ベーカム)
※セル絵具をすべて捨てる
[3DCGアニメ]モデリング、テクスチャー、リギング、アニメーション、エフェクト、コンポジット、レンダリング
[システムサポート]CG設備構築、メンテナンス、サポート
[立体モデル]モデルアニメーション(フォームラテックス・クレイ)、金属球体関節、ミニチュアセット
[VFX]モーションコントロール撮影、実写特撮、ビデオエフェクト(スキャニメイト)、マットペインティング
[管理部門]総務、経理、人事(リクルート)

2006(平成18)
[企画・演出]映画監督、ディレクター、テクニカルディレクター、アートディレクター
[プロデューサー]プロデューサー、ラインプロデューサー、プロダクションマネージャー
[2Dチーム]手描き(原・動画、背景)素材スキャニング→2DCG
[3DCGアニメ]モデリング、テクスチャー、リギング、アニメーション、エフェクト、コンポジット、レンダリング
[システムサポート]CG設備 投資・設計、システムサポート、全社デジタルネットワーク構築、メンテナンス
[立体モデルアニメーション]立体モデル(フォームラテックス・クレイ・ペーパークラフト他)、金属球体関節、ミニチュアセット
[VFX]モーションコントロール撮影、実写特撮、マットペインティング、プリビズ、3DCGコンポジット
[アミューズメント]企画開発、キャラクターデザイン、ハンドメイド2Dアニメーション、3DCGアニメーション、エフェクト、プログラミング、オーサリング
[管理部門]総務、経理、原価管理、人事(リクルート)、制作デスク・受付、清掃　経営企画、監査役
[広報]ホームページ、広告出稿、社外問合せ窓口

2016(平成28)
[企画・演出]映画監督、ディレクター、テクニカルディレクター、アートディレクター
[プロデューサー]プロデューサー、ラインプロデューサー、プロダクションマネージャー
[2Dチーム]手描き(原・動画、背景)素材スキャニング→2DCG
[3DCGアニメ]モデリング、テクスチャー、リギング、アニメーション、エフェクト、コンポジット、レンダリング、立体視、VR、AR、ツール開発
[システムサポート]CG設備 投資・設計、システムサポート、全社デジタルネットワーク構築、メンテナンス
[立体モデルアニメーション]立体モデル(フォームラテックス・クレイ・ペーパークラフト他)、金属球体関節、ミニチュアセット
[VFX]モーションコントロール撮影、実写特撮、マットペインティング、プリビズ、3DCGコンポジット
[新規コンテンツ部門]企画開発、キャラクターデザイン、シナリオ、3DCGアニメーション、2DCGアニメーション、エフェクト、プログラミング、オーサリング
多メディア展開(テレビシリーズ、スマホゲーム、フィギュア、カード他)
[管理部門]総務、経理、原価管理、人事(リクルート)、労務、制作デスク・受付、清掃　経営企画、監査役
[広報・データベース]ホームページ、SNS、広告出稿、映画製作委員会、日本動画協会、白組作品データベース、社外問合せ窓口

おわりに

白組にはいろいろと貢献してきたつもりだったが、いろいろいただいてきたのは実は私の方かもしれない。取材を終え、書き終えて、改めてそう思う。

本書は記録資料でありつつ、さまざまな観点から後進育成を目的とした部分もある。それは書かれた内容のことだけではなく、制作に際して、取材や文字起こしに研究室生が砕身してくれたことも含まれる。一流のプレイヤーを若い視点で取材することがどれほどの刺激と見識を深めることになるか、その成果は計り知れない。また本書のいずれのインタビュイーの方々もその若いスタッフを可愛がってくれ、未来へつながるであろう言葉をかけてくれた。

後進育成、それは市場開拓や産業伸長と同義である。いずれのインタビュイーの言にも、自分が育ってきた環境への感謝と、そして新しい芽を育てようとする意識があった。

自分の若いころを振り返ってみると、〝浅はかなクリエイティヴィティ〟を振り回し「オレはいいものを、芸術を創ってるんだ」という、間違った意識のうちにいた。その幼稚さは間違いなくそれまでの学校教育に根差すものでもあり、後年、自身を大きく危機に陥らせることにもなるのだが、それを知る機会は業界に入るまでついぞ訪れたりはしなかったのも事実である。

ところが本書に登場する白組の方々は、このような「ビジネスとクリエイティヴのバランスの感覚」がきわめていいのだ。業界随一ではないかとも思う。もちろん白組の企業内教育の成果だと思うが、これまでの常識としては「クリエイターはカネ勘定ぎらい」であり、「制作現場にカネの話は御法度」というような慣習であって、クリエイターはＰＬ（損益計算書）もＣＦ（キャッシュ・フロー）も意識しないというものだった。特にアニメーション業界などでは、現在でも不惑どころか知命を過ぎてもそんな人間がゴロゴロといて、償却の意味さえ知らず、吹き出すしかなかったりもする。

さらに白組が素晴らしいのは、マーケティング意識の高さである。白組の「作品を売るため」の努力は並々ならない。それは「ティザーやポスターを自分で作る」「監督が手ずから監修する」というような幼稚な話ではない。それを監督がやってしまうと商品化は間違いなくほぼ時間切れとなってしまうので、わかっているクリエイターほどそれは絶対にしない。映画の場合、認知度を最大化するためには、フリーハンドに近い形でマーケティングのスタッフへコンテンツを信託する大人の度量が必要になるのだ。一〇〇万人動員でリクープする程度の作品が並ぶ白組のラインナップにおいては、作品の周知になりふりかまっていられない。それほどの原価サイズなのである。そのマーケティングの重大性を白組のクリエイターたちは本当によくわかっているのだ。

それは本文でも触れているが、白組の素晴らしさとはＶＦＸの技術云々ではなく、この目に見えない点こそが白組とその所属クリエイターたちの最大の特性なのである。これは他社にはまったく見られない傾向であり、そしてきわめて先駆的な感覚といえる。

最後に、いくどもインタビュイーとの調整をしていただいた小川洋一副社長、島村社長との会議調整に尽力いただいた早船健一郎プロデューサーに深く謝意を表したい。また本書企画の当初から白組と研究室の間に立つミッションを負った冨田祐太郎君、隙のないサイズでの撮影を続けてくれた本多康平君と玉川隆昭君、執筆の支援をしてくれた喜多村太綱君と萩原遼君らにも感謝を申し上げる。

この稀な機会を与えてくださった島村達雄社長に、改めて深く御礼を申し上げたい。

末筆ながら、いつまでも壮健であられることを心から祈念している。

公野　勉

著者

公野 勉
Tsutomu Kuno

1967年生まれ。映画プロデューサー。文京学院大学経営学部教授、日本大学法学部新聞学科講師。元東京大学大学院情報学環特任准教授。円谷プロダクション、東北新社で制作事業、ギャガ・コミュニケーションズでの配給事業の後、日活の配給・製作担当取締役、GONZOデジタル映画配給担当、タツノコプロダクション取締役。現在、大学にてコンテンツ産業リノベーションのための研究室を開設。製作作品に『鮫肌男と桃尻女』『バトル・ロワイアルⅡ』『レディ・ジョーカー』『ユメ十夜』『GAMBA ガンバと仲間たち』など。製作参加作品に『輪廻』『劇場版デュエル・マスターズ 黒月の神帝』『劇場版ポケットモンスター　幻影の覇者ゾロアーク』など。著書に『コンテンツ製造論』（小社）。

白組読本

2016年11月22日　第1刷発行

著者　公野 勉
発行所　株式会社 風塵社

〒113－0033　東京都文京区本郷3－22－10
TEL 03-3812-4645　FAX 03-3812-4680
印刷：吉原印刷株式会社／製本：株式会社越後堂製本／装丁：有限会社閏月社